QUAND L'ESPRIT DIALOGUE AVEC LE CORPS

QUAND L'ESPRIT DIALOGUE AVEC LE CORPS

Entretiens avec le DALAÏ-LAMA *sur la Conscience, les Émotions et la Santé*

SOUS LA DIRECTION DE
DANIEL GOLEMAN

Traduit de l'anglais par
PHILIPPE CORNU

GUY TRÉDANIEL ÉDITEUR
65, rue Claude-Bernard
75005 Paris

Titre original : HEALING EMOTIONS
CONVERSATIONS WITH THE DALAI LAMA ON
MINDFULNESS, EMOTIONS AND HEALTH
publié par SHAMBHALA PUBLICATIONS, INC
Horticultural Hall
300, Massachusetts Avenue, Boston MA 02115

ISBN : 2-85707-926-5

SOMMAIRE

REMERCIEMENTS

Toute notre gratitude à Allan Kelley qui a fait les premières transcriptions du Dialogue "Esprit et Vie", à Zara Houshmand qui s'est chargée du travail principal en donnant au manuscrit sa forme définitive après correction et à Kevin et Jan Tobin, qui ont offert leur assistance inestimable dans les étapes finales de mise au point.

INTRODUCTION

L'ESPRIT PEUT-IL guérir le corps ? Comment le cerveau, le système immunitaire et les émotions sont-ils reliés ? En quoi les émotions sont-elles associées au bien-être et à son amélioration ? Qu'est-ce que la fonction de l'attention dans un contexte médical ? Y a-t-il un fondement biologique à la morale ? En quoi la mort peut-elle nous aider à comprendre la nature de l'esprit ? L'été 1991, dix spécialistes occidentaux représentant un large éventail de disciplines se sont réunis autour du Dalaï Lama dans sa salle de réunion privée à Dharamsala, en Inde, pour débattre de ces questions qui furent au centre de la troisième Conférence "Esprit et Vie". Ce livre rassemble les exposés et les dialogues qui ont eu lieu au cours de cette réunion.

Des experts en psychologie, en physiologie, en médecine du comportement et en philosophie, ont présenté les découvertes essentielles de leurs domaines et examiné les liens entre ces découvertes avec le Dalaï Lama et quelques pratiquants expérimentés de la méditation bouddhiste. Cet échange de vues avait pour but d'élargir la compréhension mutuelle et de faciliter l'émergence d'une nouvelle perspective sur les relations entre la santé et l'expérience affective.

Ce n'est que dans les vingt dernières années que des médecins occidentaux, des biologistes et des psychologues ont commencé à voir la corrélation entre les états émotifs et mentaux et le bien-être physique. Les penseurs bouddhistes étaient pourtant conscients de la capacité de guérison de l'esprit depuis plus de deux mille ans. La présence à cette conférence du plus éminent représentant du bouddhisme tibétain a fourni l'occasion d'une synthèse Orient-Occident. Le Dalaï-Lama a joué le rôle d'une pierre de touche par rapport aux récentes découvertes scientifiques exposées par les autres participants.

LES RENCONTRES «ESPRIT ET VIE»

Le Dalaï Lama vit en Inde depuis qu'il a guidé des milliers de Tibétains vers la liberté lors de la répression chinoise en 1959. Lauréat du Prix Nobel de la Paix en 1989, il est l'avocat universellement respecté de la résolution pacifique des conflits humains par la compassion. Il est aussi un homme de sciences. Il a lui-même déclaré que s'il n'avait pas été moine, il aurait aimé être ingénieur. Dans sa jeunesse à Lhasa, c'est lui que l'on appelait dès qu'il s'agissait de réparer une mécanique au Potala, que ce fût une horloge ou une voiture.

À partir du mois d'octobre 1987, le Dalaï Lama rencontra régulièrement des groupes choisis de scientifiques pour discuter, jeter des ponts et trouver des "interfaces" entre les sciences de l'esprit et de la vie au sens large — la biologie, les sciences cognitives, la neuroscience et la psychologie, mais aussi la philosophie de l'esprit — et les disciplines qui relèvent plus directement de la tradition bouddhiste. L'esprit de ces entrevues était un mélange de sincérité et de respect mutuel des parties, comme on put s'en rendre compte dans la sélection soigneuse et la préparation des rencontres, leur nature intime, l'attention donnée à une traduction excellente, et le temps considérable que leur a consacré le Dalaï Lama. Les livres nés de ces dialogues — y compris celui-ci — offrent au lecteur un sens d'immédiateté et de spontanéité dans un échange sans précédent entre une voie spirituelle et les plus récentes découvertes scientifiques, entre une sagesse ancienne et la quête moderne de réponses.

ARRIÈRE-PLAN

Cette série de dialogues débuta en 1985 à l'initiative conjointe d'Adam Engle, un avocat et homme d'affaire américain, et du Docteur Francisco Varela, un neurobiologiste parisien travaillant au C.N.R.S., tous deux conscients de l'importance d'un dialogue sérieux entre la science et le bouddhisme. La première conférence «Esprit et Vie», qui s'est tenue à Dharamsala en Inde pendant une semaine, traitait des neurosciences et plus généralement des sciences cognitives. Un livre issu de cette première conférence, préparé par Francisco Varela et Jeremy Hayward, a été publié en France sous le titre *Passerelles : Entretiens avec le Dalaï Lama sur les sciences de l'esprit* (Albin Michel 1995). Cette première rencontre a été suivie de quatre autres, chacune mettant le Dalaï Lama en contact avec différents groupes de scientifiques dans une atmosphère de respect mutuel. Les sujets couverts jusqu'à présent ont été les émotions et la santé (présentés dans ce volume) ; le sommeil et le rêve, sujets qui seront présentés dans un livre à paraître *Sleeping Dreaming and Dying* (Boston : Wisdom Publications, 1997) ; l'altruisme, l'éthique et la compassion traités lors de la conférence la plus récente, tenue en 1996 (pour un récit complet de l'histoire des conférences «Esprit et Vie», voir l'annexe).

Chaque jour commençait par un exposé sur un sujet scientifique, tel que la neurobiologie des émotions, suivi d'un dialogue et d'un débat avec Sa Sainteté, qui montra constamment un esprit scientifique aiguisé ainsi qu'une ouverture et une profondeur qui repoussaient les frontières de la science. Par exemple, dans ce dialogue, le Dalaï Lama suggère qu'il pourrait exister des niveaux subtils de conscience que la science occidentale doit encore apprendre à connaître et qui ne dépendent pas des fonctions du cerveau, à la différence des niveaux grossiers directement reliés à l'activité cérébrale.

Exemple d'ouverture d'esprit et de grande perspicacité, le Dalaï Lama a pris l'initiative d'ouvrir le dialogue entre le bouddhisme et les sciences modernes. Il lui apparaît clairement que si le bouddhisme tibétain doit survivre, ce sera dans la mesure où il ne sera pas contredit de façon flagrante par les découvertes scientifiques modernes. Et il ajoute que si les méthodes scientifiques devaient donner la preuve que certains principes du bouddhisme sont incorrects, le bouddhisme serait amené à s'adapter en conséquence.

D'un autre côté, ces dialogues ont aussi montré que la science occidentale a beaucoup à apprendre des intuitions orientales. L'exploration tibétaine des profondeurs de la psyché a donné naissance à une phénoménologie raffinée de l'esprit qui pourrait guider les scientifiques modernes, s'ils voulaient y prêter attention. Ces dialogues sont un début à cet échange. Fruit de ces dialogues, un projet de recherche en cours qui émane directement de ce troisième épisode des rencontres «Esprit et Vie» : une étude neurophysiologique des états cérébraux propres aux yogis tibétains accomplis, pour une meilleure compréhension des possibilités d'éducation de l'attention.

LE BOUDDHISME ET LA SCIENCE, ÉMOTIONS ET SANTÉ : LE DIALOGUE

Le bouddhisme a pour objectif de transformer la perception et l'expérience et de synchroniser l'esprit et le corps. D'après l'enseignement bouddhiste, le processus d'harmonisation de l'esprit et du corps et de transformation de l'expérience est graduel. Cette voie est fondée sur la pratique de formes variées de méditation, associée à un impératif moral : celui de s'engager dans l'action vertueuse. Une telle action repose sur la conscience de l'interdépendance qui régit toute vie et sur la compassion universelle qui émerge de cette conscience.

Les penseurs bouddhistes tibétains se sont souciés depuis longtemps de la santé psychophysique et ont produit de nombreux traités médicaux dont les premiers remontent au XIe siècle. Quatre tantras principaux (explications), traduits du sanscrit en tibétain par Pagor Vairocana au IXe siècle, ont été transmis de maître à étudiant jusqu'à nos jours. Selon cette tradition, la maladie est la conséquence d'un déséquilibre au sein du corps psychophysique, produit par les émotions conflictuelles telles que la colère ou l'avidité. Utilisateurs de méthodes expérimentales modernes, les scientifiques participant à la Conférence «Esprit et Vie» se sont penchés sur quelques-unes des questions soulevées par les penseurs bouddhistes au cours des siècles.

Après un panorama, présenté par Lee Yearley, des systèmes éthiques occidentaux, le dialogue débute par une interrogation sur les fondements possibles d'un système éthique qui ne s'appuierait pas sur une religion. Sa Sainteté le Dalaï Lama exprime combien il ressent la nécessité d'un tel système, susceptible de toucher les milliards de gens qui, sur cette planète, n'ont aucune croyance religieuse solide. Daniel Goleman suggère alors que les recherches sur le corps pourraient offrir cette base, en s'appuyant sur la connaissance des états d'esprit qui renforcent la santé ou rendent le corps plus vulnérable aux maladies, et passe en revue les découvertes qui suggèrent que les émotions pénibles peuvent saper la santé, tandis que les états positifs peuvent la protéger.

La section qui traite des fondements biologiques prend en compte quelques-unes des recherches expérimentales centrées sur les émotions et la santé. Elle débute par une discussion menée par le Docteur Francisco Varela sur le système immunitaire et ses implications cognitives. En immunologie, il est de plus en plus évident que le système immunitaire est presque une sorte de «second cerveau», un réseau de cellules spécialisées qui dote le corps d'une identité flexible. Plus encore, cette identité somatique entretient des liens très spécifiques avec le réseau nerveux qui sous-tend la vie cognitive et crée les fondements du nouveau domaine de la *psycho-neuro-immunologie.*

L'exposé du Dr Varela et le dialogue qui l'accompagne sont suivis des propos de Clifford Saron sur la manière dont le cerveau régule les émotions. Ses propres recherches et celles de Harris Davidson révèlent comment les schémas de l'activité électrique dans le cerveau sont corrélés à l'expression du visage et aux autres mesures de l'humeur.

En étudiant la manière dont le stress affecte le corps, Daniel Brown détaille les fondements biologiques de l'impact des émotions sur la santé. Le Dr Brown ouvre une discussion sur les désordres du stress post-traumatique et la manière de les traiter ; le Dalaï Lama suggère qu'à la différence des autres victimes de la torture qui ont souffert de symptômes post-traumatiques, l'expérience de nombreux Tibétains soumis à la torture chinoise semble indiquer que la foi et les croyances qui donnent un sens à la souffrance peuvent offrir une protection, au moins partielle.

La présence d'esprit, l'attention soigneuse à l'expérience

instant après instant, est une pratique contemplative bouddhiste classique. Sharon Salzberg en explique les principes comme préambule à l'exposé de son application à la santé. Cultiver les émotions bénéfiques joue en effet un rôle dans le traitement des maladies dans tout l'éventail possible des pathologies. Jon Kabat-Zinn explique comment on utilise la méditation d'attention, avec succès, pour aider les patients à acquérir une conscience moins sujette à l'influence des émotions — application qui soulage les symptômes et facilite la guérison.

La médecine comportementale utilise des techniques psychologiques pour prévenir ou traiter les maladies chroniques. Daniel Brown décrit de quelle manière de nombreux symptômes médicaux sont le résultat de déséquilibres des systèmes physiologiques sous l'emprise du stress. Les techniques de pointe de la médecine comportementale offrent aux patients des moyens pour regagner le contrôle sur les systèmes biologiques qui provoquent leurs symptômes. Cette nouvelle approche de la guérison inclut à la fois des méthodes modernes telles que le biofeedback et d'anciennes méthodes comme la méditation.

En Occident, les psychologues admettent volontiers que des pathologies du soi, notamment une mauvaise estime de soi, sévissent parmi nos contemporains. Le concept même de mauvaise estime de soi était toutefois inconnu du Dalaï Lama ; dans les cultures orientales, où le "soi" n'est pas du tout structuré de la même manière qu'en notre Occident individualiste, ce pourrait bien ne pas être un problème. Après une exploration des fondements de l'estime de soi, le dialogue suggère que l'idée du "soi" en Occident doit faire face à des problèmes spécifiques, rares en Orient.

La relation entre l'esprit et le cerveau est un point de friction entre la science moderne et le bouddhisme. La science occidentale considère l'esprit comme une propriété émergente de la conscience, qui dépend du cerveau, tandis que la pensée bouddhiste tibétaine postule un principe subtil de conscience indépendant du cerveau. L'échec de la science occidentale à identifier les processus mentaux qui ne se réduisent pas aux fonctions cérébrales signifie-t-il pour autant qu'il n'y ait pas de conscience indépendante du cerveau ? Le Dalaï Lama soutient que des niveaux de conscience extrêmement subtils qui n'ont pas encore été découverts en Occident sont accessibles à des méditants avancés, qui peuvent les utiliser pour rêver clairement et mourir consciemment. Si la science le confirmait, une telle révélation impliquerait une transformation radicale du paradigme de la neuroscience occidentale.

En final, un vaste dialogue porte sur la nécessité de la compassion et d'un système éthique susceptible de convenir aux milliards de gens qui n'ont aucune foi religieuse particulière. Et le dialogue s'achève sur cette question : la nouvelle compréhension par la science des relations entre l'esprit, le cerveau et la santé, pourra-t-elle un jour offrir une contribution à la fondation d'une éthique — des lignes directrices de vie — qui respecterait les valeurs des grandes religions du monde ?

PREMIÈRE PARTIE

Éthique

CE QUE LE CORPS NOUS ENSEIGNE

1

Trois Visions de la Vertu

LEE YEARLEY

LEE YEARLEY débute la conversation sur un enchaînement philosophique et éthique qui devient le fil conducteur de la délibération qui s'ensuit. Il présente un panorama des trois différentes traditions philosophiques occidentales — l'individualisme, le perfectionnisme et le rationalisme. Selon l'individualisme, est juste ce qui satisfait un individu particulier. Selon le rationalisme, pour qu'un acte soit éthique, il doit logiquement l'être dans tous les contextes. Le perfectionnisme compare les comportements d'un individu avec un idéal postulé : plus la conduite est éthique et plus elle se conforme à cet état idéal.

L'éthique en général se préoccupe de la question de ce qui est juste et bon — c'est-à-dire vertueux. Mais la vertu dépend de notre propre perspective philosophique. Ce que l'on considère comme vertueux dans un système pourrait ne pas l'être dans un autre. Le Dr. Yearley se demande si les vertus spécifiques telles que la compassion peuvent servir de base pour un système éthique et explique comment la pensée philosophique occidentale a écarté la compassion comme base d'un système éthique en même temps qu'elle a rejeté la religion. Les contradictions au sein de ces systèmes philosophiques occidentaux sont mises à jour dans la conversation qui s'ensuit. Selon le Docteur Yearley, le perfectionnisme, influencé par le rationalisme, semble être la meilleure solution pour développer un système éthique universel. Le Dalaï Lama répond par un défi : trouver une base pour les principes moraux qui serait parlante pour les trois ou quatre personnes sur cinq qui n'adhèrent à aucune conviction religieuse solide sur cette planète.

LEE YEARLEY : Trois positions ont prédominé dans l'histoire de l'éthique occidentale[1]. L'individualisme fonde son éthique sur les désirs individuels. Selon cette éthique, vous déterminez ce que vous désirez, puis vous agissez en vue de l'obtenir. Le perfectionnisme juge du caractère bon ou mauvais de ce que désire un individu en se référant à un idéal : ce qu'est une personne parfaite. Cet idéal repose habituellement sur une notion de la nature humaine au mieux de ses capacités. Enfin, le rationalisme est la position la plus typiquement moderne et occidentale. On y clame que la raison est le seul guide éthique correct, en définissant la raison comme ce qui permet à tous de penser aux universaux abstraits.

---

1. Les critères utilisés pour chacune de ces positions éthiques diffèrent de ceux qui prévalent dans les discussions techniques en Occident.

UN REGARD PLUS PRÉCIS : INDIVIDUALISME, PERFECTIONNISME ET RATIONALISME

Dans l'individualisme, on ne se demande jamais si ce que veut une personne est bon ou mauvais à un niveau abstrait. On considère seulement combien il est préférable pour la personne d'obtenir ce qu'elle désire. La question n'est pas de savoir si je devrais vouloir une nouvelle Rolls Royce, mais plutôt si je peux l'obtenir tout en prenant quand même mes vacances et en payant mon thérapeute. La raison humaine a une place importante dans ce modèle, mais elle n'y est qu'un outil de calcul. En fait, si je pouvais obtenir tout ce que je veux, je n'aurais jamais besoin de calculer. Je calcule donc comment je peux obtenir la plus grande partie de ce que je désire ou au moins ce que je désire le plus. Je décide, par exemple, que je veux réellement la Rolls Royce et par conséquent, je renonce à mes vacances et à mon thérapeute. Ou je décide que je préfère prendre mes vacances et continuer à voir mon thérapeute, et j'abandonne donc la voiture. Les désirs individuels sont rudimentaires, et la raison me rend juste capable de faire plus efficacement ce que j'ai déjà l'intention de faire.

Ceux qui croient en l'individualisme savent qu'ils ont besoin des services qu'offre une société — la protection policière par exemple. Mais ils ne désirent et ne prévoient que les services sociaux qui vont les aider à obtenir ce qu'ils veulent. Un individualiste pourrait bien alors ne voir aucune raison d'aider les pauvres. Cette position individualiste a une très longue histoire en Occident, depuis la Grèce antique jusqu'à nos jours. Beaucoup de gens, et peut-être particulièrement les Américains, l'acceptent comme la manière normale de penser l'éthique.

La position perfectionniste sous-tend la plupart des traditions religieuses occidentales. Les perfectionnistes présument qu'il existe une base pour juger du caractère bon ou mauvais, vertueux ou vicieux, des désirs humains. Ils établissent des normes — par exemple, que l'égoïsme est mauvais et que la compassion est bonne — et utilisent ces normes pour juger eux-mêmes et autrui. Les perfectionnistes ne vont pas simplement considérer les désirs qu'ils éprouvent. Ils considèrent plutôt un idéal, l'être humain parfait, et s'efforcent d'agir de manière à ressembler à un tel être. La question n'est pas de savoir si je peux me payer la Rolls Royce, mais si je ne devrais pas plutôt utiliser cet argent pour aider les pauvres ou pour m'améliorer, disons par exemple en étudiant la méditation.

On trouve habituellement la personne idéale qui représente la norme dans le dogme d'une tradition religieuse — par exemple dans l'empressement de Jésus à se sacrifier pour le salut des autres. Les perfectionnistes ne sont point guidés par des humains *tels qu'ils sont*, mais par des humains *tels qu'ils peuvent être* quand ils sont au plus parfait. Dans ce cas de figure, la raison ne calcule pas, mais aide les gens à identifier la norme de perfection, puis à se diriger vers elle. Dans ce schéma perfectionniste, la raison doit traiter une importante question : n'existe-t-il qu'un seul état humain parfait ? Par exemple, la personne qui, tout en étant un grand artiste, se sacrifie très peu au bénéfice des autres peut-elle représenter un idéal approprié ? Des débats ont fait rage autour de cette question en Occident, mais la plupart des traditions ont proclamé qu'il n'existe qu'un seul état parfait.

La position rationaliste est plus difficile à comprendre. Elle limite l'éthique à ce petit nombre de situations où nous pouvons dire qu'une règle universelle s'applique. La raison, dans cette optique, se définit comme ce qui permet aux gens de reconnaître qu'une règle universelle est applicable. Elle est cruciale à deux titres. Elle est la seule qui permette de discerner des règles universelles. Et qui plus est, c'est seulement par la compréhension de ces règles que les gens peuvent concevoir pourquoi leurs désirs individuels ne doivent pas guider leurs actions. Par exemple, supposons que je désire maltraiter une personne pour la seule raison que c'est une femme ou un membre d'une autre religion. Ma raison doit ou devrait me faire me poser cette question : puis-je faire de mon désir une règle universelle ? Accepterais-je, par exemple, un tel mauvais traitement s'il m'était adressé ? En supposant que je rejette l'universalité d'une telle règle, je saurai alors que je ne dois pas agir de cette manière et je réprimerai mon désir. Dans le rationalisme, la raison fait apparaître des règles qui s'appliquent universellement, et seules celles-ci devraient guider l'action éthique personnelle.

La plupart des gouvernements occidentaux s'en remettent d'une façon ou d'une autre à une forme de rationalisme quand ils considèrent les règles éthiques qui devraient guider chacun dans une société. C'est-à-dire que le rationalisme guide la pensée gouvernementale à propos des droits fondamentaux de l'homme et des conditions minimales pour mener une vie humaine décente. C'est une position très influente de nos jours. Cependant, c'est également une position qui pose de sérieux problèmes. Quelques partisans du rationalisme poussent à l'extrême l'idée de base selon laquelle des jugements universels devraient guider nos actions. Par exemple, l'un des plus célèbres philosophes de cette tradition, Emmanuel Kant, soutient que personne ne devrait mentir, parce que le fait que la communication correcte repose sur la prémisse que les gens disent la vérité, est une réalité universelle. Supposez cependant que quelqu'un vous prête un fusil, et que cette personne revienne ensuite très agitée, vous pressant de lui rendre le fusil parce qu'elle désire tuer sa sœur. Kant vous dirait de rendre le fusil parce que vous ne devez pas mentir. Beaucoup pensent qu'une position qui mène à une telle décision est très défectueuse.

Un autre problème, probablement moins important, vient

du fait que la raison ne peut révéler, semble-t-il, que fort peu de règles universelles. Ce qui signifie que l'éthique ne couvre que très peu de choses dans la vie humaine. Ainsi, la raison peut montrer que personne ne devrait tuer ni voler, mais après avoir décrit quelques règles générales de ce genre, tout ce qu'une personne peut faire d'autre dépend uniquement de ses désirs individuels. Il en résulte que le rationalisme est souvent combiné à l'individualisme dans l'Occident moderne. Beaucoup de gens suivent quelques règles strictes universelles, définies par la raison, mais, pour le reste de leur vie, ils se laissent seulement guider par leurs désirs. Par conséquent, ils n'utilisent la raison que pour calculer comment satisfaire au mieux leurs désirs.

On peut expliquer la suprématie de cette combinaison par le fait que beaucoup de gens en Occident rejettent le perfectionnisme. Certains n'acceptent pas les idées religieuses sur lesquelles il s'appuie. Et même s'ils les acceptent, une société vraiment pluraliste fondée sur des idées religieuses spécifiques, leur semble impossible dès lors que quelques personnes adhèrent à des idées religieuses différentes ou rejettent toute idée de cet ordre. En outre, nombreux sont ceux qui mettent en doute les idées perfectionnistes parce que, pensent-ils, l'histoire occidentale montre que ceux qui ont de telles idées ont fréquemment traité certains groupes d'une manière effroyable. L'esclavage, par exemple, et le rôle inférieur des femmes, furent souvent justifiés par les chrétiens.

Pour finir, le perfectionnisme a été rejeté aussi parce qu'il lie trop étroitement les êtres humains au reste du monde naturel. Ses détracteurs soutiennent qu'on ne peut pas parler de la perfection de la nature humaine comme on le fait de la perfection d'un être naturel. Un beau chêne est un exemple d'une semence de chêne parachevée, mais il y a trop de sortes différentes de perfection humaine pour dire qu'une seule d'entre elles est l'exemple d'une "semence" humaine parachevée. La façon dont le monde naturel fonctionne ne fournit donc pas de modèle adéquat pour la perfection humaine.

QUATRE ARGUMENTS CONTRE LA COMPASSION COMME BASE D'UN SYSTÈME ÉTHIQUE

Bien que beaucoup de religions occidentales aient insisté sur l'importance de la compassion, nombre d'Occidentaux contemporains sont convaincus que la compassion ne fournit pas une base suffisante pour un système éthique, bien que tous reconnaissent qu'elle soit un trait de caractère individuel important. Ces détracteurs de la compassion soulignent qu'en dépit de l'idéal de compassion, le christianisme et d'autres traditions ont toléré toutes sortes d'injustices. Plus grave encore, ils pensent que ce fait n'est pas fortuit, mais révèle un problème inhérent à l'idée de fonder l'éthique sur la compassion. Ils soutiennent qu'en plus de la compassion, l'idée des droits est nécessaire — idée censée, pouvoir selon beaucoup de gens, ne venir que du rationalisme, pour établir une situation sociale dans laquelle chacun est bien traité.

Pour ces détracteurs, la compassion repose sur des sentiments instables pour la majorité d'entre nous, excepté chez les êtres les meilleurs. Généralement, la plupart des gens ne ressentent de la compassion que de temps à autre ou envers seulement quelques personnes. Par conséquent, les directives universelles que seule la raison peut dicter sont nécessaires. Qui plus est, ils pensent que la compassion ne fonctionne bien que de personne à personne. Elle ne peut donc inspirer les lignes générales de conduite indispensables pour corriger les injustices sociales fondamentales. La compassion peut me dicter comment réagir face à une personne souffrante que je rencontre dans la rue, mais elle seule ne peut me dire ce que je devrais faire pour m'assurer que cette personne et d'autres semblables à elle ne souffriront plus.

Il existe une autre objection connexe. Les détracteurs pensent que la compassion entraîne presque toujours le paternalisme ou, du moins, des hiérarchies douteuses — des situations où un groupe prend soin d'un autre groupe. Cette situation sape la liberté de ceux dont on prend soin. C'est-à-dire qu'elle les réduit à une position infantile et diminue leur capacité à s'émanciper complètement. Selon ces adversaires de la compassion, il est capital pour les êtres humains de ne pas être dépendants, afin d'être à même de choisir librement — même si leurs choix sont mauvais.

La compassion est également ressentie comme problématique parce qu'elle est généralement associée à une vision religieuse selon laquelle la vie sur terre ne représenterait qu'une petite fraction de la vie. Beaucoup d'opposants pensent que ces idées religieuses à propos d'une vie au-delà de la vie présente sont fausses ou tout au moins ne sont pas prouvées de manière scientifique. Ils considèrent, en outre, qu'il est très important pour les êtres humains de reconnaître qu'ils connaissent peu de choses. La plupart d'entre eux pensent aussi que ces opinions religieuses poussent les gens à moins se préoccuper de leur souffrance qu'ils ne le feraient autrement. C'est-à-dire qu'ils se sentent moins concernés par la souffrance de l'humanité s'ils considèrent que la situation critique dans laquelle ils se trouvent actuellement n'est qu'une petite portion de la totalité de leur vie, une vie qui s'étend bien au-delà de la mort en ce monde.

UNE ÉTHIQUE SANS RELIGION

LE DALAÏ LAMA : Vous avez parlé de la compréhension de l'éthique d'un point de vue occidental. Je me demande s'il est possible de formuler un système éthique sans avoir recours à aucun principe religieux. Sans accepter Dieu ou quelque force mystérieuse, sans accepter les vies passées ou le karma, sur la simple base de la vie présente, est-il possible de déterminer une limite entre la vertu et la non-vertu, ou de distinguer le juste de l'injuste ?

LEE YEARLEY : La plupart des morales modernes en Occident ont essayé de faire cela. La position rationaliste, tout en essayant de remplacer les principes religieux, propose quand même des raisons acceptables pour lesquelles les gens ne devraient pas commettre des actes immoraux, au moins dans leurs formes les plus horribles. La crise de la morale dans la dernière partie du vingtième siècle vient de ce que cette position a laissé toutes sortes d'actions sans la moindre directive. Il y a ces principes très généraux, mais la plus grande partie de ce que font les gens — la façon dont ils traitent leur famille, leur rapport à la malhonnêteté quotidienne ou à leur colère — semble ne pas être du tout prise en compte.

À cela, on peut répondre que selon les prémisses de l'éthique occidentale, la société devrait être organisée uniquement sur des principes non-religieux, parce qu'il existe beaucoup trop de religions et beaucoup trop de gens qui ne sont pas religieux. Une autre réponse, plus confrontante, est l'idée selon laquelle la chose la plus importante pour un être humain, est de pouvoir choisir librement de faire ou non quelque chose. Il ne devrait jamais être mené par des idées qui ne peuvent être scientifiquement prouvées, y compris des idées religieuses. S'il commet des fautes graves, ce n'est que le prix exigé pour la liberté humaine. Quelques-uns des meilleurs défenseurs de cette vision libérale croient que si le prix à payer pour vivre sans directives religieuses est un gaspillage de vies, nous devons juste l'accepter et vivre avec ces conséquences. Au niveau le plus profond, beaucoup de ceux qui défendent ce système croient que l'on ne peut connaître qu'une infime partie de chaque chose. Ils soutiennent que la meilleure façon dont on puisse vivre est de reconnaître que nous ne savons guère ce qu'est une bonne vie.

LE DALAÏ LAMA : Je pense qu'il est très important d'essayer de proposer des principes moraux sans aucune implication religieuse. C'est une réalité à présent : sur cinq personnes, une ou deux seulement sont croyantes. Aussi devons-nous nous préoccuper sérieusement de la majorité restante. Je ressens aussi parfois qu'il est plus facile d'aborder ces non-croyants. La compassion elle-même signifie différentes choses dans différentes idéologies. C'est ainsi qu'une méthode particulière d'enseignement de la compassion peut bien être inacceptable pour des gens qui adhèrent à d'autres croyances. Même si l'esprit des non-croyants est plutôt neutre en matière de compassion, il faudra toujours trouver une manière de toucher ces gens. En Norvège, j'ai trouvé un groupe de gens qui s'organisaient pour promouvoir les valeurs humaines, spécialement la compassion, sans aucune implication religieuse.

LA COMPASSION COMME FONDEMENT DE L'ÉTHIQUE

SHARON SALZBERG : Le bouddhisme Theravada approche l'éthique en distinguant ce qui produit la souffrance et ce qui y met fin. C'est même plus précis que de dire que les actions sont justes ou injustes, bonnes ou mauvaises. Il en va ainsi pour soi-même comme pour autrui. Nous ne pouvons créer de la souffrance pour nous-mêmes sans en créer pour les autres, pas plus que nous ne pouvons créer de la souffrance pour autrui sans en créer pour nous-mêmes. Ainsi, le modèle de perfection du plus haut développement de l'être humain est quelqu'un qui, étant parvenu à abolir totalement la souffrance pour lui-même, ne créera par conséquent jamais plus de souffrance pour autrui. Il est donc absolument essentiel que la compassion soit à la base même du système éthique.

De plus, quand nous utilisons le mot compassion, cela ne connote pas l'idée d'une personne saine regardant un malade. Peut-être parce que nous considérons que nous avons tous fait tant de choses différentes au cours de tant de vies successives, nous ne pensons pas que le fait d'aider quelqu'un puisse impliquer que nous soyons meilleurs que lui. Nous avons été dans sa situation. Ainsi, la compassion est un sentiment d'égalité, plutôt que celui d'une personne supérieure regardant avec condescendance un inférieur.

L'importance de la compassion est aussi soulignée lorsqu'on enseigne que la motivation est la partie la plus puissante et la plus durable d'une action. Par exemple, si vous donnez à quelqu'un quelque chose à manger parce qu'il a faim, il aura à nouveau faim demain. À cause du karma, l'intention derrière l'action a un effet bien plus puissant sur une longue période de temps que l'action elle-même [2].

---

2. Le concept bouddhiste de karma est un processus de cause à effet dans lequel les motifs et les actions produisent des effets physiques et psychiques sur la personne engagée dans ces actions, aussi bien que pour les destinataires de ces actions. Par exemple, un homme qui donne à manger à un autre, grâce à sa compassion, a augmenté sa tendance à s'engager dans un comportement altruiste.

LE DALAÏ LAMA : Les différentes religions insistent toutes sur l'importance de la compassion. Du point de vue bouddhiste, je crois que la compassion est un aspect important de la nature humaine, une partie de l'esprit humain. C'est l'une des bonnes qualités de l'homme. Les diverses religions essayent d'encourager ou de renforcer cette qualité humaine fondamentale, mais elle n'est ni un nouvel acquis ni une nouvelle invention de la foi religieuse. Elle est déjà là, que vous soyez bouddhiste ou non. Il existe tant de religions en vigueur que la pratique religieuse ne s'assimile pas nécessairement à la pratique de la compassion. Il est possible de présenter ou d'encourager l'amour-tendresse et la compassion sans connotation religieuse. Vous avez vu juste aussi, Lee, quand vous avez parlé de l'inadéquation de la compassion comme unique fondement de l'éthique, parce que si l'on a seulement l'altruisme, c'est extrêmement limité, trop limité. Mais la compassion combinée avec la sagesse et des méthodes efficaces de service devient quelque chose de plus complet.

JON KABAT-ZINN : Votre Sainteté, quelle perspective la sagesse apporte-t-elle, que la compassion seule ne fournisse pas ?

LE DALAÏ LAMA : L'une des applications pourrait être, pour reprendre l'exemple de Sharon, de simplement soulager la faim d'une autre personne pour un jour. Si vous appliquez la sagesse, vous pourrez voir plus loin : comment puis-je changer les circonstances de façon que cette personne ne souffre pas à l'avenir ou ne retombe pas dans cette situation précaire à la première occasion ? Là encore, nous parlons de sagesse, mais il en existe différentes sortes. D'abord, cela signifie quelque chose de différent pour un bouddhiste et un non-bouddhiste. Ensuite, même chez les bouddhistes, on trouve différentes sortes de sagesse.

Je pense que la sagesse des non-bouddhistes est plus pratique ; parfois, la sagesse des bouddhistes paraît trop sophistiquée, trop idéaliste. L'idéal serait que tous les êtres animés atteignent la bouddhéité par la pratique de la méditation. Mais pour accomplir cette sagesse, il ne suffit pas de montrer de la compassion ou le souci d'autrui. Vous devez aussi comprendre que tant que les gens ne font pas d'effort pour s'améliorer, rien ne peut être fait. Pour progresser, on a besoin de la sagesse, pas seulement de la sympathie. Mais alors là, la bouddhéité paraît bien lointaine. [*rires*]

LEE YEARLEY : Ceux qui affirment que la compassion ne suffit pas, disent que même alliée à la sagesse, elle implique finalement que quelques-uns prennent soin des autres. La compassion elle-même ne mènera jamais à l'idée des droits de l'homme, par exemple, parce que ceux-ci ne peuvent découler d'une compréhension sympathisante ou de l'amour-tendresse. Ils exigent une manière radicalement différente d'envisager le monde. C'est leur argument, et je pense qu'il est historiquement correct de dire que quelle que soit la façon dont les différentes traditions ont insisté sur la compassion, elles ne l'ont pas en général associée à l'idée des droits de l'homme, et que des choses terribles en ont résulté [3].

3. La "manière entièrement différente de considérer le monde" qui aboutit au concept des droits de l'homme provient du point de vue rationaliste de l'éthique. Selon le point de vue rationaliste, par exemple, le concept des droits de l'homme est abstrait. Il ne dépend pas de sentiments particuliers, mais de principes logiques généraux. Dans le principe fondamental de la métaphysique des mœurs, selon Emmanuel Kant, on doit agir «comme si la maxime à partir de laquelle on agit pouvait devenir par notre volonté une loi universelle». Quand ce principe est appliqué aux relations humaines, il oblige logiquement à traiter autrui non seulement comme un moyen pour arriver à une fin, mais plutôt comme une fin en soi. Les autres ont intrinsèquement des droits. D'autres philosophes occidentaux, tel l'empiriste John Locke, pensaient que les humains ont des droits. Dans la vision de Locke, c'était une loi naturelle qui précédait la société organisée. Selon Locke, l'état naturel était un état heureux caractérisé par la raison et la tolérance. Il était persuadé que les hommes avaient le droit de revendiquer la vie, la liberté et la propriété.

FRANCISCO VARELA : N'y a-t-il aucun précédent en Occident correspondant à ce que disait Sa Sainteté sur la nécessité de ne pas isoler la compassion mais de la combiner avec une méthode — pas nécessairement avec la sagesse — pour faire naître ou produire cette compassion ? Et en ce qui concerne le perfectionnisme, vous semblez toujours assimiler l'obtention d'un état de perfection avec l'adhésion à une quelconque croyance. Mais la croyance n'est pas indispensable ici. Cela pourrait être une aspiration, avec la méthode, sans un quelconque attirail lourd de croyances théologiques.

LEE YEARLEY : Il existe des branches dans les principales traditions occidentales, qu'elles soient juives, chrétiennes ou laïques, qui ont usé de telles méthodes, en travaillant avec des impulsions humaines fondamentales telles que la sympathie, puis en entraînant le soi avec des méthodes comme la visualisation. Par exemple, on pourrait penser aux pires cas possibles de manque de compassion et aux cas les meilleurs, lire une littérature appropriée et calmer les types d'émotions qui nous poussent à ne pas avoir de compassion.

FRANCISCO VARELA : Mais ces cas sont tous liés à une croyance. Qu'en est-il des premiers moments du marxisme ? Il y avait une énorme aspiration à la solidarité et à la compassion associée à l'absence de croyance dans un système religieux. Il y avait là une sorte de méthode pour construire une société qui comblerait ces aspirations, bien que nous sachions que ce n'était pas particulièrement idéal, quand on considère comment cela s'est terminé.

LEE YEARLEY : Je dirais que le marxisme, particulièrement dans ses débuts, fut pour ainsi dire l'un des mouvements religieux les plus fervents et des plus puissants que l'Europe ait connus au cours des cinq derniers siècles. Il avait toutes les caractéristiques d'une religion. Sa justification reposait sur un futur lointain. On demandait aux gens de faire d'énormes sacrifices personnels et de s'entraîner personnellement à ces autosacrifices. Les buts étaient très élevés, on y révérait une figure fondatrice, et l'on y étudiait des textes sacrés. C'était une institution et une organisation rigoureuses. À côté, le catholicisme romain ou le judaïsme orthodoxe semblent plutôt légers.

Pour parler comme les détracteurs de la compassion, je pense qu'il est absolument vrai que les grandes traditions où la compassion est centrale, qu'il s'agisse du bouddhisme, du christianisme ou du confucianisme, ont toujours coexisté avec des sociétés où certaines classes telles que les femmes, les paysans ou ceux qui n'ont pas d'éducation, étaient très déshéritées. Quelle que fût l'universalité de la notion de compassion, rien – ou peu – n'était fait pour améliorer le sort de ces groupes. En considérant ce qu'une éthique fondée sur des bases religieuses avait produit dans le passé, les gens ont éprouvé le besoin de recommencer à zéro.

DANIEL BROWN : Lee, si je vous comprends bien, la compassion comme motivation morale en Occident est critiquée parce qu'elle implique toujours l'inégalité parmi les gens, certaines différences dans le statut, le pouvoir ou le niveau d'évolution. L'inégalité serait donc centrale pour comprendre cela ?

LEE YEARLEY : L'inégalité est centrale, ainsi que la notion de compassion privée, d'individu à individu.

DANIEL BROWN : Mais alors, les pratiques bouddhistes qui se focalisent sur l'éveil de tous les êtres, soi-même et autrui, ne pourraient-elles pas être un moyen de résoudre ce problème d'inégalité liée à la compassion ?

LE DALAÏ LAMA : Du point de vue bouddhiste, il y a différents genres ou niveaux de compassion qui varient selon les pratiquants, et qui peuvent refléter leurs autres pratiques, telles que la sagesse ou la vue profonde. Dans les étapes préliminaires, la compassion est ordinairement mêlée de désir ou d'attachement. Par exemple, dans la compassion entre un père ou une mère et son enfant, vous pouvez avoir un fort sentiment de proximité et un sens de responsabilité, mais la raison principale est le souci de ce qui vous touche de près. Comme ce genre de compassion est très influencé par l'attachement, il est naturellement très limité.

Il est vrai que dans des circonstances particulières où vous avez la capacité de soulager la souffrance d'une autre personne ou de la protéger de la souffrance, il y a dans un certain sens une forme d'inégalité. Une personne possède une capacité que l'autre n'a pas. Mais on ne trouve pas ce sentiment d'inégalité, ni aucun sentiment de supériorité, dans la façon dont on considère l'autre dans la compassion. Pas du tout. On n'y fait pas nécessairement de distinction entre quelqu'un de supérieur et quelqu'un d'inférieur.

Un genre plus profond et plus vaste de compassion que celui qui est influencé par l'attachement, se fonde essentiellement sur la prise de conscience de ce que l'être pour qui je ressens de la compassion est simplement identique à moi. Tout comme moi, cette personne veut le bonheur et a parfaitement le droit d'être heureuse et de surmonter la souffrance, qu'elle soit proche de moi ou non. Aussi longtemps qu'il y aura des êtres sensibles, particulièrement des êtres humains avec des désirs et des droits similaires, c'est sur *cette* base que je développerai la compassion. Ce type de compassion repose sur l'égalité de soi-même et d'autrui. Il n'y a pas lieu ici de se sentir supérieur. Donc, vous réalisez *d'abord* que les autres ont des droits, et sur cette base, vous développez un sens d'intérêt et de responsabilité.

L'ÉTHIQUE ET LE CONTEXTE CULTUREL

DANIEL GOLEMAN : Je désire pousser un peu plus loin la question du Docteur Yearley ; il faisait observer qu'historiquement, on trouvait dans beaucoup de pays très religieux, y compris le Tibet, des classes paysannes qui vivaient dans de très mauvaises conditions, et d'autres très aisées ; et que l'approche éthique rationnelle, démocratique et laïque, considérerait cela comme une question relevant directement des droits de l'homme. Comment se fait-il qu'une telle injustice existe aux côtés d'un enseignement sur la compassion aussi largement répandu ?

LE DALAÏ LAMA : Il y a une thèse simple selon laquelle les gens ont une "religion de la bouche" — ils ne mettent pas leurs paroles en pratique. Cependant, je pense que si vous comparez le système féodal du Tibet avec celui de la Chine ou de l'Inde, vous verrez beaucoup plus de compassion et moins de souffrance dans le système tibétain. D'une manière générale, je crois que cela s'explique par l'accent mis sur la compassion dans les enseignements du Bouddha, mais je serais intéressé de voir les recherches de gens moins partiaux que moi à ce sujet. Beaucoup d'étrangers ont noté que les Tibétains sont généralement très joviaux et heureux à première vue, particulièrement ceux de l'ancienne génération nés et élevés dans ce vieux système si mauvais. Personne ne dit que le Tibet était parfait dans le passé. Bien sûr, il existait quantité de défauts et de retards, mais d'une façon générale, c'était une société assez heureuse. Je pense que la religion fait quelque différence. Par le passé, avant que le bouddhisme ne s'épanouisse au Tibet, les Tibétains formaient une nation de guerriers. Le bouddhisme nous en a rendu incapables. Et finalement, nous avons perdu notre pays. En même temps, nous avons été capables d'attirer beaucoup de sympathie.

Quand vous abordez la question de trouver un fondement correct pour des principes éthiques selon un point de vue bouddhiste, vous devez prendre en compte la notion, essentielle dans le bouddhisme, de l'interdépendance des choses. Vous ne pouvez pas dire que la compassion est l'unique fondement ; qu'avec elle, tout sera parfait et que sans elle, rien ne le sera. La compassion peut être un motif pour des actions éthiques, mais cela ne signifie pas qu'elle seule suffise. D'un point de vue bouddhiste, chacune des trois positions de l'éthique occidentale que le Dr Yearley a mentionnées — l'individualisme, le rationalisme et le perfectionnisme — a un fondement valide.

L'individualisme est correct en ce sens que chaque individu doit œuvrer pour lui-même, pour son propre accomplissement, et nous devons prendre en compte les désirs individuels. De même, nous devons aussi prendre en compte le perfectionnisme, parce que ce vers quoi nous tendons est un état parfait de l'existence. Troisièmement, nous devons prendre en compte le rationalisme, parce que nous avons besoin des facultés rationnelles humaines pour juger de ce qui est juste et de ce qui est injuste dans un contexte particulier. Donc, du point de vue bouddhiste, nous ne pouvons pas dire qu'une seule chose soit la base de l'éthique ; nous devons tenir compte de sa nature interdépendante. Les trois aspects sont nécessaires, mais aucun n'est à lui seul suffisant. De même, la compassion seule n'est pas une base adéquate pour l'éthique, ce qui ne veut pas dire que la compassion ne soit pas le bon motif ou le fondement de l'éthique.

LEE YEARLEY : Dans l'éthique occidentale, ces trois idées ne peuvent pas du tout être réunies, ou du moins pas très facilement, car lorsque vous dites que les désirs individuels sont importants, vous dites aussi que tout ce que veut n'importe quel individu est correct, ou que certains désirs sont meilleurs que d'autres. Une fois que vous commencez à distinguer les bons désirs des mauvais, vous êtes réellement un perfectionniste. En Occident, la position individualiste soutient que l'individu est la seule chose importante dans tout l'univers : quoi qu'il veuille, l'individualiste devrait essayer de l'obtenir, et l'État devrait le lui permettre. Si vous cherchez un principe religieux dans l'éthique occidentale moderne, il est probablement là. Il n'est pas certain que cela prenne davantage de sens, sauf en tant que principe religieux. La position rationaliste est un très bon exemple de la manière dont certains peuvent chérir leur vue particulière de la rationalité, parce qu'elle repose sur la possibilité de convaincre les gens de ne pas faire certaines choses pour la simple raison qu'elles sont erronées.

LE DALAÏ LAMA : Si l'on prend cette position rationaliste, nous pourrions tomber d'accord sur le caractère juste ou erroné de certains actes, mais dans bien des cas, le jugement dépend d'un contexte spécifique. Vous devez tenir compte des différentes circonstances, des gens qui sont impliqués, de leurs dispositions mentales, etc. Par conséquent, comment les rationalistes tiennent-ils compte du fait qu'un acte peut se justifier pour un individu mais ne pas convenir à une autre personne ?

LEE YEARLEY : Du point de vue occidental, Sa Sainteté soutient une position qui serait excellente dans la tradition d'Aristote ou de Thomas d'Aquin. Mais un rationaliste déclarerait que la situation ne fait absolument aucune différence. Ayez à l'esprit que, Kant affirmait que personne ne devrait jamais mentir puisque toute communication sensée s'appuie sur le postulat de la vérité. Pensez à mon exemple à propos de la personne qui vous prête un fusil et vous demande ensuite de le lui rendre parce qu'elle veut tuer sa sœur. Kant vous aurait dit de rendre le fusil, parce que vous ne pouvez mentir. Comme vous l'avez dit, et d'autres seraient d'accord, il n'est pas correct que cette position philosophique puisse fermer les yeux sur cette conséquence.

LE DALAÏ LAMA : Cet exemple montre la relativité du concept même de juste et d'erroné. Ainsi, ultimement, les décisions devraient être prises sur la base de ce qui est bénéfique et de ce qui est nocif. Ce sont ses conséquences qui déterminent si une action est juste ou non. Toute action qui mène à une conséquence nuisible peut être jugée mauvaise, et une action qui débouche sur des conséquences bénéfiques peut être considérée comme bonne.

LEE YEARLEY : Cela nous conduit à un autre problème soulevé dans cette tradition. Si vous pensez seulement en termes de bienfaits et de conséquences, vous allez aussi, semble-t-il, rencontrer quelques cas très difficiles.

LE DALAÏ LAMA : C'est pourquoi la motivation et la compassion sont importantes.

FRANCISCO VARELA : Dans cette notion de perfectionnisme que vous envisagez comme une possibilité, voyez-vous quelque moyen pratique ou méthode qui en fasse intégralement partie, et s'il en est ainsi, de quel genre ? Je pose la question parce qu'il me semble, en tant qu'Occidental élevé dans un contexte chrétien, que cela est complètement absent de la doctrine perfectionniste où, par exemple, on vous parle d'aimer, mais où vous échouez lamentablement lorsque vous essayez.

LEE YEARLEY : Je pense que c'est un domaine où il y a justement de très grandes richesses dans les traditions occidentales. Elles ne se contentent pas de nous dire d'être compatissant, aimant, mais elles nous donnent au contraire des pratiques et des exercices à faire. Cependant, bien des gens, retenant seulement le fait qu'on leur dise ce qu'ils doivent être, échouent misérablement et en concluent que les traditions occidentales ont quelque peu failli. Ceci montre à quel point la tradition a perdu le contact avec ses propres racines et s'est imprégnée de certains des aspects les plus discutables du monde moderne. Par exemple, la notion selon laquelle dès l'instant où vous avez compris quelque chose, vous êtes capable de le faire. Je pense que c'est une conséquence du modèle rationaliste où la pensée elle-même mène naturellement et automatiquement à l'action. Mais aucune des écoles les plus profondes de la tradition occidentale, dans le judaïsme, le christianisme ou ailleurs, n'a jamais pensé qu'il en fût ainsi.

LE DALAÏ LAMA : Ainsi, selon votre conclusion, pour avoir un principe éthique cohérent, vous êtes forcé de faire appel à des idées religieuses ou transcendantes qui ne peuvent pas être prouvées scientifiquement ? Quand vous dites que vous adhérez à un modèle perfectionniste, cela signifie-t-il que vous ayez vraiment besoin de recourir à une quelconque sorte de religion pour établir cette base éthique ?

LEE YEARLEY : Oui, absolument. Je pense que l'on doit utiliser des pratiques et des idées religieuses, et que l'on doit puiser des énergies ou des pouvoirs qui n'appartiennent pas à l'expérience humaine ordinaire.

LE DALAÏ LAMA : Mais qu'en est-il des animaux, spécialement les animaux sociaux ? Ils ont une forme limitée d'altruisme et ils semblent aussi dotés d'un excellent sens de responsabilité à propos du bien commun, mais sans aucune religion.

LEE YEARLEY : Les êtres humains peuvent certainement puiser dans des ressources naturelles qui les aident à bâtir une communauté et honorer leurs obligations. Je suis très attristé par l'histoire de l'Occident parce que les gens semblent être de moins en moins capables d'agir éthiquement sans base religieuse. Souvent, par le passé, les gens pouvaient agir en êtres responsables même s'ils n'étaient pas religieux parce qu'ils venaient d'une certaine manière d'une culture ou d'une tradition qui était religieuse. Il semble qu'une des raisons pour lesquelles l'Amérique est dans un tel désarroi à présent, réside dans le fait que les gens sont complètement coupés d'une base religieuse. On leur dit qu'ils doivent appartenir à un pays, y contribuer et honorer des droits fondamentaux, mais ils ne le font pas et il n'y a pratiquement rien à faire pour les convaincre ou les éduquer.

LE DALAÏ LAMA : Pensez-vous que les principes éthiques du juste et de l'injuste soient relatifs à une communauté religieuse particulière, ou êtes-vous en train de dire qu'il existe quelques vérités universelles que tous les êtres humains partagent ?

LEE YEARLEY : J'ai passé ces vingt dernières années à essayer de traiter cette question. Je pense qu'il y a quelques remarquables similitudes, au moins dans les religions ou les cultures dont je sais quelque chose et je trouve cela réjouissant. Mais parler de ces vérités semble requérir un langage qui va au-delà de ce que peut offrir une tradition particulière. Ni le discours d'un confucianiste, ni celui d'un chrétien ou d'un bouddhiste, ne conviennent parfaitement. Nous avons besoin d'une nouvelle manière de formuler ces vérités sans perdre complètement contact avec les traditions auxquelles nous appartenons. Il me semble qu'il est absolument essentiel de trouver un nouveau langage.

THOUBTEN JINPA : Vous dites donc qu'il existe des vérités religieuses partagées universellement que l'on peut mettre dans le contexte des langages des différentes religions ?

LEE YEARLEY : C'est précisément ce que je suis en train de dire. J'ai mis longtemps à parvenir à cette conclusion et je ne suis pas sûr de la position que j'aurai d'ici cinq ans.

UNE BASE UNIVERSELLE POUR L'ÉTHIQUE

FRANCISCO VARELA : La question de Sa Sainteté à propos des animaux sociaux manifestant un altruisme très responsable issu simplement de la compassion, sans bien-sûr aucun contexte religieux ou culturel, implique que la source principale de telles valeurs n'est pas nécessairement une tradition religieuse. Non pas qu'elle ne puisse pas l'être, mais pourquoi serait-elle la seule ?

LEE YEARLEY : C'est un point litigieux, mais selon certaines positions éthiques, ce que l'être humain a de très particulier, c'est qu'il n'est pas aussi aisément communautaire que les autres animaux ; le plus singulier et peut-être le plus remarquable en ce qui nous concerne est aussi ce qui est potentiellement le plus horrible : nous ne nous sacrifions pas nécessairement pour le groupe, nous n'aimons pas nécessairement ceux qui sont nos proches. Nous pouvons simplement décider de poursuivre très habilement nos propres objectifs et y réussir. Je pense que les humains et les animaux sont radicalement différents, au moins sur ce terrain particulier, mais je sais qu'il y a beaucoup de scientifiques qui se disent aussi spécialistes de l'éthique, qui ne seraient pas d'accord.

FRANCISCO VARELA : C'est pourquoi j'aimerais que nous creusions cette question, car je suis biologiste.

LE DALAÏ LAMA : Cette liberté de choix peut être notre plus grande force, mais elle peut être aussi notre plus grand préjudice.

FRANCISCO VARELA : Sa Sainteté suggérait qu'il pourrait exister une capacité fondamentale qui, sans être particulièrement religieuse, pourrait servir de base à l'éthique. Pour revenir à la question sur les animaux, j'ai toujours trouvé que la compassion naturelle qu'ils ressentent pour leurs petits avait des frontières assez floues. Nous connaissons des exemples de compassion entre espèces différentes. Le symbole de Rome est celui de deux enfants, Remus et Romulus, nourris par une louve. Cette louve n'agissait pas pour sa propre espèce. Il y avait là quelque chose d'intrinsèque qui lui permettait de franchir les frontières entre espèces et de nourrir des enfants.

LEE YEARLEY : Mais c'est un symbole religieux. Il a un sens précisément parce qu'il n'est pas biologiquement fondé, et c'est pourquoi les Romains l'ont adopté comme symbole.

FRANCISCO VARELA : Cependant, cela arrive, biologiquement parlant. Il y a de nombreux récits de dauphins aidant des marins.

LEE YEARLEY : La question n'est pas de savoir si cela arrive biologiquement ; je pense que les humains relèvent cet événement précisément à cause de sa singularité.

FRANCISCO VARELA : Mais s'il existe quelque chose qui ne parte pas de la culture, c'est une énorme base sur laquelle bâtir, une base que l'on peut étayer par l'entraînement.

LE DALAÏ LAMA : Du point de vue du développement humain, n'est-ce pas ce qui se produit entre les parents et les enfants ou entre les deux sexes ? C'est la raison pour laquelle la population humaine croît sans fin. Même chez les plantes, il existe une sorte de coopération. La société est fondée sur la famille humaine, et la famille est fondée sur la coopération, non par force mais par nécessité. La nécessité initiale produit alors un résultat positif, une satisfaction, et ainsi la famille se développe. Donc, tout cela se met en place sur la base des qualités positives de la nature humaine. La religion n'intervient pas encore ; il s'agit d'une qualité fondamentale de l'esprit humain. Bien sûr, la colère et la jalousie sont également produites par notre esprit. Cependant, je pense que les forces dominantes de notre esprit sont la compassion et l'affection. Si la force dominante était la colère, la famille ne pourrait pas se développer. Tuer et malmener les gens ne produit pas une famille ; or, l'humanité existe. De fait, nous nous inquiétons maintenant de la surpopulation. La nature humaine est fondamentalement positive : c'est la base de la religion selon le point de vue bouddhiste. De toute façon, la religion est une création de l'humanité. Bien sûr, il est possible de considérer Dieu comme quelque chose d'extérieur à l'humanité, mais même s'il existe un Dieu, sans aucun être humain ou aucun destinataire, vous ne pouvez pas développer la religion. La contribution principale vient des êtres humains. Aussi la religion s'appuie-t-elle sur les bonnes qualités de la nature humaine, sur l'affection qui lui est propre. Quand les gens réalisent qu'il y a là quelque chose de bon, quelque chose de bienfaisant, alors ils essayent de renforcer cette qualité, de l'encourager. Bien sûr, en certaines occasions, il peut être permis d'exprimer de la colère. Cependant, aucune religion n'encourage la colère comme quelque chose de bénéfique, car la colère crée des problèmes. Les êtres humains n'apprécient pas la colère ; ils n'aiment pas la destruction. Je pense au contraire qu'ils aiment la construction.

LEE YEARLEY : Pourquoi détruisent-ils tant, alors ?

LE DALAÏ LAMA : Si nous regardons l'histoire, depuis des millions d'années depuis que l'homme existe, je pense qu'il y a eu davantage de constructions que de destructions. D'ordinaire, quand quelque chose de destructeur survient, nous sommes choqués, parce que par nature nous sommes doux et aimants. Quand des choses agréables se produisent, cela nous paraît tout naturel. La destruction laisse une plus forte impression ; aussi pensons-nous qu'il y a plus de destructions que de constructions. Pouvez-vous pousser plus loin cet argument ? J'ai toujours pensé qu'il est très important d'entendre des points de vue différents.

LEE YEARLEY : Même si je ne suis pas totalement convaincu, je continue de pencher vers ce qui me semble être la tendance la plus profonde de la tradition chrétienne, qui tient pour correct tout ce que vous avez dit à propos des êtres humains — ils construisent, fondent des familles — mais qui soutient aussi qu'il y a quelque chose dans les êtres humains qui les pousse vers la destruction, la violence, l'autodestruction, quelque chose d'obscurci qui se terre dans les ténèbres, qui a tendance à atteindre même ce que l'on aime. C'est inexplicable, mais c'est là, et la tradition chrétienne dans son ensemble essaye de traiter cette question : «pourquoi ce mal profond chez les gens ?», en dépit de tout ce que vous avez dit. Comme l'a déclaré un théologien chrétien, le péché originel ne devrait pas exister, mais il existe bien.

DANIEL GOLEMAN : Y-a-t-il un équivalent bouddhiste au péché originel ou au mal ?

LE DALAÏ LAMA : L'équivalent bouddhiste serait l'ignorance fondamentale.

JON KABAT-ZINN : C'est une vision très compatissante du mal que de l'appeler ignorance. Lee, vous avez brossé un tableau très précis d'un sérieux dilemme, d'un problème épistémologique. Quelle est votre opinion personnelle quant à une solution éventuelle ?

LEE YEARLEY : Je suis moi-même convaincu ainsi que quelques amis, qu'une solution est possible. Je pense qu'elle repose sur un modèle perfectionniste de l'être humain. Je pense aussi que cela signifie en partie que l'on n'arrivera jamais à convaincre certaines personnes de la justesse de ce modèle, qui est quelque peu contraignant.

JON KABAT-ZINN : Mais en quoi ce modèle est-il différent de l'ancien modèle perfectionniste avec ses dilemmes ?

LEE YEARLEY : Je pense que certains aspects du modèle rationaliste, comprenant les notions de droits et de justice, peuvent être injectés dans le modèle perfectionniste. J'ai plus de doutes quant à la manière d'introduire un modèle perfectionniste dans une société démocratique libre. Ce serait vouloir contrôler les gens d'une manière très discutable, me semble-t-il.

JON KABAT-ZINN : Pensez-vous que la science, ou la perspective plus large des liens entre corps et esprit, recèle une quelconque promesse de contribution à ce nouveau modèle perfectionniste, qui pourrait le rendre radicalement différent des précédentes impasses ?

DANIEL GOLEMAN : En d'autres termes, avons-nous une base pour une nouvelle moralité ?

LEE YEARLEY : J'ai des doutes, mais je ne demande qu'à en être convaincu.

2

Émotions Perturbatrices et Émotions Nourrissantes : L'Impact sur la Santé

DANIEL GOLEMAN

NOS ÉMOTIONS peuvent influer considérablement sur notre santé. D'un côté, de nombreuses données scientifiques révèlent que le lien entre les émotions et la santé est particulièrement fort dans les sentiments négatifs : colère, anxiété et dépression. Ces états, s'ils sont intenses et de longue durée, peuvent accroître la vulnérabilité aux maladies, aggraver les symptômes ou bloquer la guérison. D'un autre côté, les états plus positifs tels que la sérénité et l'optimisme semblent avoir des effets salutaires sur la santé — bien que les données à propos de l'impact des émotions positives sur la santé ne soient pas aussi évidentes que celles concernant les émotions négatives. Daniel Goleman passe en revue les preuves et les développements possibles d'une utilisation des impératifs biologiques de santé comme ligne directrice pour l'action éthique.

DANIEL GOLEMAN : Votre Sainteté, vous avez souligné que près de trois à quatre milliards de personnes sur la planète n'ont pas de croyances religieuses. Ainsi, la question qui se pose est : quelle sorte d'éthique peut satisfaire ces quatre milliards d'êtres ? Je m'apprête à présenter des preuves scientifiques expérimentales actuelles qui permettent d'envisager une manière complètement nouvelle d'aborder cette question : à savoir que l'«esprit propre au corps», c'est-à-dire le système immunitaire, fournit une base pour un système éthique *de facto*, base qui réside dans la distinction entre les états émotifs qui nous aident à demeurer en bonne santé et à vivre plus longtemps et ceux qui accentuent la maladie. Ce que je vais montrer, c'est que ce système éthique du corps, ce "dharma du corps", se rapproche d'un aspect du Bouddhadharma, en ce sens que les émotions perturbatrices tendent à nous rendre malades et que les états sains de l'esprit tendent à renforcer la santé. En considérant ces nouvelles preuves scientifiques, je suis frappé par la grande similitude entre les états d'esprit qui mènent à la maladie ou à la bonne santé et les états sains ou malsains tels qu'on les décrit dans beaucoup d'anciens systèmes comme le bouddhisme ou le christianisme.

Permettez-moi d'abord d'établir le contexte des recherches dont je vais parler. En considérant les états d'esprits qui mènent au bien-être ou à la maladie, je ne veux pas dire que les états psychiques sont les seuls en cause. Si vous êtes tombé malade à un moment particulier, il y a beaucoup de facteurs à considérer. Nous sommes constamment exposés à des germes ou à des cellules du corps qui commencent à devenir malignes, et bien que le système immunitaire exerce une surveillance continuelle, il y a beaucoup de choses qui peuvent l'affaiblir. L'un d'entre elles est héréditaire : nous pouvons hériter de tendances génétiques aux maladies auto-immunes, au cancer, ou à d'autres maladies spécifiques.

Autre facteur, les mauvaises habitudes : le fait de fumer induit des pathologies pulmonaires ; ne pas manger correctement affaiblit le système immunitaire. L'environnement est aussi un facteur : la pollution de l'air à l'époque moderne a causé une grande augmentation des problèmes respiratoires tels que l'asthme.

La nouvelle découverte de ces cinq ou dix dernières années est que les états d'esprit peuvent affecter la force du système immunitaire et la robustesse du système cardio-vasculaire. Les états émotifs particuliers que je vais passer en revue sont les seuls sur lesquels les recherches scientifiques ont porté jusqu'ici. Les états perturbateurs étudiés sont la colère ou l'hostilité ; la dépression, qui ne comprend pas seulement la tristesse, mais aussi l'apitoiement sur soi-même, la culpabilité et le désespoir ; et la répression ou le déni d'anxiété. Les états bénéfiques étudiés sont le calme, l'optimisme, la confiance, la joie et l'amour-tendresse.

L'impact de ces états sur le système immunitaire se mesure par l'augmentation ou la chute du nombre de cellules immunitaires ou de leur efficacité. Selon l'opinion qui prévalait dans la profession médicale, les variations des cellules immunitaires accompagnant les émotions précitées ne semblaient pas jusqu'ici avoir un grand impact sur la santé, mais cette opinion est susceptible de changer avec les nouvelles données. Mettons ces variations immunitaires en perspective : si, par exemple, vous affaiblissez le système immunitaire de rats blancs en leur appliquant des chocs électriques répétés, quand leur capacité immunitaire a chuté de 80%, ils commencent à mourir de diverses maladies parce que leur efficacité immunitaire est sérieusement endommagée. Mais ceci n'arrive pas s'il n'y a qu'une perte de 20 à 30% — variation trouvée dans la plupart des études sur les émotions et les fonctions immunitaires — bien que l'on puisse soutenir que cette proportion de changement semble encore faire une différence dans la manière dont vous combattez les germes rencontrés et dans la rapidité de récupération après la maladie. Les recherches sur ces états d'esprit incluent également les maladies de cœur et d'autres maladies qui n'ont rien à voir avec le système immunitaire, et de fait, ces états semblent affecter la santé en général.

L'idée générale selon laquelle des états d'esprits peuvent affecter la santé globale est très neuve dans la science, et l'on précise quels sont les états qui n'ont pas été étudiés. Par exemple, il n'y a aucune étude sur les effets de l'avidité sur la santé, parce que l'avidité n'est pas considérée comme un problème ou une pathologie en Occident ; c'est une norme culturelle. L'observation de différentes qualités de l'esprit dans la méditation et la façon dont elles affectent différentes maladies est certes une idée féconde, mais elle outrepasse l'état actuel de la science. Cependant, il existe une base de données considérable à propos des émotions ordinaires et de la santé.

Le premier état d'esprit observé est la colère. Le Docteur John Barefoot de l'Université de Caroline du Nord a effectué des tests sur des gens qui présentaient des symptômes de maladies de cœur potentiellement graves. Au moment de mesurer l'obstruction artérielle, on leur a aussi fait passer un test psychologique pour découvrir s'ils étaient colériques ou non dans la vie. On leur demanda, par exemple, avec quelle fréquence ils criaient après leurs enfants. On trouva la plus faible quantité d'oblitérations artérielles dans le groupe le moins colérique, et ceux qui l'étaient le plus avaient les plus sérieuses obstructions. Mais cela ne prouve pas que la colère obstrue les artères, car un troisième facteur indéterminé pourrait bien causer à la fois la colère et l'obstruction.

Nous recherchons donc une étude prospective qui prédise comment sera une personne à l'avenir en fonction de ce qu'elle est maintenant. Le Docteur Redford William de l'Université de Duke étudia un groupe de 2000 ouvriers d'usine à qui l'on avait fait passer, près de vingt-cinq ans plus tôt, des tests qui comprenaient une mesure de leur degré d'agressivité. Parmi ceux qui révélaient un très faible taux de tendances colériques, 20% étaient décédés. Près de 30% de ceux qui manifestaient un haut degré de colère étaient morts de causes telles que les maladies cardiaques, le cancer, d'autres maladies, et de causes sans relation avec la santé telles que des accidents. Cela suggère que si l'on est chroniquement colérique, on est une fois et demi plus exposé à la mort sur une période de vingt-cinq ans qu'une personne qui ne l'est pas.

On pourrait supposer que les accidents chez ces personnes furent causés par la colère, mais nous n'en avons aucune certitude. Depuis lors, d'autres études ont montré que la colère est un facteur bien plus important dans les cas de mort prématurée. Dans une étude commencée au milieu des années 50, on a fait passer des tests à un groupe d'étudiants en médecine qui furent ensuite classés selon leur degré d'agressivité chronique. Lorsque Williams les retrouva vingt ans plus tard, seulement 3 des 136 ex-étudiants qui n'étaient pas signalés comme très agressifs étaient morts. Seize étudiants du groupe à la plus forte agressivité étaient décédés ; il semble donc qu'il s'agit d'un facteur qui augmente grandement le risque de mortalité. Chose intéressante, la plupart des décès enregistrés chez ceux qui étaient colériques survinrent avant l'âge de cinquante ans : il semble que les colériques meurent jeunes.

Le Docteur Williams a également étudié avec soin la qualité particulière de colère qui semble provoquer une mort précoce, et trouva qu'elle avait trois caractéristiques. D'abord l'attitude de cynisme : si vous considérez les gens de façon suspicieuse et négative, vous supposez qu'ils sont probablement en train de vous menacer et qu'il convient de se tenir sur ses gardes. Cette attitude constante d'hostilité cause le sentiment colérique, et ce sentiment mène à son tour à l'action : on éclate de rage, on hurle après les gens et on se plaint impatiemment.

Les chercheurs de l'École Médicale d'Harvard ont trouvé que l'émotion singulière la plus fréquente dans les deux heures précédant une attaque cardiaque sérieuse était la colère. Une fois qu'une maladie de cœur est déclarée, la colère se révèle particulièrement fatale. Chez ceux qui ont déjà subi une attaque cardiaque, un éclat de rage peut diminuer de 7% ou plus l'efficacité du pompage sanguin par le cœur, ce que de nombreux cardiologues considèrent comme une chute du flux sanguin dangereuse pour le cœur. Et dans les études poursuivies dans les Facultés de médecine de Stanford et de Yales, ceux qui avaient souffert d'une première attaque cardiaque et étaient les plus prompts à la colère étaient trois ou quatre fois plus exposés à la mort que d'autres patients lors d'une attaque ultérieure au cours de la décennie suivante.

Le risque lié à l'agressivité semble être plus grand pour les hommes que pour les femmes. La testostérone est l'hormone responsable de la masculinisation du bébé qui se développe dans la matrice. Les hommes en ont beaucoup plus que les femmes. Cette hormone est susceptible d'augmenter l'agressivité, bien qu'il y ait des discussions à ce sujet. Mais les gens qui commettent des crimes violents ont tendance à avoir des taux de testostérone supérieurs à la moyenne. Si vous avez un taux élevé de testostérone, vous aimez contrôler les situations, et vous avez tendance à la polémique et au combat. Cela rend, semble-t-il, plus vulnérable aux maladies cardiaques.

L'autre état d'esprit qui a des conséquences néfastes sur la santé est la dépression : le sentiment de tristesse, d'apitoiement sur soi ou de désespoir. Il existe beaucoup d'études sur ce sujet, que je vais juste parcourir brièvement. La dépression affecte beaucoup plus en interférant avec la récupération d'une maladie grave qu'elle ne cause de maladie. Par exemple, dans une étude portant sur les femmes atteintes d'un cancer du sein, les plus déprimées étaient celles qui affichaient le taux le plus bas de lymphocytes tueurs normaux. Or, on pense qu'une partie des fonctions de ces cellules est de parcourir le corps à la recherche des tumeurs qui commencent à se développer. Les patientes déprimées avaient le taux le plus bas de ces cellules, et elles avaient aussi des tumeurs qui se propageaient beaucoup plus vite dans différentes parties du corps.

À la Faculté de Médecine du Mont Sinaï, à New York, des psychiatres ont évalué le niveau de dépression chez des personnes âgées arrivées à l'hôpital pour une fracture de la hanche — blessure très sérieuse, puisqu'il était possible qu'elles ne puissent jamais plus remarcher. Ceux qui n'étaient pas déprimés avaient trois fois plus de chance de remarcher que ceux qui l'étaient, et neuf fois plus de chance de recouvrer leur niveau de santé antérieur. Ainsi, la dépression semblait influer sur la réparation osseuse ou la récupération fonctionnelle.

À l'Université du Minnesota, sur cent patients qui reçurent une transplantation de moelle osseuse, 12 sur les 13 qui, avant l'opération, avaient été sérieusement déprimés, moururent dans l'année qui suivit la transplantation, tandis que 34 des 87 autres étaient encore en vie deux ans plus tard. La dépression fait également courir un risque médical pour ceux qui ont survécu à une première attaque cardiaque. À l'Université de Montréal, parmi des patients traités pour une première attaque cardiaque, ceux qui, à proportion de un sur huit, furent sérieusement déprimés après l'attaque, furent cinq fois plus susceptibles de mourir que ceux qui souffraient d'une maladie cardiaque comparable, mais n'étaient pas déprimés.

Passons à l'anxiété ou au stress, qui est appelé agitation ou inquiétude dans le système de l'Abhidharma. Lors d'une expérience, on mit en cage cinq singes mâles qui ne s'étaient jamais vus auparavant. Les singes, par nature, aiment avoir un chef. Ils déterminent qui est le patron en se battant les uns avec les autres ; une fois qu'ils se sont décidés, chacun suit la hiérarchie et tout redevient paisible. Tous les mois, les chercheurs sortaient deux singes et mettaient à leur place deux nouveaux singes, ce qui signifie que les singes devaient à nouveau se battre pour établir la hiérarchie. On fit ainsi pendant un an, tout en gardant un autre groupe de cinq singes qui n'avait subi aucun changement. Au bout d'un an, on constata que les singes qui avaient subi des changements présentaient des oblitérations artérielles. Le singe dominant, qui était celui qui se battait le plus, avait la maladie cardiaque la plus grave. Il est intéressant de voir que le singe dominant de l'autre groupe avait la plus faible obstruction — c'est au plus sain d'être le chef quand personne ne se bat.

Autre manière d'observer l'anxiété : on étudia les gens qui vivaient près du réacteur nucléaire à Three Mile Island. Les prélèvements sanguins chez ceux qui vivaient près du réacteur et étaient par conséquent anxieux et pleins d'appréhensions recelaient moins de lymphocytes-T et de lymphocytes-B que les échantillons prélevés sur les gens qui vivaient dans un environnement semblable mais plus éloigné de l'installation nucléaire. Il semble donc que la peur et l'inquiétude aient un impact sur le système immunitaire.

Mais les études sur les modifications immunitaires sont plus ambiguës que celles qui montrent en plus un effet pathologique. Par exemple, à l'Université d'État de l'Ohio, les étudiants en médecine travaillant pour leurs examens de fin d'études et donc soumis à un grand stress, ont un taux élevé de cellules-T et B, et les cas de rhumes et d'états grippaux sont chez eux fréquents.

Les meilleures données viennent d'un travail effectué en Angleterre dans l'unité spéciale de recherche sur les rhumes, en association avec des chercheurs de l'Université Carnegie-Mellon qui exposent systématiquement des volontaires à des virus du rhume. Tous ceux qui furent ainsi exposés n'attrapèrent pas forcément de rhume — cela dépendait de la force de leur système immunitaire du moment. Mais ici le stress et l'anxiété semblent cruciaux. Parmi les gens soumis à un léger stress au moment de l'exposition au virus, 27% attrapèrent un rhume ; parmi ceux qui étaient soumis à un fort stress, 47% en contractèrent un.

Finalement, la vue d'ensemble paraît suggérer que toute agitation et tout état d'esprit stressant augmentent les risques de maladie. Howard Friedman, à l'Université de Californie d'Irvine, analysa les données issues de cent études reliant les états émotifs prédominants des gens à leur état de santé. Quand on les compare à la moyenne, ceux qui tendent à être plus qu'habituellement hostiles ou en colère, très anxieux, tristes, pessimistes ou tendus, doublent le risque de contracter une maladie grave, notamment de l'asthme, des maux de tête chroniques, des ulcères à l'estomac, des maladies de cœur et de l'arthrite.

La dernière émotion perturbatrice qui a été le plus étudiée est la répression ou le déni. Je pense que cela se rapporte, dans un sens général, à l'ignorance et l'illusion telles qu'elles sont présentées dans l'Abhidharma. Gary Schwartz et ses collègues de Harvard ont fait des recherches, il y a quelques années, sur les muscles faciaux qui expriment l'émotion, particulièrement le muscle situé au centre du front, qui se tend lorsque vous êtes ennuyé. Les gens qui ont de nombreux maux de tête ont souvent un haut niveau de tension dans ce muscle. Parfois, le muscle est tendu sans qu'apparaisse une ride, et on utilise une électrode pour détecter la tension. Certains de ceux qui avaient une tension musculaire élevée déclarèrent qu'ils se sentaient bien et sans soucis. Quand on étudia plus tard leur cas, il apparut qu'ils refusaient ce qui se produisait réellement dans leur corps. Les chercheurs s'efforcèrent de les agiter physiquement, mesurèrent la tension de leur muscle et leur pouls cardiaque, qui sont des signes d'agitation physique, puis leur demandèrent s'ils se sentaient relaxés ou tendus. La plupart des gens disent qu'ils sont tendus quand leur corps est tendu, mais ces gens-là prétendirent *ne pas* être tendus alors que leur corps l'était. On dit de ces gens qu'ils sont dans le "déni".

Les gens qui sont des "répresseurs" de ce genre peuvent être plus sensibles à des maladies telles que l'asthme, la tension artérielle et les rhumes. Les femmes de ce type qui ont un cancer du sein peuvent être davantage sujettes à une rechute. Donc, encore une fois, la répression semble être préjudiciable à la santé.

LES ÉMOTIONS SAINES ET LA SANTÉ

Si l'on observe les états mentaux sains, nous voyons juste l'opposé. Considérons l'équanimité ou un état de calme. La plupart des études ont été faites sur des gens qui apprennent une méthode quelconque de relaxation, ou très souvent la méditation. Ils trouvent que ces pratiques calmantes relaxent vraiment le corps — ce que le Docteur Herbert Benson de l'Université d'Harvard appelle la réponse de relaxation — et il y a là de très nombreux bienfaits pour la santé.

Il existe une série de méthodes utilisées cliniquement pour aider les gens à devenir plus calmes. Dans le biofeedback, par exemple, une électrode sur le muscle situé au centre du front des gens qui ont tendance à être anxieux les aide au moyen du son produit par la machine à chaque fois que le muscle se tend. Ils apprennent ainsi à éviter le son en se relaxant. Ils apprennent à se relaxer plus efficacement parce que dès lors ils peuvent identifier le moment où le muscle est tendu ou relaxé. Cet état de calme a de nombreux avantages pour la santé. J'ai fait remarquer que les cellules-T et B diminuent en nombre chez les étudiants passant des examens. Quand certains étudiants de l'Université d'État de l'Ohio qui passaient des examens méditaient chaque jour, on trouvait vraiment une augmentation de leurs cellules-T. Plus souvent et plus réguliérement ils méditaient, plus l'effet était fort.

L'optimisme, l'état d'esprit positif suivant, est plutôt une perspective, un point de vue lié à la manière dont vous expliquez les mauvais aspects qui surviennent dans votre vie, et qui en retour peut vous éviter de devenir dépressif ou démoralisé face aux revers. En échouant à un examen, par exemple, certaines personnes diront qu'elles ont échoué à cause de leur stupidité. Elles l'expliquent par quelque chose de fixe, un trait permanent de leur caractère. Telle est la vision négative ou pessimiste. D'autres diront qu'ils ont échoué parce qu'il s'agissait d'un sujet très difficile, mais que la fois suivante, ils étudieront plus dur. Ils expliquent leur mésaventure du point de vue d'une situation en constante évolution — ce qui est plutôt un point de vue bouddhiste, je pense. Ils ont l'espoir que les choses seront différentes la fois suivante. Dans une étude commencée lors des années 40, on classa des étudiants de Harvard en optimistes et pessimistes sur la base de rédactions dans lesquelles ils expliquaient des événements de leur vie. Près de trente ans plus tard, on examina l'historique de la santé de ces mêmes personnes après qu'elles eurent quitté l'école. À partir de la quarantaine, les pessimistes avaient davantage de maladies graves et de problèmes de santé que les optimistes. À l'Université du Michigan, des classements similaires furent effectués sur des gens ayant subi une opération de pontage ; les optimistes eurent moins de problèmes fébriles durant l'opération et se rétablirent plus vite. Ainsi, même dans cette situation dramatique, l'optimisme semble être bon pour la santé.

Un autre état d'esprit positif est la confiance, le sentiment d'être capable de maîtriser la situation. En Occident, on y associe souvent la notion de contrôle. Une personne confiante sent que les choses sont sous son contrôle. Dans certains emplois, les gens sentent qu'ils ont peu de contrôle. Ainsi, on attend d'un chauffeur de bus qu'il respecte un certain horaire. On attend de lui qu'il soit là quoi qu'il arrive ; or, toutes sortes de choses peuvent arriver, qu'il ne peut pas contrôler. Les gens qui ont ce genre d'emploi ont environ trois fois plus de problème de tension artérielle et d'autres sortes de problèmes médicaux que ceux qui exercent davantage de contrôle sur leur travail.

Voici une expérience répétée dans plusieurs centres médicaux : deux rats blancs sont mis dans deux cages contiguës. Tous deux sont soumis simultanément à un choc électrique, mais l'un des rats a un levier qu'il peut pousser pour arrêter le choc, et l'autre non. Ils subissent exactement le même choc, mais un seul peut le contrôler. Celui qui n'a pas de contrôle contracte des ulcères à l'estomac. Quand on leur injecte à tous deux des cellules cancéreuses, la tumeur se développe plus rapidement chez le rat qui ne contrôlait rien.

Les hôtes des maisons de santé ou de retraite ressentent souvent qu'ils n'ont aucun contrôle, surtout avec la manière stricte dont sont régis beaucoup de ces établissements. Les psychologues de Yales ont convaincu le personnel d'une maison de retraite de laisser un groupe de personnes âgées avoir plus de contrôle sur des décisions telles que leur nourriture ou les heures des visites ; on donna aussi à chaque personne du groupe une plante à soigner. Un an plus tard, ce groupe enregistrait deux fois moins de décès que ceux qui n'avaient aucun sentiment de contrôle.

Un autre état d'esprit très important est l'attitude amicale, c'est-à-dire, en termes psychologiques, les liens sociaux — à quel point un individu dispose d'amis ou de gens qui lui fournissent un soutien émotionnel. À nouveau, les chercheurs observèrent des étudiants en train de passer des examens, ce qui est une expérience naturelle de stress. Ceux qui se sentaient les plus isolés avaient le plus faible taux de cellules tueuses au cours de l'examen. Chez les femmes souffrant d'un cancer du sein, celles qui avaient le soutien social le plus important présentaient 30% de plus de cellules tueuses que celles qui n'avaient pas de tels liens.

Pour une étude menée à l'Université de Californie, des chercheurs passèrent chez 5000 habitants d'une grande ville, pour les interroger. Ils s'enquirent du nombre de leurs amis et des personnes qui se souciaient d'eux, ce qui comprenait, outre le fait d'avoir des amis, toutes les manières variées dont ils participaient à leur communauté : dans des organisations associatives, à l'église, dans des réunions publiques, dans des réunions de parents d'élèves — leur sentiment d'appartenance à une plus vaste communauté. Neuf ans plus tard, on s'aperçut que les gens qui avaient fort peu d'amis enregistraient deux fois plus de décès que ceux qui en avaient beaucoup. Beaucoup d'études ont mis en évidence le lien du contact social avec les taux de mortalité.

En raison d'une série de découvertes de ce type, montrant que les liens humains atténuent les effets du stress, on plaça de plus en plus les gens malades dans des groupes de soutien émotionnel constitués de personnes atteintes de la même maladie. Cette idée selon laquelle avoir des gens qui se soucient de vous, et prendre soin des autres, pourrait améliorer votre état de santé, était alors très controversée. Il y a près de dix ans, le Docteur David Spiegel de l'Université de Stanford tenta l'expérience avec des femmes souffrant de cancer du sein à un stade avancé, en supposant que non seulement cela ne pourrait pas leur faire de mal mais que cela pourrait même les aider à s'en tirer émotionnellement face à ce qui, à ce stade, semblait être, presque à coup sûr, fatal. On prodiguait à un groupe le traitement médical habituel. L'autre groupe avait aussi le traitement médical d'usage, mais se réunit dans un groupe de thérapie une fois par semaine pendant un an. Ces femmes y exprimaient leurs sentiments à propos du cancer et ce que cela signifiait pour leur famille. Elles devinrent très proches les unes des autres, beaucoup d'amour s'exprimait dans ces réunions. Elles apprirent également une technique d'auto-hypnose pour contrôler la douleur.

Les chercheurs étudièrent les taux de mortalité dans les deux groupes sur dix ans. Au bout de deux ou trois ans, les groupes commencèrent à marquer des différences. Les femmes qui avaient participé au groupe de thérapie mouraient moins rapidement que celles qui ne bénéficiaient que du traitement médical régulier. Dix ans plus tard, le taux de mortalité était deux fois plus grand dans le groupe qui n'avait eu que le traitement médical.

On a aussi étudié chez les animaux. Un singe en cage était soumis à des flashs éblouissants et à de fortes détonations, puis on mesurait le taux de cortisol, l'hormone libérée par le corps en réponse au stress ou à la peur et qui supprime aussi le système immunitaire. Quand un autre singe fut placé dans la même cage, le taux d'hormone libérée diminua de moitié. Avec cinq autres singes dans la cage, les éclairs et les bruits n'eurent plus aucun effet sur le niveau de sécrétion du cortisol.

Dans un cas semblable, on étudia des lapins à propos des maladies cardiaques. On les nourrissait d'aliments très riches qui obstruaient les artères. Certains lapins étaient enlevés et apprivoisés avec affection. Les lapins apprivoisés avaient moins d'oblitérations que ceux qui ne l'avaient pas été.

Un autre état d'esprit positif est la joie ou le bonheur. Les chercheurs d'Harvard qui ont mesuré le taux d'hormones des gens regardant des films comiques, trouvèrent que le taux de cortisol était réduit et que le nombre des cellules tueuses naturelles était en augmentation. Ainsi, le rire compte, bien que nous ne puissions dire s'il a un impact médical significatif. Selon une autre étude, regarder des films comiques augmente le nombre de lymphocytes-T, et les gens qui riaient beaucoup dans la vie quotidienne avaient la plus grosse augmentation en cellules-T au cours du film. Une étude semblable concerna trente-six femmes ayant eu un cancer du sein avec métastases. Certaines de ces femmes n'avaient pas eu de problèmes ultérieurs, mais chez d'autres le cancer récidiva. Au bout de sept ans, vingt-quatre de ces femmes étaient décédées. Des tests psychologiques antérieurs montraient que la seule différence émotionnelle entre celles qui survivaient et celles qui étaient mortes, était un sentiment de joie dans la vie. Les chercheurs furent très surpris de voir la joie devenir ainsi un indicateur de vie et de mort plus puissant que le nombre de localisations où le cancer avait essaimé. (Ces données ont besoin d'être revérifiées avant d'en tirer une conclusion définitive).

Pour finir, il y a l'amour-tendresse — bien que les données soient ici insuffisantes et plus hasardeuses. Le Docteur David McClelland à Harvard fit regarder à quelques personnes un film émouvant montrant Mère Teresa soignant les gens. D'autres regardèrent un film sur les nazis en Allemagne, ce qui les mit en colère. Il y eut une brève montée du nombre de cellules-T chez ceux qui avaient regardé le film sur Mère Teresa. Si, après avoir vu le film, ils passaient en plus une heure à méditer sur l'amour-tendresse, en pensant à tous les gens qui, dans leur vie, avaient été très bons pour eux, le nombre de cellules-T continuait d'augmenter. Le fait d'induire cet état d'esprit semblait réveiller et renforcer les cellules-T et le système immunitaire en général — bien que nous ne sachions pas si la variation dans les fonctions immunitaires a ici une signification médicale réelle.

Telles sont les études principales faites jusqu'ici, sur les états d'esprit tant négatifs que positifs. Il semble ici très clair et très évident qu'ils ont un effet sur la santé — notamment l'effet délétère des émotions négatives fortes et récurrentes. Ce domaine de la recherche médicale est très récent, et beaucoup de ces études cliniques doivent être répétées plusieurs fois pour s'assurer de leur résultat réel et solide. Quant aux études qui s'appuient sur les mesures immunologiques, nous ne savons pas encore s'il y a là un quelconque impact médical réel des fluctuations observées dans la plupart d'entre elles — elles sont simplement suggestives, et non définitives. Les données les plus solides viennent des études qui ont pris une maladie ou la mort comme étalon de mesure, et même là, plus souvent d'autres chercheurs confirmeront ces découvertes, et plus nous serons sûrs de ces liens entre émotions et santé.

En outre, si ces tendances scientifiques continuent à se vérifier dans les futures découvertes, elles pourront fournir une réponse au problème dont parlait Lee : comment convaincre les gens qui n'ont pas de croyance religieuse, mais seulement un point de vue individualiste du type «Je dois obtenir tout ce que je désire», de vivre éthiquement. Peut-être pourra-t-on leur dire qu'il est de leur propre intérêt d'être aimant, de ne pas être colérique.

LE DALAÏ LAMA : Vous venez de me donner plein de munitions ! (*rires*)

AVERTISSEMENTS

FRANCISCO VARELA : Un commentaire sur les preuves biologiques dont Dan vient de parler. Les mesures reflètent des paramètres globaux ainsi qu'une activité sur une échelle très générale et sans spécificité. C'est comme lorsque vous prenez votre température : elle vous renseigne sur l'état général de votre corps, mais la fièvre peut être causée par trente-six causes différentes. Une mesure de la quantité de cellules-T est semblable à un paramètre global très grossier qui pourrait signifier quantité de choses du point de vue de l'activité relative de différents aspects clés du système. Et prendre un électroencéphalogramme est comparable à mettre un microphone au milieu d'une ville. Vous pouvez peut-être distinguer si la cité est tranquille ou non, mais vous ne pouvez pas en déduire le taux de change du dollar en francs. Tout comme le cerveau, le système immunitaire est très spécifique. La suppression ou l'augmentation des cellules-T est un moyen de mesure extrêmement vague qui ne peut pas vous dire, par exemple, si un facteur est plus favorable à la guérison des plaies ou à la prévention d'un cancer.

Aussi abordons-nous ici des techniques qui commencent juste à se développer et devons-nous nous contenter de mesures très grossières qui pourraient nous égarer. Nous devons être très, très prudent et ne pas être exagérément optimistes en interprétant ces toutes premières études.

DANIEL BROWN : Quelques-unes des meilleures études nous font progresser d'un pas dans le fait qu'elles ne mesurent pas seulement les changements de la fonction immunitaire globale, comme le nombre de cellules-T, mais aussi les variations dans l'incidence des maladies. Par exemple, dans l'étude sur les étudiants en médecine, outre la mesure des fonctions immunitaires, on peut aussi établir des corrélations entre l'activité immunitaire et l'incidence des maladies. Les chercheurs ont été capables de montrer que lorsque les taux immunitaires baissaient, les gens attrapaient davantage de maladies. Les études de mortalité sont aussi une mesure très concrète sur l'effet négatif ou positif de ces éléments. Mais l'augmentation du nombre de cellules tueuses naturelles est un indicateur très rudimentaire. Le pourcentage de cytotoxicité est une meilleure mesure de l'efficacité des cellules tueuses naturelles, parce qu'il révèle que ces cellules accomplissent quelque chose pour défendre l'organisme contre les maladies au lieu de se contenter des les comptabiliser.

FRANCISCO VARELA : Un autre exemple de mesures plus fines : dans la myasthénie grave, nous sommes devenus capables de mesurer l'augmentation et la diminution de cinq clones spécifiques [pour les anticorps], qui ont beaucoup de rapport avec cette maladie. L'approche est affinée plutôt que globale, comme lorsque l'on place une petite électrode dans le cerveau pour mesurer une activité cellulaire spécifique. Ce genre d'étude a beaucoup plus de sens, mais est aussi bien plus difficile à réaliser.

DEUXIÈME PARTIE

Les Fondements Biologiques

3

Le Soi Corporel

FRANCISCO VARELA

QUAND IL DÉCRIT la structure et les fonctions du système immunitaire, Francisco Varela l'appelle le "second cerveau". Il montre l'analogie entre le système immunitaire et le système nerveux, en soulignant que tous deux s'autorégulent et contrôlent les réponses du corps à l'environnement. Le système immunitaire, comme le système nerveux, peut se rappeler, apprendre et ainsi s'adapter, non pas dans un sens cognitif, mais physiologique. L'interaction entre l'esprit, le système nerveux et le système immunitaire, fournit une base physiologique pour comprendre l'influence des émotions sur la santé. La preuve de la force de cette interaction inclut le fait que le stress éprouvé par le système nerveux entrave le fonctionnement du système immunitaire, et que les réponses immunitaires peuvent être conditionnées comme les chiens de Pavlov apprenant à saliver au son de la cloche. L'étude de cet ajustement des réponses entre le système nerveux et le système immunitaire est appelée psychoneuro-immunologie (*psyché* pour l'esprit, *neuro* pour le système nerveux et, pour le système immunitaire, *immunologie*), et c'est un nouveau domaine de la biologie. Les prémisses de l'interdépendance entre la neurologie, l'immunologie et la psychologie, constituent une base conceptuelle pour la plupart des explorations qui seront exposées dans cet ouvrage.

FRANCISCO VARELA : Ma recherche s'applique aux bases biologiques de la connaissance dans toutes ses formes, et je vais décrire le système immunitaire dans ce contexte. La psychoneuro-immunologie est l'étude des relations entre le système nerveux, le système immunitaire et les états d'esprit. C'est un nouveau domaine en Occident, qui n'a guère plus de quinze ans, et qui est très prometteur puisqu'il engendre une compréhension de la relation esprit/corps.

Quand on se demande comment les émotions affectent le corps, on a besoin de considérer le système nerveux, de comprendre comment travaille le cerveau et de réaliser que le système immunitaire fonctionne comme un second cerveau du corps — ce n'est pas une simple métaphore, mais quelque chose de concret.

LE SECOND CERVEAU DU CORPS

La première question que nous nous posons sur un système est : quels sont ses organes ? De même que les composants du système nerveux, les organes du système immunitaire sont répartis dans tout le corps. Ils comprennent le thymus et la moelle osseuse, les sources du renouvellement constant du système ; la rate et le système lymphatique, un réseau de nodules tissulaires reliés par des vaisseaux dans lesquels circule la lymphe.

Les cellules qui constituent le système immunitaire sont

appelées lymphocytes, ou globules blancs, et circulent tout le temps, à la différence des neurones fixes du système nerveux. La plupart des lymphocytes sont produits par la moelle osseuse et sont par conséquent appelées cellules-B [4]. Les cellules du thymus, ou cellules-T, sont produites dans le thymus. Bien qu'inférieures en nombre, les cellules-T contrôlent les cellules-B, comme des officiers commandant des soldats.

Les cellules du système nerveux se distinguent par leur forme et leur localisation. Par exemple, les neurones du cortex visuel sont distincts de ceux de l'hippocampe. Les lymphocytes ne sont pas identifiés par leur localisation, puisqu'ils circulent, mais par leurs *récepteurs cellulaires*. Ce sont des macromolécules situées à la surface des cellules et qui, lorsqu'elles circulent, interagissent avec les récepteurs des autres cellules. Les récepteurs cellulaires sont des marqueurs qui nous permettent d'identifier la fonction spécifique d'une cellule, tout comme nous pouvons reconnaître un neurone spécifique dans le cerveau.

Parmi ces marqueurs, il y a les macromolécules que l'on appelle anticorps. Les cellules-B sont identifiées par des anticorps uniques, qui ne sont partagés que par vingt ou trente autres cellules dans le système immunitaire. Ce sont de petites familles clonales de cellules-B qui produisent un même anticorps qui sert de marqueur, comme le ferait un nom de famille. Dans un système immunitaire normal, il y a près de 100 millions de familles clonales qui circulent, chacune se distinguant par son anticorps spécifique. Imaginez une immense cité de 100 millions de familles, chacune ayant des affinités spécifiques avec les autres, et se déplaçant toutes. C'est très complexe !

De même que d'autres récepteurs à la surface des cellules, les anticorps ont une forme spécifique qui peut se lier à toute

4. NdT : B de "bone marrow", moelle osseuse en anglais.

une variété de molécules dont la forme est complémentaire. Par exemple, si je creuse ma main légèrement, une pomme ou une orange pourra entrer dans cet espace et s'y fixer un moment, mais la même position de la main ne convient pas à un stylo. Une cellule-B se lie très rapidement à toute cellule ou bactérie, ou à tout ce qui flotte dans le sang et porte la forme moléculaire spécifique qui lui correspond. C'est un échange très rapide, un va-et-vient, un lien éphémère qui se dénoue. Ces interactions sont une méthode de communication, tout comme les neurones communiquent en envoyant des impulsions électriques.

Dans le système nerveux, les événements les plus importants sont l'activation et l'inhibition de neurones. La plupart des analyses neuroscientifiques se concentrent sur la mesure du niveau relatif de l'activité. C'est exactement analogue à l'activation et à la suppression des cellules-B et T dans le système immunitaire. Ici, l'activation se réfère à la division des cellules qui fait croître la famille clonale en nombre. Par suppression, on entend la diminution du nombre de clones au fur et à mesure que les cellules meurent.

La durée de vie moyenne d'une cellule-B chez l'homme oscille entre un et deux jours, bien que certaines d'entre elles vivent un peu plus longtemps. Ce qui signifie que le système est renouvelé très rapidement sur une vaste échelle. Après une semaine ou deux, les lymphocytes ont tous été remplacés. Par conséquent, ce qui demeure est un *modèle* : les différentes sortes de clones et leur degré d'activation, ce qui, bien sûr, diffère du cerveau où, généralement parlant, les neurones ne meurent ni ne se reproduisent.

Il y a encore d'autres analogies importantes entre le système nerveux et le système immunitaire. Les organes des sens qui relient le cerveau à l'environnement, comme les yeux et les oreilles, ont leur parallèle dans nombre d'organes de la lymphe. Il s'y trouve des régions distinctes qui agissent en tant qu'unités sensibles et interagissent avec les stimuli : par exemple, des secteurs dans les intestins sont constamment reliés à ce que l'on mange.

De même, les deux systèmes ont leurs effecteurs. Dans le système nerveux, ceux-ci sont typiquement les muscles qui se contractent pour produire des attitudes, bien qu'il en existe d'autres sortes. L'équivalent dans le système immunitaire est la maturation des cellules-B, un effet particulièrement important pour la santé. En mûrissant, une cellule-B change soudainement d'état et devient un facteur de production de près de deux mille anticorps par heure au lieu de la douzaine habituelle. Ces anticorps sont libérés directement dans le courant sanguin, indépendamment de toute cellule ; cet effet est ce que nous appelons une réponse immunitaire.

LE SOI DU CORPS

Nous pouvons à présent nous intéresser à une analogie plus profonde entre le système nerveux et le système immunitaire. De même que la fonction du système nerveux s'appuie sur une identité cognitive, un sens du "soi" avec ses propres mémoires, ses idées et ses tendances, ainsi le corps a lui aussi une identité ou un soi doté de propriétés cognitives semblables, telles que la mémoire, l'apprentissage et des attentes. Cette identité fonctionne au moyen du système immunitaire.

Le système nerveux inclut un certain nombre de mécanismes simples concernant la défense de l'intégrité. Un animal évite un stimulus douloureux ; un conducteur tourne le volant pour éviter une collision. Les biologistes considèrent ces réponses à l'imprévisible comme de simples réflexes d'évitement qui surviennent au niveau le plus primaire du système nerveux, nécessitant très peu de sophistication. Mais le système nerveux a une autre facette : toutes les émotions, les imaginations, les désirs et les mémoires qui font partie de la vie ordinaire et qui ne sont pas tributaires de la défense urgente. Il existe une vie intérieure continuelle, un sens interne de l'identité, qui est de loin bien plus complexe et plus intéressant que de simples réactions de fuite, et qui concerne la majeure partie du cortex.

Dans le système immunitaire, nous avons exactement la même situation. L'aspect défensif du système répond à une situation d'urgence telle qu'une infection. Par exemple, quand des bactéries pénètrent dans le corps, votre système immunitaire reconnaît soudain la présence d'une entité moléculaire inhabituelle. Cette identification d'un profil étranger est une opération cognitive extrêmement simple. Les clones de cellules-B qui peuvent se lier aux bactéries commencent à mûrir et produisent des anticorps en abondance. Chaque bactérie est complètement entourée d'anticorps qui y adhèrent, et est immédiatement évacuée par les fluides. Cette réponse immunitaire est le fondement de la vaccination[5].

Les défenses tournées vers l'extérieur ont dominé les études en immunologie depuis cent ans, et la conscience d'un

5. Les vaccins sont obtenus avec des fragments de virus, des virus morts ou des bactéries mortes dont les surfaces cellulaires contiennent encore les marqueurs moléculaires qui leurs sont spécifiques. Une fois ces agents infectieux neutralisés introduits dans le corps par injection ou, dans quelques cas, par voie orale, le système immunitaire répond en produisant des anticorps contre ces profils moléculaires. Les clones de cellules-B commencent à mûrir et des anticorps sont fabriqués. Les bactéries tuées ou les fragments de virus sont traités par l'organisme exactement comme s'il s'agissait d'un agent infectieux vivant. Ainsi, le corps développe des anticorps contre un profil moléculaire qu'il n'a pas rencontré au cours d'une réelle infection. Dans un sens, les vaccins créent une infection factice, une sorte d'exercice d'évacuation qui prépare l'organisme avant que la menace réelle survienne.

aspect interne et autonome est très récente, à la différence de ce qui s'est passé dans les neurosciences. La plupart des immunologistes d'aujourd'hui se soucient encore des réponses immunitaires, lesquelles sont expliquées par la théorie dite "de sélection clonale" énoncée clairement par McFarland Burnet dans les années 50. Je ne veux pas dire par là que les réponses immunitaires ne sont pas importantes. Elles sont nécessaires à la vie comme le sont les réflexes neurologiques qui nous poussent à fuir le danger ; mais il serait stupide de réduire notre vie cognitive à des réactions de fuite. De même qu'échapper au danger et aux prédateurs ne constitue qu'une très petite partie de notre vie cognitive, ainsi nous ne sommes pas souvent confrontés à des infections graves. Qu'arrive-t-il au système immunitaire quand il ne se produit aucune réponse immunitaire ? Quel est l'équivalent de la vie cognitive interne ?

Permettez-moi d'utiliser une analogie pour illustrer ma réponse. Quelle est la nature de l'identité d'une nation ? La France, par exemple, a une identité qui ne réside pas dans le bureau de François Mitterrand. Évidemment, si trop d'entités étrangères envahissent le système, il y aura des réactions de défense tournées vers l'extérieur. L'armée organise une réponse militaire. Cependant, il serait idiot de déclarer que la réponse militaire constitue la totalité de l'identité française. Quelle est donc l'identité de la France quand il n'y a aucune guerre ? C'est la communication qui crée cette identité, le tissu de la vie sociale, quand les gens se rencontrent et parlent ensemble. C'est le pouls de la vie du pays. Vous vous promenez dans les villes et vous voyez des gens dans les cafés, qui écrivent des livres, élèvent leurs enfants, cuisinent — mais pour la plupart, ils parlent. Quelque chose de semblable survient dans le système immunitaire lorsque nous construisons notre identité corporelle. Les cellules et les tissus ont une identité en tant que corps à cause du réseau de cellules-B et T qui se déplacent constamment, nouant des contacts avec chacun des profils moléculaires existant dans votre corps puis s'en détachant. Elles établissent aussi constamment des contacts *entre elles*. Un gros pourcentage des contacts d'une cellule-B se fait avec d'autres cellules-B. De même qu'une société, les cellules construisent un tissu d'interactions mutuelles, un réseau fonctionnel, comme le montre le travail de quelques groupes. Et c'est à travers ces interactions mutuelles que les lymphocytes sont inhibés ou déployés en clones, tout comme les gens sont promus ou déchus de leurs fonctions et comme les familles se développent ou s'amenuisent. Cette affirmation d'une identité systémique, qui n'est pas une réaction défensive mais une construction positive, est une sorte d'auto-confirmation. C'est ce qui constitue notre "soi" au niveau moléculaire et cellulaire (qui comprend les déterminants géniques et les marqueurs du "soi").

Un exemple expérimental va nous éclairer davantage. Antonio Coutinho et ses collègues de l'Institut Pasteur à Paris ont élevé des souris dans un environnement stérile sans aucun risque infectieux, où elles ne sont exposées à aucun antigène (molécules externes) autre que l'air et de la nourriture très simple. Si l'on applique le point de vue classique qui considère le système immunitaire comme purement défensif, on s'attendrait à ce que les souris n'aient aucun système de défense. Mais si on considère que le système immunitaire a une âme cognitive interne aussi bien que des défenses externes, on peut s'attendre à ce que ces souris exemptes d'antigènes aient un système immunitaire normal. Les résultats de cette expérience sont évidents à 100% : on peut difficilement distinguer les systèmes immunitaires de ces souris exemptes d'antigènes et ceux de souris élevées normalement. Évidemment, en dehors de la chambre stérile, elles vont mourir, de même que si vous élevez un enfant dans un environnement dépourvu de tout risque, il ne saura pas comment échapper au danger. Cependant, on peut difficilement distinguer son système nerveux de celui d'un enfant normal. Si une souris élevée dans une bulle est graduellement exposée à des antigènes, elle survivra — la seule chose qui lui manque est l'apprentissage.

Les opinions classiques soutiennent que les anticorps sont, comme leur nom l'indique, dirigés contre quelque chose d'autre. Il serait insensé de leur part de se lier à notre propre corps. Mais dans cette vue alternative d'un système immunitaire en réseau et dirigé vers lui-même, qui remonte au travaux de l'immunologiste danois Niels Jerne au début des années soixante-dix, on peut s'attendre à trouver des cellules-T qui peuvent se lier à chacun des profils moléculaires singuliers dans le corps. De même que dans chaque aspect de la vie française — les musées, les librairies, les cafés et les pâtisseries — on trouvera sûrement des Français qui s'en occupent. Du point de vue de l'immunologie classique, c'est une hérésie. Paul Ehrlich, le fondateur de l'immunologie, parla de l'*horror autotoxicus*, l'horreur de s'agresser soi-même. Il considérait que le système immunitaire était uniquement dirigé contre les envahisseurs. Or, le fait est que vous allez trouver des anticorps pour chacun des profils moléculaires qui se trouvent dans votre corps (membranes cellulaires, protéines musculaires, hormones, etc.). Plutôt qu'une *horror autotoxicus*, il y a une tendance "connais-toi toi-même" entre le système immunitaire et le corps. Grâce à cette interdépendance partagée, un équilibre global est créé, de sorte que les molécules de ma peau sont en communication avec les cellules de mon foie, parce qu'elles s'affectent mutuellement via le réseau circulant du système immunitaire. Du point de vue de l'immunologie en réseau, le système immunitaire n'est rien d'autre qu'un agent de communication constante entre chaque cellule du corps, assez semblable à la manière dont les neurones relient des lieux distants dans le système nerveux.

Comme je l'ai dit, les cellules du système immunitaire meurent et sont remplacées grossièrement tous les deux jours, tout comme dans une société des gens meurent au bout d'un certain nombre d'années et des enfants naissent constamment. La société, par des moyens complexes, éduque cette réserve d'enfants dans divers rôles. De même, la moelle osseuse produit en permanence ce que l'on appelle des cellules-B infantiles ou au repos. Quelques-unes de ces cellules-B au repos sont recrutées par le réseau immunitaire existant et activées, ou entraînées à jouer des rôles spécifiques. C'est ainsi que le système renouvelle ses constituants. L'apprentissage ou la mémoire existent parce que les nouvelles cellules ont été "éduquées" dans le système. Les nouvelles cellules ne sont pas identiques aux vieilles cellules, mais elles jouent le même rôle dans la perspective du modèle global émergeant.

La distinction entre cellules au repos et cellules actives est importante pour la distinction plus vaste entre le système immunitaire dirigé vers l'extérieur, qui s'occupe de la défense, et le système immunitaire dirigé vers l'intérieur, qui s'occupe de l'identité moléculaire ou de la confirmation du soi corporel. On constate ici un étroit parallèle avec les systèmes nerveux périphérique et central ; nous pouvons donc les appeler système immunitaire périphérique et système immunitaire central. Le système immunitaire central consiste essentiellement en lymphocytes activés, qui sont plus gros et ont davantage de récepteurs à leur surface. Le système immunitaire périphérique consiste surtout en lymphocytes au repos, qui ont moins de profils moléculaires à leur surface. Ainsi, les deux systèmes ne sont pas distincts seulement métaphoriquement, mais aussi selon des critères concrets que l'on peut vérifier expérimentalement.

LES LIENS ENTRE LE CERVEAU ET L'IMMUNITÉ

À présent que nous avons vu comment ce réseau d'interactions du système immunitaire crée une identité dans notre corps, parallèle à l'identité cognitive des états d'esprit du système nerveux, nous pouvons commencer à nous interroger sur la manière dont le système immunitaire et le système nerveux travaillent ensemble dans le corps. Je voudrais donner trois exemples qui illustrent la manière dont ces deux "soi" travaillent ensemble.

Les premières expérimentations qui ont convaincu la communauté scientifique qu'il y avait quelque chose comme une psychoneuro-immunologie furent faites par le psychologue Robert Ader. Il utilisa la notion de conditionnement qui nous est familière depuis les travaux de Pavlov sur les chiens. Selon cette théorie, un stimulus réel (nourriture) est remplacé par un stimulus symbolique (le son de la cloche), et la réaction de salivation se produit encore. Ader supposa que s'il existait une relation neuro-immunitaire, il devrait être possible de conditionner une réponse immunitaire. Il donna de l'eau sucrée à des rats en leur injectant en même temps de la psychophosphamine, une substance chimique qui supprime les clones dans le système immunitaire. Après avoir répété un certain temps cette opération, l'eau sucrée toute seule, sans aucun médicament, causa la suppression de clones dans le système immunitaire. Pour que cela fût possible, il devait bien exister, pour l'acte cognitif et perceptif de goûter l'eau sucrée, une façon d'affecter le système immunitaire. C'est un exemple manifeste de psychoneuro-immunologie qui surprit énormément la communauté scientifique.

Second exemple, plus récent, l'observation d'un lien entre dyslexie et maladies auto-immunes. La dyslexie se manifeste comme un problème d'apprentissage chez les enfants qui ont des difficultés à lire, ce qui est une opération cérébrale cognitive complexe. Ils peuvent voir les lettres inversées, par exemple, confondre *b* et *d*. On pense que la dyslexie est provoquée par des problèmes qui apparaissent au début du développement du cerveau et nous savons depuis quelques années que les enfants dyslexiques montrent quelques légères différences dans la physiologie cérébrale. Les maladies auto-immunes sont provoquées lorsque le système immunitaire commence à traiter une partie spécifique du corps comme s'il s'agissait de bactéries, et élabore une réponse immunitaire à son égard. Par exemple, dans la myasthénie gravis [6], le système immunitaire attaque les jonctions entre muscles et nerfs, provoquant des difficultés dans les mouvements et beaucoup de douleur. Il existe un grand nombre de maladies auto-immunes et la science médicale éprouve beaucoup de difficultés à les traiter.

Il y a de cela quelques années, on démontra que la grande majorité des enfants qui souffrent de dyslexie ont aussi des désordres auto-immunes. Tous deux sont clairement liés et peuvent remonter à un déséquilibre de certaines hormones durant le développement, notamment les hormones corticoïdes gonadotrophiques. Le même dysfonctionnement dans le développement des systèmes nerveux et immunitaire peut aboutir à des effets liés, bien que très distincts. Encore une fois, ceci n'a aucun sens du point de vue de l'immunologie classique.

Le troisième exemple concerne la question du stress. Le stress est de toute évidence en rapport avec les états d'esprit, et avec l'attitude psychologique, et il a aussi de nombreux effets corporels. La question est de savoir par quelles voies

---

6. La myasthénie gravis est un désordre chronique des muscles caractérisé par la faiblesse et une tendance à se fatiguer facilement. Plus fréquente chez les jeunes adultes, la maladie est causée par une perte des récepteurs musculaires dont les médiateurs chimiques induisent la contraction. Les muscles de la tête et du cou sont les plus fréquemment impliqués.

de communication. On a découvert que le cerveau répondait au stress immanquablement et systématiquement en produisant des hormones telles que les glucocorticoïdes. Ces hormones sont libérées dans le courant sanguin ou directement dans le système lymphatique. Les hormones se combinent aux récepteurs sur la surface des lymphocytes, soit en les réprimant, soit en les activant. Comme il se produit des changements dans le système immunitaire, les lymphocytes produisent aussi des hormones et autres messagers que l'on appelle immunotransmetteurs. Ces molécules, en retour, affectent directement des neurones spécifiques du système limbique du cerveau, et ainsi le lien fonctionne dans les deux sens.

Également capitale est la découverte que le système nerveux autonome , qui se rapporte au contrôle viscéral comme la régulation glandulaire ou la contraction des muscles intestinaux, peut innerver la moelle osseuse. Le système nerveux autonome croît directement dans la moelle osseuse et peut régler le type et le nombre de cellules-T qui y sont produites. L'innervation de la moelle osseuse produit des changements dans la configuration du système immunitaire, qui, en retour, induit la production de transmetteurs qui provoquent des changements dans le cerveau. Ce sont de très clairs exemples, spécifiques de l'interaction neuro-immunitaire.

Les scientifiques ont aussi été capables de déceler d'autres exemples précis d'interactions neuro-immunitaires qui sont très intéressants. Par exemple, on a récemment trouvé que quelques lymphocytes produisent des hormones appelées beta-endorphines. Elles sont connues en tant qu'opiacés cérébraux, des antidouleurs qui sont normalement produits par le cerveau lui-même. Ainsi, les mêmes hormones qui sont des médiateurs dans le cerveau peuvent être produites par des lymphocytes qui, dans ce cas, agissent comme des neurones très éloignés. On découvre des voies de communication entre le système nerveux et le système immunitaire. Mais la manière dont ces effets peuvent devenir plus spécifiques reste inconnue. Par exemple, quand nous parlons de répression ou d'activation immunitaire, l'effet est spécifique sur certains clones. De même, on sait que les médiateurs qui répriment ou stimulent des neurones affectent des sites précis du cerveau. Évidemment, les interactions entre ces deux cerveaux complexes, le système nerveux et le système immunitaire, sont spécifiques, mais de quelle manière ? C'est une question ouverte aujourd'hui. Le subtil accord des interactions entre les deux systèmes n'est pas encore très clair, mais il est évident que ces liens existent, et l'on peut intervenir de certaines façons pour les utiliser dans des buts médicaux.

Vous pouvez vous demander où intervient la partie *psycho* de la psychoneuro-immunologie. Les Occidentaux, au moins les neuroscientifiques, font une équation automatique entre les états émotifs, perceptifs ou cognitifs et l'activité neurale. Nous avons tendance à supposer qu'un état mental implique une activité mesurable quelque part dans le cerveau. Ainsi, par exemple, quand les gens ressentent un stress, vous pouvez retracer la voie de transmission des hormones qui sont libérées par le cerveau stressé. Cette correspondance neuropsychique est une hypothèse importante en neuroscience.

De même que nous avons une identité ou un parallèle neuropsychique, ainsi il existe ce que j'appelle l'identité *immunosoma* ou immunocorporelle (Il y a là un intéressant problème linguistique. Quand je dis *moi*, j'utilise une étiquette relative à ce qui est principalement un complexe psychologique ou cognitif. Nous n'avons même pas de mot dans notre langue pour l'identité du corps ou *soma* équivalente). Cet immunocorps a la même sorte d'intégralité ou d'intégrité inclusive que nous avons pour notre soi cognitif. Ainsi, quand je m'identifie à moi, Francisco, je suis en train de mettre une étiquette sur un complexe. Mon corps également s'étiquette en fonctionnant. Si je remplace un petit bout de ma peau par un autre fragment de peau, le tissu sera rejeté, même si j'ai pris soin d'utiliser exactement les mêmes types de cellules. Le corps le reconnaît comme n'étant pas sien. Si vous pouviez regarder à l'intérieur du corps, ce qui paraît être un simple tissu nourrit en fait des processus très actifs et incessants, mais qui ne sont révélés que lorsqu'il y a concurrence. Nous ne sommes pas habitués à concevoir notre corps comme un "soi" qui serait une entité aussi complexe que l'est notre soi cognitif, mais le fait est que nous fonctionnons ainsi, même si nous ne pouvons y mettre consciemment aucune étiquette.

Pour revenir à l'analogie sociale, j'achète mon pain chaque jour à un boulanger à Paris dont la famille a vécu là depuis deux cents ans. Il fait partie de la société, et sait comment cuire son pain. Si, soudain, un jour je trouve une personne différente dans la même boulangerie, qui peut faire les mêmes gestes, vendre le même pain, ce ne sera pourtant pas le même. Le boulanger fait partie des meubles à cause de l'histoire de sa longue interaction, du fait qu'il est connu des gens depuis longtemps, et que nous avons un langage commun. Vous pouvez imiter ce boulanger français, mais si vous n'avez pas la bonne histoire, le bon langage et la capacité de dialoguer, les voisins vous rejetteront aussi. Ce qui fait que mes cellules sont à leur place et ce qui permet à mes cellules hépatiques de se comporter en cellules hépatiques, à mes cellules thymiques de se comporter en cellules de thymiques, c'est justement le fait qu'elles partagent ce langage commun de telle sorte qu'elles peuvent opérer entre elles dans le bon contexte. De même, le boulanger connaît le banquier qui appartient à la communauté, quand bien même le banquier fait quelque chose de différent.

Nous sommes tellement habitués au travail de notre corps que nous n'apprécions pas la complexité de ce processus émergent qui maintient son activité. À l'instar du cerveau humain, où les capacités telles que la mémoire ou le sens du "soi" sont des propriétés émergentes de tous les neurones, dans le système immunitaire, on trouve une capacité émergente apte à maintenir un corps, à entretenir une histoire avec lui et à posséder un "soi". Cette propriété émergente est quelque chose qui s'élève mais n'existe nulle part. Du point de vue de la psychoneuro-immunologie, le corps aura aussi une identité désignée conceptuellement mais qui ne demeurera nulle part. Mon identité corporelle n'est pas localisée dans mes gènes ou dans mes cellules, mais dans l'ensemble de leurs interactions.

LE DALAÏ LAMA : La présence du système immunitaire est-elle fondamentalement la même chez des organismes extrêmement primitifs doués d'un système nerveux ?

FRANCISCO VARELA : Excellente question, Votre Sainteté, qui, je le pense, clarifie l'ensemble. Si vous prenez une amibe monocellulaire, un système immunitaire n'a évidemment aucun sens. Mais quand plusieurs cellules s'assemblent pour constituer des organismes pluricellulaires, c'est exactement là que l'on voit apparaître un système immunitaire. Parmi les organismes primitifs, les éponges ont la plus simple ébauche de système immunitaire.

LE DALAÏ LAMA : Les plantes ont-elles une sorte de système immunitaire ? Rejettent-elles les matières externes ?

FRANCISCO VARELA : Elles ont d'autres méthodes de défense telles que les toxines. Et les organismes monocellulaires peuvent ingérer des molécules étrangères. Le système immunitaire n'est donc pas la seule manière de défendre ou de créer une identité, mais c'est celle que nous utilisons, nous autres vertébrés.

LE DALAÏ LAMA : Les insectes ont-ils un système immunitaire ?

FRANCISCO VARELA : Les insectes n'ont pas de système immunitaire. Seuls les vertébrés ont un système immunitaire complètement développé.

LE DALAÏ LAMA : Au moment où se forme le corps humain, est-il possible de dire si c'est le système immunitaire qui se forme avant le système nerveux ou l'inverse ?

FRANCISCO VARELA : Ils se forment de concert. Comme je l'ai mentionné dans l'exemple de l'auto-immunité et de la dyslexie, quand quelque chose va légèrement de travers dans l'embryon, les deux systèmes en sont affectés. L'un devient auto-immune et tend à attaquer ses propres composants ; l'autre n'établit pas correctement la propriété cognitive nécessaire à la lecture.

LE DALAÏ LAMA : Est-il possible de dire lequel des deux systèmes se détériore le premier dans le processus de la mort ?

FRANCISCO VARELA : La mort cérébrale prend au plus quelques heures, d'un point de vue biologique. La cohérence du système immunitaire cesse dès que la circulation s'arrête. Les lymphocytes disparaissent probablement en un jour au plus. Ainsi, tous deux disparaissent assez vite.

LE DALAÏ LAMA : Ce pourrait être la durée de leur entière destruction, mais commencent-ils simultanément à se détériorer ?

FRANCISCO VARELA : Dans le processus de la mort, les battements du cœur s'arrêtent, ce qui cause l'anoxie du cerveau. En même temps, la totalité de l'échange que constitue le système immunitaire s'arrête parce que sans circulation, les cellules ne se rencontrent plus. Puis les deux sortes de cellules, les neurones et les lymphocytes, meurent dans les quelques heures qui suivent. Donc, les deux systèmes se détériorent presque ensemble. Du point de vue biologique, l'identité des deux systèmes se dissoudrait. Ce serait alors la mort du corps, la mort du soma.

LE DALAÏ LAMA : Quand on a une sensation corporelle telle que le plaisir, le système immunitaire est-il impliqué de quelque manière ?

FRANCISCO VARELA : Cette question reste ouverte. Pour autant que nous le sachions, on peut conditionner une sorte d'immunosuppression en réponse à un stimulus d'eau sucrée, qui est une perception gustative. Il n'existe aucune preuve à l'encontre de l'idée qu'un état de plaisir ou de déplaisir puisse avoir des effets immunomodulateurs spécifiques, et en fait, la plupart d'entre nous pensons qu'il en est ainsi. Il est également vrai que la preuve expérimentale n'est pas faite car les sensations transitoires sont très difficiles à mesurer. Nous pouvons seulement mesurer quelque chose de continu comme le stress.

LE DALAÏ LAMA : La sensation est-elle entièrement une question de liaison nerveuse fonctionnant correctement ? Si l'on anesthésiait le corps, où si par hypothèse on enlevait tous les nerfs, les os et la chair auraient-ils encore une quelconque capacité de ressentir ?

FRANCISCO VARELA : Pour autant que nous le sachions, si l'on coupe ou si l'on anesthésie tous les nerfs qui arrivent dans ma main, je n'aurai plus aucune sensation de ma main. Cependant, si cette main est accidentellement brûlée, mon esprit somatique ou mon esprit corporel le sait et réagit très intelligemment. Par exemple, il protège la plaie en provoquant une réaction d'inflammation. Il produit des cellules pour réparer et produire des tissus. Le système immunitaire réagit en essayant de maintenir l'harmonie. Ainsi, tandis que l'esprit du système nerveux en est inconscient, l'autre esprit répond intelligemment.

LE DALAÏ-LAMA : Mais la personne ne serait pas consciente de la douleur ? C'est un point crucial : quand les bouddhistes parlent de conscience du corps, la personne est consciente du corps.

FRANCISCO VARELA : J'ai compris que dans la tradition bouddhiste, la conscience du corps est une conscience ou une faculté discernante opérant sur l'événement, qui est le corps.

LE DALAÏ LAMA : Pourrait-il y avoir une analogie grossière avec le fait d'endommager la feuille d'une plante d'une façon quelconque ? Elle ne ressent rien ou ne reconnaît rien, mais peut prendre certaines mesures défensives.

FRANCISCO VARELA : L'analogie est en effet très approximative, Votre Sainteté. La plante a la seule capacité de se régénérer. Ce que peut faire notre corps est beaucoup plus complexe que cela, et c'est précisément cette complexité croissante qui lui donne un statut plus élevé, et qui nous permet de dire que cela ressemble davantage à un esprit qu'au simple réflexe immédiat des tissus de la plante. Les plantes réagissent d'une manière très limitée, qui est presque toujours la même, tandis que notre corps fait preuve d'une très grande souplesse pour se maintenir.

LE DALAÏ LAMA : Le problème que vous soulevez est donc : quelle est l'identité du corps ?

FRANCISCO VARELA : Oui. Le fait est que le corps a une sagesse vis-à-vis de sa propre existence, qui entraîne la régulation. Si vous prenez une quelconque hormone qui circule dans votre corps, qui contrôle le taux de cette hormone ? Dans une large mesure, le taux est régulé par le système immunitaire. Par exemple, si mon corps est stressé alors que je m'exerce, le corps peut reconnaître par lui-même ce dont il a besoin et décider quelle hormone doit augmenter ou diminuer. Toute cette sagesse se produit sans que mon soi linguistiquement conscient le sache, et en même temps, il s'agit pourtant de moi d'une certaine manière.

LE DALAÏ LAMA : Vous êtes en train de dire qu'il y a presque deux "soi" parallèles.

FRANCISCO VARELA : C'est exactement cela. L'un est le soi dont on a l'habitude et que l'on nomme ; l'autre n'a tout simplement pas de désignation linguistique, et nous ne pouvons le voir qu'à travers ses effets. Mais la sagesse du corps est une idée qui appartient à beaucoup de traditions humaines, et la chose intéressante, c'est que ce lien neuro-immunitaire pourrait fournir un angle de vue plus scientifique à cette idée.

L'ILLUSION : PHYSIOLOGIQUE ET MENTALE

LE DALAÏ LAMA : Pourquoi donc le système immunitaire attaque-t-il parfois sa propre famille de cellules et pourquoi les maladies auto-immunes sont-elles si implacables ?

FRANCISCO VARELA : C'est difficile à dire, mais il y a probablement de multiples causes à cela. Certains individus sont plus exposés à avoir des maladies auto-immunes. Il semble y avoir un facteur génétique dans beaucoup de cas, mais évidemment, cela ne rend pas compte de l'ensemble. Manifestement, il y a quelques maillons faibles dans le fonctionnement normal d'un individu, qu'ils soient purement psychologiques ou davantage liés au niveau de cet "esprit du corps".

Le système immunitaire nous permet d'avoir une existence corporelle. Si vous bloquez le système immunitaire, vous vous effondrez, même sans infection et dans une bulle de protection. Votre corps commence à se désintégrer. C'est exactement ce qui se produit dans la maladie appelée *lupus*. Les cellules commencent à agir sans coordination, chacune à sa manière. Coordonner un corps formé de millions de différentes cellules est un énorme travail, tout comme coordonner un pays peuplé de millions de gens de manière que les boulangers continuent à faire du pain et que les banquiers continuent à faire leur métier et pas n'importe quoi d'autre. Ce rôle de coordination est la raison d'être de cet esprit dont nous sommes en train de parler.

La médecine traditionnelle, qui s'appuie sur l'immunologie défensive classique, ne sait réellement pas comment traiter ces maladies auto-immunes parce que ce sont des exemples de légères dysharmonies dans le sens du soi. Subitement, une partie qui devrait être impliquée dans l'échange en cours devient d'une certaine manière un étranger. Tout se passe comme si un groupe de gens dans une société devenait asocial et que sa relation avec la société devenait agressive. Le traitement approprié n'est rien d'autre que d'essayer de les réintégrer socialement, de renforcer leurs liens avec la société. Ainsi, quelques patients sont guéris par des injections massives d'anticorps extraits d'un groupe de donneurs.

Réintégrer socialement ces parties du corps qui ont été exclues est exactement ce qui a été tenté récemment, avec un beau succès, chez les souris atteintes de *myasthenia gravis*. En leur injectant des cellules-B et des anticorps censés renforcer les liens entre le système immunitaire en place et les molécules affectées — dans ce cas les récepteurs musculaires — 90% des souris furent guéries. C'est comme si vous offriez de nouvelles façons d'ouvrir un dialogue avec le groupe asocial afin qu'il se réharmonise dans le corps. Ainsi, ce processus entier de réharmonisation et de régulation est cognitif, parce qu'il requiert l'inventivité, la mémoire, la reconnaissance, l'apprentissage et une action sélective. C'est pourquoi je ne pense pas qu'il soit exagéré de parler d'un second cerveau.

LE DALAÏ LAMA : Si le système immunitaire est susceptible d'attaquer sa propre famille de cellules, est-il capable de guérir le corps ?

FRANCISCO VARELA : Il est impossible de penser que l'on puisse utiliser l'esprit psychologique, et donc le cerveau, pour guérir des maladies à moins que cet esprit ne converse avec un autre esprit qui est aussi capable d'intégrer ces messages d'une manière intelligente et de réguler le corps. Les rémissions de cancers, par exemple, doivent être des phénomènes extrêmement complexes qui requièrent une intelligence dans ce système immunitaire. Même si nous ne sommes jamais conscients de cela, nous en voyons constamment les effets parce que nous vivons dans nos corps. Cela m'inspire une immense crainte respectueuse pour la complexité qui existe dans notre organisme et que nous tenons pour acquise.

DANIEL BROWN : Les maladies auto-immunes, où le corps ne reconnaît pas ses propres cellules, sont une sorte de méprise de la part du corps. Du point de vue de l'esprit, pourquoi la méprise existe-t-elle ?

LE DALAÏ LAMA : Bien que le bouddhisme parle de conscience du corps, d'une conscience qui réside à l'intérieur du corps, la méprise ne peut être présente qu'en tant que cognition mentale dans laquelle l'intelligence opère. Ainsi, la méprise ne peut pas être présente dans la conscience sensorielle, mais seulement dans la conscience mentale. La méprise ne peut être présente au niveau des sens parce que ce type d'intelligence cognitive n'œuvre pas au niveau des sens.

DANIEL BROWN : Pourquoi alors la méprise existe-t-elle au niveau cognitif ?

LE DALAÏ LAMA : C'est comme si l'on posait la question : pourquoi y a-t-il une conscience ? C'est ainsi.

SHARON SALZBERG : Je me demande s'il n'y a pas là une similitude avec les maladies auto-immunes, où le corps ne reconnaît pas ses propres cellules, sa propre intégrité, et commence ainsi à s'autodétruire. Peut-être est-ce une version externe de ce qui arrive quand, par ignorance, nous ne reconnaissons pas les autres comme nous-mêmes. Nous commençons à nous détruire nous-mêmes quand nous ne reconnaissons pas notre intégrité, quand nous n'avons pas le sens que tout ce qui vit est comme nous-mêmes.

FRANCISCO VARELA : Intéressante analogie.

DANIEL GOLEMAN : Ce à quoi nous arrivons, semble-t-il, c'est l'idée qu'il existe, si l'on peut dire, un Dharma que l'on pourrait apprendre du comportement des cellules — une base biologique à un système éthique.

4

Le Cerveau et les Émotions

Cliff Saron et Richard J. Davidson

Une série de découvertes de la dernière décennie nous a donné une image désormais plus claire de la manière dont le cerveau régule les émotions. On a longtemps supposé que les centres des émotions étaient localisés profondément dans le cerveau, dans une série de structures qui entourent le dessous du cortex, appelées système limbique (*limbique* venant du latin *limbus*, qui signifie "bord"). Les données neurologiques les plus récentes suggèrent qu'alors que les impulsions émotives naissent dans les centres limbiques, la manière dont nous *exprimons* nos émotions est régulée par des structures qui sont plus récentes dans l'évolution, localisées dans le cortex préfrontal juste derrière le front.

Mieux que cela, chaque côté du cortex préfrontal semble gouverner un groupe différent de réponses émotives, avec davantage d'émotions douloureuses — celles qui peuvent nous renfermer, dans la peur ou le dégoût — régulées par le côté droit, et la plupart des sentiments plus positifs tels que la joie, par le côté gauche. Ces découvertes des neurosciences nous offrent une toile de fond pour comprendre la dynamique de notre vie émotive. Les émotions que nous ressentons, et la façon dont nous les maîtrisons, sont gouvernées par ce circuit cérébral et d'autres plus vastes, tous interconnectés.

Cliff Saron fait le point sur les expériences faites sous la direction de son collègue Richard Davidson, directeur au Laboratoire des Neurosciences de l'Affectivité à l'Université du Wisconsin, qui montrent en détail comment le cerveau organise des aspects de notre réalité émotionnelle. Il commence en examinant ce que signifie le mot "émotion" et explique comment les différents modèles théoriques mettent en forme les méthodes utilisées pour étudier les émotions et le cerveau. Puis il passe en revue une série de découvertes clés de leur laboratoire, qui offrent de nouvelles perspectives sur la façon dont le cerveau régule les émotions telles que le bonheur et la répulsion, ou plus généralement, les tendances à s'approcher ou à se retirer — des concepts parallèles aux notions bouddhistes d'attachement et d'aversion, les pôles émotifs fondamentaux qui nous ancrent dans notre réalité matérielle.

CLIFF SARON : Ce que nous voulons dire par le mot *émotion* est difficile à définir dans un sens strict. En psychologie, on utilise le mot pour décrire les réactions d'une personne à beaucoup de niveaux différents. L'un est cognitif : les jugements et les pensées qui surgissent dans un ressenti particulier. Nous pouvons aussi décrire les émotions du point de vue du comportement observé : un geste de colère ou de douceur, un ton de voix. Les expressions du visage qui accompagnent spontanément des sentiments sont d'une aide particulière pour spécifier quelle émotion une personne ressent, et constituent ainsi une autre façon de définir les émotions.

Au niveau physiologique, nous pouvons décrire deux composantes de la réaction émotive : la sensation corporelle dont la personne est consciente, comme une sensation de panique. De telles sensations impliquent habituellement les centres cérébraux inférieurs qui contrôlent le système nerveux autonome et la libération d'hormones, avec des effets relativement longs sur une période allant de quelques minutes à plusieurs heures. Une seconde réponse physiologique se fait dans le cortex cérébral. C'est le niveau de réponses émotionnelles que nous étudions plus spécialement.

Nous observons également l'approche et le retrait comme étant des manières fondamentales de décrire le comportement d'un organisme et de catégoriser différentes émotions. Par exemple, le bonheur peut vous faire vous déplacer vers quelqu'un que vous êtes heureux de voir. La peur et la répulsion sont des exemples typiques de comportement de retrait. Ces comportements d'approche et de retrait peuvent être reliés aux activités de chaque côté du cerveau. Pendant les dix dernières années, dans nos laboratoires, nous avons obtenu une série de résultats qui suggèrent que les régions frontales du côté gauche du cerveau sont davantage associées aux comportements d'approche, et que celles du côté droit sont plus associées aux comportements de retrait.

On pourrait se demander pourquoi chercher un lien entre les comportements d'approche ou de retrait et chaque côté du cerveau. La relation n'est pas évidente, mais l'information neurologique depuis les cent dernières années révèle que des dommages causés à chacun des côtés du cerveau ont des conséquences émotionnelles différentes.

Au milieu du siècle dernier, le neurologue John Hughlings Jackson remarqua que les gens qui souffraient de crises épileptiques commençant par une activité frénétique de la zone frontale droite du cerveau exprimaient invariablement de la peur — une émotion de retrait — au début de la crise. D'autre part, les patients dont les troubles causaient une trop faible activité du côté droit du cerveau, devenaient maniaques ou éprouvaient des émotions positives inappropriées. Ces observations furent à l'origine d'une théorie selon laquelle les deux côtés du cerveau pouvaient avoir des spécialisations ou des caractéristiques émotionnelles différentes. La suractivation du côté droit du cerveau semble encourager des comportements de retrait ; et quand ce côté est faible ou endommagé, les comportements d'approche sont favorisés parce que le côté gauche prend le contrôle, sans être équilibré par le côté droit.

Deux autres manières, très différentes, de considérer les émotions sont un objet de controverse en psychologie. Selon une de ces opinions, il y a peu d'émotions "discrètes" fondamentales : le bonheur, la tristesse, la colère, le dégoût, la surprise et la peur. Il y a un peu plus de vingt ans, Paul Ekman de l'Université de Californie à San Francisco, enquêta sur l'universalité des expressions du visage dans différentes cultures. Son travail s'inspirait de l'ouvrage de Darwin, *L'Expression des émotions chez l'homme et les animaux*. Ekman étudia les expressions du visage des Occidentaux et d'une tribu sans écriture de Nouvelle-Guinée, qui n'avait en principe aucun contact avec la culture occidentale. En demandant aux gens d'identifier des représentations d'expressions du visage et de montrer leur propre expression faciale pour des émotions définies par eux-mêmes, il trouva que l'expression de certaines émotions fondamentales était similaire dans les deux cultures.

Ce modèle des émotions séparées fut concurrencé par le point de vue dimensionnelle selon laquelle des états émotifs spécifiques représentent des stations le long d'un continuum qui peut aller du comportement d'approche à celui de retrait, ou de l'agrément au désagrément. Ces opinions sur les émotions discontinues et la vue dimensionnelle sont toutes deux admises en psychologie scientifique, et notre recherche s'appuie sur des éléments mixtes, puisque aucune de ces opinions ne semble complète en elle-même.

Les méthodes que nous utilisons pour mesurer les émotions dans une expérience donnée s'inspirent implicitement de ces deux modèles. Lorsque nous demandons aux gens d'évaluer à quel point leur sentiment est plaisant ou déplaisant, nous utilisons l'approche dimensionnelle. Mais lorsque nous analysons les expressions du visage spécifiques au bonheur ou au dégoût, nous appliquons la doctrine des émotions discontinues. Nous ne pouvons pas simultanément analyser tous les aspects qui sont compris dans notre définition de l'émotion, pas plus que nous ne pouvons localiser simultanément toutes les cellules immunitaires dans le corps.

Nos expériences simplifient considérablement cette complexité. Nous avons adopté trois approches différentes pour étudier la relation entre l'activité cérébrale et l'émotion. La première, très sommaire, consiste à amener quelqu'un dans le laboratoire en espérant mettre à jour des réactions émotives spécifiques pendant que l'on mesure son activité cérébrale. La seconde approche consiste à tester un grand nombre de gens et à identifier ceux qui ont des caractères émotifs distincts, comme la colère ou la dépression, puis d'examiner s'ils sont également différents du point de vue des activités cérébrales. La troisième approche est l'inverse de cette dernière : nous prenons des gens dont l'activité cérébrale diffère nettement et nous examinons s'ils diffèrent également en termes de fonctionnement émotionnel. Nos expériences incluent chaque type d'approche.

CAPTURER LES ÉMOTIONS AU LABORATOIRE

Dans une expérience que nous avons menée, nous avons fait venir des gens dans notre laboratoire, et nous leur avons montré des films destinés à susciter des émotions spécifiques. Nous leur avons fait voir des films joyeux — un chiot jouant avec une fleur, un gorille prenant son bain au zoo — et aussi des films suscitant des émotions négatives — des films de formation médicale sur des victimes brûlées au troisième degré et sur l'amputation chirurgicale d'une jambe. Nous avons utilisé ces films particuliers parce que les expressions du visage qu'ils provoquaient avaient déjà été étudiées par Paul Ekman, qui collabora à notre projet. Tandis que les sujets regardaient l'écran, nous avons enregistré sur vidéo leurs expressions du visage, en enregistrant simultanément leur activité cérébrale. En employant un système pour coder les émotions à partir des expressions du visage, nous pouvons dire si les gens ressentent, par exemple, du dégoût ou de la joie. L'interprétation de ces expressions n'est pas le fruit de nos opinions sur ce à quoi ressemble le dégoût ou le contentement, mais s'appuie sur des années de recherches de Paul Ekman, qui a défini les caractéristiques de base du visage que l'on estime être les plus représentatives d'une émotion spécifique.

Quand vous utilisez le visage comme indicateur d'émotions, vous devez être conscient de trois possibilités. Vous pouvez avoir une expression sans sentiment, un sentiment sans expression ou une expression qui n'est pas pure. Par exemple, il peut y avoir différentes formes de sourires en fonction des circonstances sociales. Il se peut aussi qu'il soit très difficile pour certaines personnes de manifester certaines expressions. Certaines personnes répriment l'expression de colère, par exemple, même lorsqu'elles sont seules. Vous devez vous assurer que le stimulus peut vraiment provoquer les expressions que vous désirez examiner. Nous utilisons donc des films pour provoquer des émotions et un enregistrement vidéo de l'expression du visage des spectateurs pour mesurer cela.

Le troisième ingrédient, la mesure cérébrale, est un peu plus compliqué. Nous utilisons un casque spécial pour enregistrer un électroencéphalogramme (EEG), qui mesure de très petites variations d'activité électrique dans différentes régions à la surface de la tête. Mais cela ne représente en vérité qu'une petite portion de l'activité cérébrale ; ce n'est pas du tout comme écouter les battements du cœur avec un stéthoscope.

Le signal électrique est l'activité combinée de plusieurs millions de cellules nerveuses, et leur "bruit" est une propriété dont nous pouvons tirer avantage. Quand une région donnée du cortex n'est pas engagée activement dans une information en cours, elle produit des oscillations d'une fréquence d'environ dix cycles par seconde. De temps en temps, l'activité électrique change et cette oscillation caractéristique apparaît en différents points de la surface du cerveau, suivant le type d'activité mentale dans laquelle la personne est engagée à ce moment-là. C'est un phénomène très dynamique et qui change rapidement.

Il faut distinguer l'activité électrique grossière que nous mesurons en voltage et sa signification dans les opérations du cerveau. Davantage de voltage ne signifie pas nécessairement plus d'activité ; vous devez considérer le schéma général. Par exemple, on pensait que la lumière qui entre dans l'œil rendait les cellules photo-pigmentaires plus actives. Quand finalement il fut possible de mesurer leur activité électrique, il ressortit que la lumière rendait ces cellules *moins* actives. Dans ce cas, une diminution du voltage — moins d'activité électrique — signifie qu'il y a quelque chose à voir — soit plus d'implication.

En tout cas, quand les cellules nerveuses sont au repos,

elles créent un schéma caractéristique d'oscillations. Quand elles reçoivent une impulsion et sont occupées à communiquer des informations d'un lieu à un autre, les oscillations s'arrêtent. Nous mesurons ces oscillations électriques pendant que le visage exprime le contentement ou la répulsion. Nous avons demandé aux gens d'évaluer leur expérience après la vision des films, afin que les résultats soient ajustés pour refléter des intensités équivalentes de bonheur et de dégoût. La différence la plus évidente entre les deux expressions du visage, était une plus grande implication de la région frontale droite durant la réaction de dégoût.

Chez chacune des personnes que nous avons testées, la participation de l'hémisphère droit s'est intensifiée durant l'expression du dégoût, même si l'augmentation a été légère. Mais chacune différait beaucoup des autres quant à l'activité cérébrale, même en situation normale, lorsqu'elle était simplement assise et au repos. Pour ceux qui étaient à une des extrémités de l'échelle, le côté gauche était toujours plus activé que le droit, même durant l'expression du dégoût. À l'autre bout de l'échelle, le côté droit était toujours plus activé que le gauche, même durant l'expressiont du bonheur. Aussi avons-nous eu affaire à des changements subtils et à un large éventail de différences individuelles.

LES ÉMOTIONS CHEZ LES ENFANTS : DES SCHÉMAS INNÉS

Nous avons voulu savoir si ces différences entre l'activité droite et l'activité gauche du cerveau étaient acquises, ou présentes dès la naissance. Nous fîmes donc une expérience similaire avec des nouveau-nés de un à trois jours. Nous ne leur avons pas montré de films, mais nous avons observé l'activité cérébrale qui accompagnait différentes expressions du visage. Nous leurs avons donné un peu d'eau sucrée et un peu de jus de citron acide. Il est impossible de savoir ce qu'ils ressentaient vraiment, mais nous avons remarqué que, en réponse au goût sucré, leur visage semblait exprimer de l'intérêt, tandis que le goût acide semblait provoquer le dégoût.

En utilisant un petit casque à électrodes, nous avons mesuré l'activité électrique du front et de la région arrière du cerveau. Les résultats pour les nouveau-nés étaient très semblables à ceux des adultes dans l'expérience précédente. La région frontale droite devint plus active durant l'expression de dégoût et il y eut un léger changement dans le lobe gauche durant la réaction d'intérêt. Ces résultats démontraient que ce phénomène fait partie de notre constitution biologique, et non de l'acquis social.

Au XIXe siècle, un anatomiste français, Duchenne de Boulogne, analysa les muscles du visage et observa qu'une expression authentique de bonheur avait deux composantes. Pendant que l'on sourit vraiment, un muscle autour des yeux se contracte, provoquant de petites pattes d'oie. Un autre muscle impliqué dans le sourire, le muscle des joues — appelé le créateur de fossettes — relève les lèvres en sourire. En appliquant un courant électrique à ce muscle, Duchenne découvrit qu'il pouvait le faire se contracter afin de produire un sourire artificiel.

Notre recherche utilisa cette découverte dans une autre expérience, cette fois avec des bébés de dix mois, en collaboration avec Nathan Fox, un psychologue du développement. Nous avons enregistré en vidéo chaque enfant assis sur une chaise, et lorsque sa mère approchait, l'enfant souriait. Mais quand c'était un étranger, le plus souvent l'enfant montrait un sourire feint, sans implication des yeux.

En travaillant avec des adultes, nous avons comparé l'activité dans les régions antérieure et postérieure de chaque côté du cerveau pendant l'accomplissement des sourires réels et feints. Durant les sourires feints, il y avait plus de participation de l'hémisphère droit dans la région frontale, et durant les sourires ressentis, il y avait davantage d'implication de l'hémisphère gauche. La différence était beaucoup plus grande dans la région frontale du cerveau que dans la région postérieure. Rappelez-vous que les vrais sourires étaient provoqués par l'approche de la mère, et ainsi, la notion d'approche et de retrait s'applique encore aux états cérébraux. Et quand les bébés montraient de vrais sourires, ils présentaient aussi une plus intense activité frontale gauche que celle qui fut enregistrée lors des sourires feints.

LES TENDANCES DÉPRESSIVES

Dans notre seconde approche de l'étude des émotions, nous avons distingué les gens sur la base de leur fonctionnement émotifs, puis nous avons observé les différences dans leur activité cérébrale. Dans cette nouvelle expérimentation, nous avons pris en considération les individus déprimés, parce que les gens dont le côté gauche du cerveau est endommagé sont particulièrement vulnérables à la dépression. Lorsque le côté gauche est atteint, il n'y a plus de contrepoids à l'activité du côté droit. Il est par conséquent probable que l'on éprouve plus fréquemment des états émotifs négatifs.

Nous avons comparé ces gens avec un groupe de contrôle non déprimé, en mesurant leur activité cérébrale alors qu'ils étaient simplement assis tranquillement les yeux ouverts pendant trois minutes, puis de nouveau quand ils fermaient les yeux. Nous recherchions des différences ou une asymétrie dans l'activité de repos entre les régions frontales droite et gauche.

Pour le groupe déprimé, l'hémisphère droit était plus actif que le gauche, mais pour le groupe de contrôle, c'était le contraire. La découverte fondamentale est donc celle-ci : dans un groupe de personnes qui présentent une déficience dans la capacité de ressentir des émotions d'attraction telles que le bonheur, la région frontale gauche est moins activée que la droite. Selon une autre formulation, le système de retrait est donc plus activé que celui d'approche.

Ces différences cérébrales ne sont pas toujours liées aux états émotifs présents de la personne. Au cours d'une autre expérience, les gens que nous observions avaient été autrefois dépressifs mais ne l'étaient plus à présent. Leur asymétrie cérébrale frontale était cependant très semblable à celle des gens actuellement déprimés. Ces découvertes suggèrent que les différences dans l'asymétrie mesurée au repos entre les côtés gauche et droit du cerveau représentent une tendance de réponse émotive plutôt que la réponse émotive elle-même. Quant aux autres expériences, elles montrent vraiment que nous pouvons *prédire* dans quelle mesure une personne sera heureuse ou triste en réaction à un film, sur la simple base de l'asymétrie au repos des deux hémisphères.

LE TEMPÉRAMENT INHIBÉ

En ce qui concerne le tempérament, certains enfants ont très peu d'inhibitions et abordent activement leur environnement. D'autres sont plus inhibés ou circonspects ; ils restent plus près de leur mère et jouent moins avec les autres enfants. Dans une autre expérimentation, nous étions curieux de voir si ces différences de tempérament chez les enfants correspondaient à des différences dans l'activité cérébrale.

Nous avons étudié 368 enfants âgés de deux ans et demi. Nous avons fait venir chaque enfant au laboratoire pour une séance de jeux dans une pièce pleine de jouets, avec sa mère et une autre mère avec son enfant. Nous avons mesuré le temps nécessaire à l'enfant pour quitter sa mère et s'approcher des jouets, et aussi noté quand l'enfant se mettait à parler pour la première fois et le temps qu'il parlait. Nous avons aussi introduit un jouet robot parlant dans la pièce, et plus tard un étranger, et enregistré si l'enfant s'approchait ou s'éloignait d'eux.

Nous avons sélectionné trente des enfants les moins inhibés, des enfants remuants, qui restaient moins de 1% du temps à côté de leur mère, et trente des plus circonspects, des enfants craintifs qui demeuraient au moins 80% du temps aux côtés de leur mère. Nous avons également sélectionné un groupe de trente enfants situés au milieu de l'échelle. Afin de voir si ces groupes différaient en matière d'activité électrique cérébrale, nous les avons amenés dans le laboratoire pour prendre leur EEG tandis qu'ils étaient assis et le plus calme possible. Pour qu'ils restent assis tranquillement, nous leur avons dit qu'ils allaient être des conducteurs de voitures de course et nous les avons placés dans une voiture-jouet en les munissant d'un casque enregistreur d'EEG en guise de casque de coureur automobile.

Nous avons trouvé que les deux groupes différaient dans leur activité cérébrale au repos. Les enfants sans inhibitions, qui étaient impatients d'aller vers les jouets, révélaient un schéma de plus grande participation de l'hémisphère gauche. Les enfants inhibés, qui étaient plus en retrait, montraient une plus grande participation de l'hémisphère droit. Les résultats obtenus avec le groupe médian étaient intermédiaires.

La principale différence entre ces groupes était le niveau d'activité de l'hémisphère gauche, alors que le niveau d'activité de la région frontale droite ne montrait pas de différence significative. Les enfants inhibés révélaient une activité diminuée de la région frontale gauche, qui reflétait probablement un système d'approche peu actif. Dans le groupe très remuant des non-inhibés, la région frontale gauche révélait une bien plus grande activation. Ainsi, la participation est-elle apparemment une fonction du tempérament.

CERVEAU ET TEMPÉRAMENT

Finalement, nous avons classé les gens sur la base de leur activité cérébrale avant d'examiner s'ils différaient du point de vue émotionnel. Nous voulions savoir si les gens qui ont une plus grande activation des régions frontales gauches sont globalement plus heureux et si les gens qui ont une plus grande activité frontale droite éprouvent des émotions plus négatives. Nous avons testé environ cent personnes pour quelques minutes sur deux séances, car des individus peuvent réagir différemment selon le moment.

Nous avons sélectionné deux groupes qui ont constamment montré la plus extrême activation du côté gauche ou droit dans les deux occasions. Nous leur avons alors demandé de remplir un questionnaire pour décrire comment ils se sentaient globalement du point de vue des émotions positives — s'ils étaient heureux, fiers, confiants, sociables, serviables — ou des émotions négatives variées telles que la tristesse.

Les gens qui présentaient la plus grande activation de la région antérieure gauche exprimaient plus d'émotions positives à propos de leur vie en général, ou en répondant à des défis, alors que ceux qui présentaient un hémisphère droit plus actif exprimaient plus de réponse émotives négatives. Ainsi, les gens semblent différer dans la qualité de leurs émotions même quand on les sélectionne sur la seule base de l'activité cérébrale au repos. Nous ne pouvons pas dire vraiment ce qui vient en premier, mais s'il existe une activité persistante du côté droit du cerveau, il se peut que la personne se sente globalement plus mal dans ses activités quotidiennes que celle dont le côté gauche est davantage activé.

Si c'est vrai, les émotions négatives persistantes accompagnées d'une implication persistante de l'hémisphère droit pourraient avoir des conséquences sur la santé. Pour voir si les gens sélectionnés sur la seule base de leur EEG différaient dans leurs réponses immunitaires, nous avons analysé certains composants sanguins du système immunitaire.

La cytotoxicité des cellules tueuses — leur efficacité dans la destruction d'éléments étrangers — était plus grande pour le groupe manifestant une plus grande activité de l'hémisphère gauche. Nous ne savons pas si ce groupe est plus sain, mais les données suggèrent qu'il l'est. Notre démarche actuelle consiste à déterminer si ces personnes ont réellement un meilleur passé au niveau de la santé, bien qu'il soit peu plausible qu'une différence quelconque de santé se remarque avant un certain âge.

LA RÉACTIVITÉ ÉMOTIVE : UNE REMARQUE FINALE

Il existe une preuve qui suggère que d'autres structures cérébrales sont fort importantes dans les expériences de contrôle émotif, les amygdales [7] en étant une. Ces structures ne sont pas situées dans le cortex cérébral, mais à un niveau inférieur dans l'organisation cérébrale. Une voie de communication a été mise en évidence par Joseph Le Doux, un neuroscientifique de l'Université de New York, qui montre que les informations des sens peuvent prendre deux voies dis-

7. NdT : qui n'ont bien sûr rien à voir avec les glandes amygdales de la gorge.

tinctes : l'une vers le cortex et l'autre par le thalamus vers les noyaux amygdaliens. La connexion avec les amygdales est très rapide — une liaison directe — mais peu précise, car la plus grande partie des informations sensorielles transite par l'autre voie et monte au néocortex, où elle est analysée par plusieurs circuits pendant l'élaboration d'une réaction.

Mais les amygdales, pendant ce temps, évaluent rapidement les données sensorielles pour voir si elles ont une signification émotionnelle et peuvent déclencher une réaction alors que le néocortex est encore en train de trier les données. Il se peut que les émotions soient très difficiles à contrôler parce que les amygdales excitent d'autres régions du cerveau avant que le cerveau pensant, le néocortex, ne le fasse.

Comme les noyaux amygdaliens ont différentes liaisons avec des parties du cerveau qui contrôlent le système nerveux autonome, aussi bien que des liaisons avec le cortex qui est responsable de l'expérience consciente, on a émis l'hypothèse selon laquelle les amygdales servent de lieu de convergence, ce qui leur donne un rôle central dans la vie émotive, puisqu'elles peuvent mobiliser le corps pour répondre à une forte émotion, spécialement la peur, avant que le cerveau pensant sache complètement ce qui arrive.

Les scientifiques ont découvert qu'il existe une liaison anatomique entre le cortex frontal et les amygdales. D'après des expériences récentes, il apparaît qu'une importante fonction de cette liaison consiste à permettre au cortex frontal de régler ou de mettre hors circuit les amygdales. Par exemple, nous sommes effrayé par quelque chose qui se déplace dans la nuit et que nous ne voyons clairement. Cependant, dès que nous constatons qu'il s'agit de quelque chose d'inoffensif, nous pouvons réprimer la peur qui avait été engendrée juste auparavant. Le cortex préfrontal paraît jouer un rôle important dans ce type de régulation. Il se pourrait que les individus qui ont une activation frontale gauche plus importance soient plus à même de mettre hors circuit leurs noyaux amygdaliens une fois leur cortex stimulé, de sorte que les émotions négatives ne subsistent pas.

LE DALAÏ LAMA : En d'autres termes, il existe une activation préconsciente dans le cerveau qui déclenche les émotions, et c'est seulement après coup que l'on est vraiment conscient de ce qui se passe ?

CLIFF SARON : Oui, c'est ce que je suis en train d'avancer. Il y a maintenant quelques données très récentes selon lesquelles les êtres humains qui ont une amygdale droite endommagée sont incapables d'éprouver des émotions négatives appropriées. Mais leur amygdale gauche marche bien et ils ont des émotions positives normales.

LE DALAÏ LAMA : Bien, voilà qui est excellent !

CLIFF SARON : Mais je ne pense pas que nous devrions procéder à l'ablation de l'amygdale droite de tout le monde !

LE DALAÏ LAMA : Quand vous dites que certaines émotions telles que le bonheur sont bonnes pour la santé physique, et que d'autres comme le dégoût sont mauvaises, doit-on rapprocher directement cela de la quantité d'activité cérébrale dans différentes zones du cerveau ?

CLIFF SARON : On peut associer des différences dans l'activité cérébrale avec des variations dans le système immunitaire, mais nous ne savons pas si ces différences affectent la santé. C'est une distinction importante.

LE DALAÏ LAMA : Est-ce juste de dire que l'harmonie ou l'équilibre du corps n'est pas perturbé par des émotions saines telles que le bonheur, mais que dans le cas d'émotions malsaines telles que la haine, l'activité intensifiée perturbe l'équilibre ? Pouvons-nous dire qu'une activité accrue dans certaines parties du cerveau soit préjudiciable parce qu'elle perturbe l'équilibre ?

CLIFF SARON : C'est en partie vrai. Il est important de se rappeler que l'équilibre est en fait très dynamique. Il n'existe pas d'état parfait. Nous pourrions avoir une intéressante discussion sur la perfection et l'équilibre, mais les systèmes biologiques sont très, très dynamiques. Il peut se produire une aussi grande perturbation au cours des émotions positives : le terme *perturbation* a une connotation négative inappropriée. Il est vrai, toutefois, que le côté droit du cerveau influence d'autres structures qui sécrètent des hormones associées à une détérioration croissante de certaines parties du corps. Si le côté droit est habituellement hyperactif, il peut y avoir une relation entre des états émotifs négatifs habituels et une sécrétion croissante d'agents chimiques malsains.

LES ÉMOTIONS ET LES CATÉGORIES CULTURELLES

CLIFF SARON : Nous avons parlé des émotions universelles qui sont associées à des expressions du visage. Je me demandais si, dans la psychologie bouddhiste, il y aurait un groupe d'états émotionnels ou tout autre terme que vous utiliseriez comme équivalent pour émotions, limités en nombre mais dont différentes combinaisons pourraient suffire à rendre compte de la plus grande partie de notre expérience ?

LE DALAÏ LAMA : Vous êtes en train de demander s'il existe des émotions fondamentales. Quand on introduit un terme étranger, et par conséquent un concept étranger, dans le cadre bouddhiste, il devient alors très difficile de répondre. Il n'existe aucun terme en tibétain que l'on puisse traduire par "*emotion*" en anglais [8]. Cependant, si vous parlez d'une catégorie d'émotions, telles que les émotions négatives — les *kleshas* ou afflictions — il y en a six fondamentales, mais même ici, il est délicat d'employer le mot anglais *émotion*. Ces six afflictions principales sont l'ignorance, l'attachement, la colère, l'orgueil, les vues erronées et le scepticisme ou doute perturbateur.

La terminologie devient douteuse quand vous faites de l'ignorance une émotion ; dans l'ignorance, il y a différentes catégories. Il existe une sorte d'ignorance qui est simplement une lourdeur d'esprit ou un manque de clarté, et appeler cela une émotion est vraiment très, très faible. En revanche, il y a davantage de formes dynamiques d'ignorance qui entraînent un mode erroné d'appréhension de la réalité. Vous pourriez sans doute appeler cela «émotions».

CLIFF SARON : Votre Sainteté, je me demande s'il existe une façon de mettre en rapport le type d'ignorance qui s'approprie les phénomènes avec le concept d'émotions et à leur rôle dans l'attachement ?

LE DALAÏ LAMA : Le terme "émotion" est devenu si nébuleux à présent qu'il est difficile d'en parler. Nous avons déjà déterminé que le Bouddha a des émotions. Si vous considérez les émotions négatives — l'attachement, l'hostilité, etc., — alors il existe sans aucun doute une relation entre la préhension des phénomènes comme étant réellement existants et ces émotions. C'est-à-dire que des émotions telles que l'attachement ou la haine apparaissent en conséquence de la croyance en l'existence réelle de l'objet considéré. Si vous êtes

---

8. Ou en français d'ailleurs.

attaché à quelque chose, cet attachement aura pour base votre croyance en son existence réelle. Si vous haïssez un certain objet, cette haine aura pour fondement votre croyance en la substantialité ou l'ipséité de l'objet.

Un exemple : imaginez que vous ressentiez une terrible colère contre une personne nommée John. Tandis que vous concentrez votre colère sur John, contre quoi êtes-vous en colère ? Vous êtes juste en colère contre John lui-même. Ce John qui existe en lui-même est l'objet de votre colère. Si quelqu'un vous lance : «Où est John ? John est-il son corps ou John est-il son esprit ?», n'avez vous pas le sentiment que vous êtes en train de perdre un peu votre cible d'une certaine manière ? Vous êtes pris au dépourvu. Il en va de même pour l'attachement.

LEE YEARLEY : Pourquoi ne puis-je simplement pas dire que je suis en colère contre l'arrogance de John ou contre son égoïsme ? Ce n'est pas lié au corps de John ou à la compassion de John ; c'est juste un de ses défauts que je hais.

LE DALAÏ LAMA : C'est très bien ! [*rires*] C'est tout à fait juste d'avoir cette attitude envers les fautes de John, parce qu'elle est authentique, pour autant que vous souhaitiez simultanément que John puisse trouver le bien-être et être libéré de la souffrance.

SHARON SALZBERG : Toutes les émotions sont-elles attirance ou retrait ?

CLIFF SARON : Toutes les émotions ne sont pas un exemple d'approche ou de retrait, mais dans la recherche scientifique, c'est un moyen de nous aider à penser aux émotions en général.

LE DALAÏ LAMA : Ainsi, diriez-vous que l'attachement ou le désir d'un côté, l'hostilité et l'aversion de l'autre, sont des émotions fondamentales ? Que faites-vous du doute ? Ou de l'équanimité ? Diriez-vous que l'équanimité est un point de non-émotion ou une émotion neutre ? Comment faites-vous la distinction entre les émotions et d'autres activités cognitives ? Quels sont les paramètres ?

CLIFF SARON : Notre vocabulaire ordinaire crée la confusion quand nous parlons des émotions. Du point de vue de la psychologie scientifique occidentale, le doute n'est pas considéré comme une émotion fondamentale, comme le sont la colère, le bonheur ou la tristesse. Cependant, c'est certainement un état que nous pouvons identifier. Quand vous dites "doute", je sais ce que vous voulez dire.

LE DALAÏ LAMA : Prenez par exemple une personne qui éprouve pour la première fois l'embarras du doute. Ce pourrait être un scientifique [*rires*]. Mais alors, en appliquant la raison et en utilisant une preuve expérimentale, cette personne tranche le doute et parvient à une conviction très claire. Ce fort sentiment de certitude ou cette conviction totale est-elle une émotion ou non ?

CLIFF SARON : Certainement, la confiance et la fierté doivent être considérées comme des émotions.

LE DALAÏ LAMA : La certitude elle-même est-elle une émotion ou une émotion est-elle simultanée à la certitude ?

CLIFF SARON : Il est possible que vous vous sentiez neutre à propos des résultats d'expériences qui sont concluantes. Cependant, les scientifiques, en tant qu'êtres voués à la recherche, désirent des réponses. Vous pouvez être très attaché à votre hypothèse et sentir une pulsion émotionnelle quand il est prouvé qu'elle est juste.

LE DALAÏ LAMA : Je ne fais pas seulement allusion à une sorte d'attachement ou de désir impérieux, mais plutôt à la vision inférentielle qui apparaît dans notre esprit, parfois très vivement à partir des prémisses déjà présentes. Supposez que votre hypothèse se révèle fausse. Vous pourriez en être déçu, mais les résultats de votre expérience sont sans équivoque et vous en avez la certitude. Est-ce là aussi un état émotionnel ?

CLIFF SARON : Le désappointement est l'état émotif ; l'idée que vous vous trompez n'est pas un état émotif.

LE DALAÏ LAMA : Ainsi, vous dites que la constatation cognitive elle-même n'est pas une émotion ; mais l'émotion, qu'elle soit exaltation ou abattement, arrive-t-elle simultanément à la constatation ?

CLIFF SARON : Oui. L'émotion est le sentiment qui apparaît en réaction à ce qui nous provoque. Nous parlons d'une expérience scientifique, mais cela pourrait tout aussi bien concerner le fait de gagner ou de perdre à la loterie. La situation est également sans équivoque, et vous pouvez ressentir la même sorte d'exaltation ou de déception.

LE DALAÏ LAMA : Il semble plutôt que l'émotion se réduise au plaisir et au déplaisir. Est-ce plus que cela ? Qu'est-ce qu'une émotion ?

DANIEL BROWN : Une émotion a au moins trois composantes obligatoires : l'expérience corporelle ressentie, la cognition ou pensée, et une réaction expressive. Si l'on a seulement la sensation corporelle sans la pensée, par exemple, alors il ne s'agit pas d'une émotion parce que la pensée aide à distinguer quelle est le type d'émotion. Si l'on a juste une pensée sans sensation corporelle, ce n'est pas non plus une émotion.

LE DALAÏ LAMA : N'existe-t-il pas des cas où des gens ont perdu la sensation du corps ? Ces gens-là sont-ils privés d'émotions ? Quelqu'un qui est complètement paralysé et sans sentiment corporel éprouve-t-il encore de la peur ?

FRANCISCO VARELA : Il est évident que les gens paralysés ressentent encore des émotions. Bien que nous associions normalement les émotions aux sensations corporelles, la partie cognitive seule pourrait suffire pour éprouver des émotions même si les neurotransmetteurs sont incapables d'amener les effets viscéraux à la conscience. Ainsi, bien qu'il y ait normalement trois composantes, vous pourriez avoir encore une émotion relativement valide si l'une des trois était affaiblie.

DANIEL BROWN : Oui, l'une de ces dimensions pourrait avoir plus de poids que les autres.

CLIFF SARON : Paul Ekman étudie plusieurs personnes atteintes de paralysie agitante, une paralysie qui empêche toute expression du visage. Les autres peuvent n'avoir aucune idée de ce que ressentent de telles personnes quand ils ont des échanges avec elles, mais elles ressentent très intensément. Il serait tout à fait possible de montrer expérimentalement que les changements cérébraux correspondants aux émotions chez une personne normale sont similaires à ceux qui surviennent chez une personne incapable d'exprimer un sentiment. Cependant, le concept d'émotion est très complexe, parce qu'il n'implique pas seulement les trois composantes, mais aussi les relations entre elles et leur ordre d'apparition. Est-ce que j'identifie une émotion comme la peur parce que je reconnais certaines modifications dans mon corps ? Il existe toute une école de pensée sur les émotions qui raisonne du point de vue de réactions préconscientes déclenchant des réactions du corps qui informent l'attention consciente.

SHARON SALZBERG : En écoutant l'exposé, la pensée m'est venue que dans le bouddhisme tibétain, aussi bien les émotions d'approche que celles de retrait décrites par Cliff peuvent être saines ou malsaines. Nous pouvons avoir une émotion d'approche saine vers un objet, tel un visage qui nous attire, ou nous pouvons avoir une émotion d'approche malsaine telle que l'avidité. De même, nous pouvons avoir un évitement malsain tel que la paresse, ou bien très sain, comme lorsque la conscience nous empêche de commettre telle action.

LE DALAÏ LAMA : Il peut aussi y avoir un état d'esprit sain concomitant à un sentiment d'équanimité. Où cela peut-il prendre place dans ce système ? [*Silence*] Pourquoi personne ne répond du point de vue des neurosciences ?

DANIEL GOLEMAN : Eh bien, on peut tout aussi bien approcher que fuir avec l'équanimité. Je pense que ce système ne peut pas traiter l'équanimité. Il n'est pas adapté.

FRANCISCO VARELA : Je voudrais insister sur le fait que l'évitement et l'approche ne sont qu'une dimension dans l'étude des émotions d'un point de vue neurophysiologique. Ce n'est aucunement exhaustif, mais c'est relativement facile. De même, on étudie les gens éveillés ou endormis non point parce que ces états seraient les deux seuls états mentaux, mais parce qu'ils offrent un contraste évident. Nous n'essayons donc pas ici de tout accorder. Beaucoup de choses ne cadrent pas. Une partie du problème vient du fait qu'il n'existe pas d'accord sur la classification des émotions ni de définition de ce qu'est une émotion. Dans une large mesure, en Occident, une émotion doit pouvoir être mesurée. L'évaluation et la classification des émotions sera différente dans une méthode psychologique et dans une approche linguistique. Si vous évaluez l'activité cérébrale, vous remarquez les réactions d'évitement, mais si vous mesurez la libération hormonale de l'adrénaline, vous trouverez un autre type de catégories.

DANIEL BROWN : Le problème, c'est qu'il est difficile de mesurer un sentiment subjectif. Il est plus facile d'évaluer l'expression du visage et sa relation à l'activité cérébrale, et la science s'est donc davantage souciée de cela.

FRANCISCO VARELA : Serait-il possible, Votre Sainteté, d'avoir une cognition sans émotion ? Ou dénuée de perturbation mentale ou d'émotion perturbatrice ?

LE DALAÏ LAMA : C'est certainement possible d'avoir une cognition sans qu'il y ait de perturbation mentale. Et cependant, pour n'importe quelle sorte de cognition, il y aura une sensation, qu'elle soit plaisante, déplaisante ou de l'indifférence.

FRANCISCO VARELA : Existe-t-il quelque chose de l'ordre de l'émotion et qui soit autre qu'une sensation ?

LE DALAÏ LAMA : La sensation est l'un des cinq facteurs mentaux omniprésents, et celui d'entre eux qui est le plus susceptible d'être traduit par «émotion».

FRANCISCO VARELA : Je pose la question parce qu'en Occident, il y a une tendance à imaginer que l'on peut avoir une cognition sans tonalité émotive. Les robots imaginés dans la science fiction en sont l'exemple le plus flagrant : ils sont très intelligents et ont de très nombreuses qualités cognitives. Ils sont capables de raisonner, de déduire, de se rappeler et de généraliser, et cependant, ils sont totalement dépourvus de sensation ou d'émotion. Je pense qu'ils sont une expression de l'idée selon laquelle les émotions ne rentrent pas nécessairement dans l'acte de cognition, que ce sont deux choses qui peuvent être dissociées.

LE DALAÏ LAMA : Je pense que s'ils avaient en fait une cognition, ils auraient probablement aussi des sensations.

DANIEL BROWN : Des sensations, mais pas d'émotion ?

ALAN WALLACE : Le tibétain n'a pas de mot pour émotion.

L'IMPORTANCE DE L'ÉQUANIMITÉ DANS LE BOUDDHISME TIBÉTAIN

LE DALAÏ LAMA : Existe-t-il une école de pensée qui dit que l'équanimité n'est pas une émotion mais que le bonheur et la tristesse le sont ?

CLIFF SARON : L'équanimité n'est pas un mot que les psychologues occidentaux ont passé beaucoup de temps à discuter.

DANIEL GOLEMAN : Ou à éprouver. [*rires*]

ROBERT THURMAN : La conscience de la béatitude pourrait-elle être considérée comme une émotion ?

LE DALAÏ LAMA : Ce devrait être une émotion, une énorme ! [*rires*]

FRANCISCO VARELA : Puis-je demander un éclaircissement, Votre Sainteté ? La tranquillité ou l'équilibre de l'esprit devraient-ils être considérés comme un état de référence ? Existe-t-il quelque chose comme un état d'esprit idéal ? Ou bien l'esprit ne serait-il pas une multitude d'états qui pourraient peut-être ne pas être paisibles, mais très actifs...

ALAN WALLACE : L'opposé de paisible n'est pas actif.

FRANCESCO VARELA : C'est ce que je voulais savoir. La traduction initiale laissait penser qu'il y avait ce point de référence de la sérénité, de la tranquillité, de l'équilibre, mais il est difficile de voir comment cela pouvait s'appliquer à une vie active.

LE DALAÏ LAMA : J'ai l'impression qu'il est possible que la nature de l'esprit soit l'équanimité. C'est-à-dire que le sentiment qui accompagne normalement un état d'esprit naturel soit celui d'équanimité. Normalement, quand nous nous reposons, nous essayons juste de nous reposer sans avoir de pensées conscientes, mais à ce moment-là, nous n'essayons de stopper aucune pensée. Ainsi, ce que nous sommes en train d'essayer de faire, c'est de rester dans un état d'esprit naturel avec le sentiment d'équanimité. C'est lorsque vous avez des perturbations mentales que l'équilibre est troublé.

FRANCISCO VARELA : Mais au moment où vous n'êtes pas assis, lorsque vous achetez du pain ou que vous parlez à quelqu'un de votre travail, pouvez-vous encore avoir cette équanimité ? Il semble bien que la seule façon d'être équanime, c'est d'être assis.

ALAN WALLACE : L'étymologie du mot tibétain traduit par perturbation mentale signifie «ce qui afflige l'esprit». Vous pouvez être mentalement très actif sans que l'esprit soit affligé. C'est actif et cependant il y a un équilibre dans le sens que l'on n'est pas perturbé.

FRANCISCO VARELA : Donc, ce n'est pas un état singulier qui requiert l'inactivité. C'est ce dont j'essaie de m'assurer, parce que normalement, on associe la sérénité à l'inactivité.

LE DALAÏ LAMA : Quand vous vous efforcez de cultiver la compassion et l'aspiration à être libre, de fait cela perturbe votre esprit. Mais vous pouvez éviter que cela vous pose problème en considérant les effets à long terme. Gardez bien à l'esprit qu'il y a des différences subtiles dans les différentes écoles à propos des états d'esprit dits perturbateurs, en raison des différentes théories de la vacuité, qui est la compréhension bouddhiste de la nature de la réalité. On peut considérer qu'un certain état d'esprit, du point de vue Prasangika *, est un état perturbé, alors qu'une autre école de pensée le trouvera parfaitement correct. Par exemple, lorsque nous regardons une fleur et l'appréhendons comme existant en soi, on dira, selon l'école Prasangika, que ce mode d'appréhension est une affliction mentale. Mais dans toute autre école philosophique bouddhiste, on considère que ce mode d'appréhension est parfaitement authentique, parce que, dira-t-on, la fleur existe en soi **. À cause de la différence d'opinion relative à la nature de l'ignorance subtile, il y a aussi implicitement une différence d'opinion à propos de l'attachement subtil et de la colère subtile.

---

* Ecole Madhyamaka ("Voie du Milieu"), dont la méthode est la "reductio ad absurdum" (prasanga). [NdT]

** Est pourvue de svabhava, d'existence propre. [NdT]

5

Le Stress, le Trauma et le Corps

Daniel Brown

Le stress fait tellement partie de notre vocabulaire de la fin du vingtième siècle que sa signification est souvent obscurcie. Techniquement parlant, une réaction de stress est une réponse mentale et physique à une situation de danger, qui mobilise les ressources d'urgence du corps. C'est le mécanisme de "se battre ou fuir" qui inonde le corps d'hormones afin de le rendre capable de relever le défi. Malheureusement, la vie moderne déclenche cette réponse alors que nous ne pouvons ni nous battre ni fuir, ce qui provoque en nous une tension artérielle chronique, des tensions musculaires, de l'irritabilité, de l'anxiété et de la dépression — et une baisse de l'efficacité immunitaire.

Daniel Brown explore la façon dont le stress provoque des maladies particulières. Sa perspective est celle de la médecine comportementale, une branche relativement nouvelle de la médecine qui applique des méthodes comportementales, notamment le biofeedback, la méditation et l'hypnose, au traitement des maladies chroniques et met l'accent sur la prévention des maladies. Brown discute des déclencheurs internes et externes des maladies ; il explique comment le stress affecte le fonctionnement du système nerveux et décrit les effets cumulatifs du stress chronique sur le corps.

Il existe différentes manières de faire face à la détresse. Certaines façons de l'affronter — l'abus de drogues, par exemple — entraînent de plus graves problèmes ; d'autres, comme le biofeedback et la méditation, encouragent la récupération et renforcent la santé. Les événements oppressants ou perturbants de nos vies ne doivent pas dicter la manière de réagir du corps et de l'esprit.

C'est dans les troubles du stress post-traumatique (TSPT) que l'on trouve ce qui est peut-être l'effet le plus grave du stress intense. Ce désordre psychologique se développe classiquement chez les gens qui ont éprouvé des formes extrêmes de traumatisme telles que la torture, le viol, le combat ou un événement menaçant la vie comme un accident de voiture ou un ouragan. Les symptômes comprennent des rappels récurrents de l'événement traumatique, des cauchemars, des désordres nutritionnels, de l'anxiété, de la fatigue, et le repli sur soi. Les gens qui souffrent de TSPT ont une réaction hyperactive au stress, qui déclenche une excitation intense du système nerveux autonome en réponse à des situations ordinaires et bénignes. Le Dalaï Lama fait remarquer qu'en raison de leur entraînement à la méditation, certains réfugiés et moines tibétains qui ont été incarcérés par les Chinois ont tenu le coup d'une manière stupéfiante, apparemment sans TSPT, même s'ils étaient soumis aux pires traitements.

DANIEL BROWN : La médecine comportementale réunit la sagesse de la psychologie et la science médicale pour savoir comment évaluer et diagnostiquer les maladies, comment les traiter et plus spécifiquement comment les prévenir et comment favoriser la rééducation. Elle est appliquée avec un succès plus ou moins grand dans différents domaines, en particulier dans le traitement de troubles psychophysiques tels que la migraine, la douleur, l'hypertension et l'asthme. Un second domaine concerne l'usage de ces méthodes pour mieux comprendre les comportements facteurs de risques pour la santé tels que le tabagisme, le manque de sommeil, la malnutrition — comportements dans lesquels les habitudes ordinaires de la personne affectent négativement sa santé.

Le troisième domaine de la médecine comportementale consiste à comprendre la façon dont les gens s'adaptent aux maladies chroniques comme le diabète et les maladies rénales. Par exemple, de nombreux diabétiques ne suivent pas le traitement médical prescrit. Ils mangent très mal et ne surveillent pas leur taux de sucre sanguin ou négligent les horaires pour prendre leur insuline, même s'ils savent que le traitement sera efficace. Ainsi, les scientifiques commencent à étudier ce problème global de la résignation comme faisant partie de l'adaptation du patient à une maladie chronique.

Le quatrième domaine est plus sujet à controverse : il s'agit de l'usage de ces méthodes dans la prévention et le traitement des maladies liées à l'immunité, telles que le cancer, le SIDA, et les maladies auto-immunes. C'est un champ encore peu développé. Le cinquième domaine de traitement est traditionnellement celui de la médecine psychosomatique : le lien entre l'esprit et le corps, et l'emploi de méthodes comportementales dans le traitement de symptômes médicaux causés par l'anxiété, comme les crises d'asthme.

Enfin, la médecine comportementale a été appliquée à ce que l'on appelle à présent l'amélioration du bien-être. Ce n'est plus tant traiter des maladies que les prévenir à leur début, en enseignant des méthodes pour atteindre un état de santé optimal.

LES MALADIES : LEURS CAUSES ET LEUR ENTRETIEN

En médecine comportementale, il est important tout d'abord de comprendre un peu comment nous abordons la maladie et son développement. Dans notre clinique, nous considérons la maladie à deux niveaux : d'abord en termes de causalité, puis par rapport à différents facteurs qui entretiennent la maladie. Les causes de la maladie peuvent être biologiques, liées au stress, ou les deux à la fois. Les facteurs biologiques incluent les prédispositions génétiques, par exemple dans les maladies auto-immunes et certaines formes de cancers. Autres causes, des choses qui se produisent en début de vie. Le schéma nutritionnel précoce, par exemple, peut affecter par la suite le poids. Parfois, des infections précoces peuvent endommager des tissus ; la pneumonie chez le nourrisson de moins d'un an peut rendre par la suite le tissu pulmonaire plus sensible au développement de l'asthme. Parfois, les gens acquièrent une sensibilité à certains médicaments. Chez certains asthmatiques, l'asthme est provoqué par une sensibilité acquise. Parfois, c'est une blessure qui a des suites importantes dans le développement ultérieur d'une maladie. Ce sont tous des exemples de causes biologiques qui prédisposent au développement de maladies.

Ensuite, nous considérons les facteurs qui entretiennent la maladie, car la recherche met de plus en plus en évidence le fait que les facteurs qui font durer une maladie peuvent différer des facteurs qui l'ont causée. De même qu'il est possible d'entraîner ou de conditionner une réponse du système immunitaire, ainsi on peut avoir des crises d'asthme qui sont des réponses apprises. Par exemple, certains asthmatiques se soucient d'une crise d'asthme à venir. Le souci produit des changements dans le système nerveux autonome, qui à son tour cause des changements dans le tissu pulmonaire et provoque ainsi une crise d'asthme. L'usage abusif de certains traitements est un autre facteur, en particulier celui des pulvérisations (spray) qui procurent un rapide soulagement lors d'une crise, mais qui laissent le tissu pulmonaire encore plus exposé aux substances inflammatoires qui déclenchent la crise d'asthme. Le traitement entretient la maladie au lieu de la guérir.

Ces facteurs qui entretiennent la maladie sont distincts de ses causes ; la maladie gagne une vie autonome et devient complexe. Il est important de traiter à la fois les causes et les facteurs qui maintiennent la maladie, et nous observons donc les développements de la maladie dans son ensemble.

LE STRESS ET LE SYSTÈME NERVEUX AUTONOME

Les scientifiques comportementalistes se sont concentrés sur la relation entre le stress et le développement de la maladie et sur la compréhension du système nerveux autonome, lequel contrôle des fonctions telles que la tension des muscles et le rythme cardiaque. Il gère également les réactions vasomotrices en contrôlant les muscles qui entourent les parois des vaisseaux sanguins afin de les dilater ou de les contracter pour refouler le sang à travers le corps à différents moments.

Lorsque vous êtes en train de digérer votre nourriture après le petit déjeuner, les vaisseaux sanguins de l'estomac se dilatent afin que davantage de sang se dirige vers cette région. Quand vous faites un effort intellectuel, comme lire, les vaisseaux sanguins de la tête se dilatent. Quand vous êtes très relaxé, les capillaires de la peau se dilatent et diffusent le sang dans la peau.

Le système nerveux autonome est un système de défense d'urgence. L'un des aspects de la réaction de défense est la réponse classique "se battre ou fuir". Quand l'organisme est menacé, il y a habituellement une alerte qui s'accompagne d'une tension musculaire accrue, afin de nous préparer soit à fuir, soit à combattre pour nous défendre. Le rythme cardiaque s'accélère et les vaisseaux sanguins de la peau se contractent. Le sang est redistribué aux muscles et au cerveau pour rendre l'organisme plus alerte et le préparer à l'action. Nous observons cette réaction classique "se battre ou fuir" chez les animaux et les êtres humains en cas de menace, mais l'alerte autonome est plus élaborée chez les êtres humains. Nous en rencontrons aussi des formes atténuées dans les activités quotidiennes. Par exemple, le même schéma d'accélération du rythme cardiaque, de vasoconstriction dans la peau et d'augmentation de l'activation musculaire apparaît quand nous nous concentrons mentalement pour nous préparer à agir. Toute espèce de préparation ou d'alerte avant l'action s'accompagne de cette activation autonome avec des changements du niveau de tension musculaire et de la circulation sanguine. Que ce soit la réaction "se battre ou fuir" ou ses versions atténuées quand nous nous agitons, pensons ou agissons dans notre monde, l'activation de l'alerte et de l'empressement à agir est un aspect du système nerveux autonome. Ces réactions sont automatiques, mais nous savons à présent que les êtres humains peuvent apprendre à se contrôler volontairement à un certain degré avec l'aide de thérapies du comportement.

La réaction d'anticipation immobile, telle qu'on l'observe chez les animaux, est une autre défense d'urgence sous le contrôle du système nerveux autonome. Parfois, quand les animaux sont effrayés par un prédateur, ils s'immobilisent pour capter les sons et observer soigneusement leur environnement. Dans ce cas, il y a une diminution du rythme cardiaque, à l'opposé de ce qui se passe dans la réaction "se battre ou fuir". Nous constatons aussi une diminution de la tension musculaire et une vasoconstriction générale des vaisseaux sanguins de la peau et des muscles. Il s'en produit une version atténuée à chaque fois que nous entrons dans une profonde concentration pour capter des informations du monde. Dans notre fonctionnement ordinaire quotidien, nous passons par ces périodes où nous nous informons du monde de cette manière concentrée, et nous avons aussi des moments où nous anticipons une réaction. Le système nerveux autonome mobilise le corps physiologiquement à la fois pour nous préparer à agir et pour nous impliquer dans le monde.

Toute situation pour nous stressante provoque une réponse du système nerveux autonome. Quand nous rencontrons un événement stressant, l'activation du système nerveux autonome produit des modifications de la ligne de base du rythme cardiaque, du flux sanguin et de la tension musculaire. Puis, lorsque le stimulus cesse, le système nerveux autonome est désactivé. Après une période de repos, tout revient à sa ligne de base. À chaque fois que nous rencontrons une nouvelle situation ou quelque chose de stressant, il y a un schéma d'activation, de désactivation ou de repos, puis un retour à la ligne de base.

LE PRIX DU STRESS

Quand nous subissons une série d'événements stressants, nous maintenons un niveau élevé d'alerte sans repos. Cela peut se produire sur une longue période de temps jusqu'au point de nous épuiser complètement, nous forçant au repos. Une situation chronique de stress provoque une telle dérégulation ou un tel déséquilibre dans les fonctions du système nerveux autonome, qu'un fort niveau d'activation se produit pour un très petit stimulus. Les cellules du système nerveux autonome deviennent hyperactives et répondent à de très légères provocations. Nous commençons à constater des schémas de dérèglements de la tension musculaire et des déséquilibres dans les fonctions du flux sanguin, ce qui peut contribuer au développement de maladies telles que l'asthme, certains types de migraine et le syndrome du côlon irritable, où des douleurs et des diarrhées non infectieuses.

Différentes sortes de stress peuvent provoquer ces modifications. Beaucoup de recherches ont été faites sur ce qu'on a appelé les stress liés aux changements de vie. On a découvert que pour les gens qui subissaient un grand nombre de changements importants sur une courte période — deuil, nouvelle relation de couple, rupture d'une relation, arrivée soudaine d'une grosse somme d'argent, perte soudaine de fortune, problèmes juridiques, achat d'une maison — la probabilité de tomber malade au cours de l'année suivante était accrue.

Les gens aiment la routine, et les routines sont saines à un certain degré. Des changements trop brusques accroissent la probabilité des maladies. Les premières recherches entreprises en Occident concernaient les stress liés aux changements de vie, mais la plupart des gens n'éprouvent pas ces types de changements extrêmes dans leur vie quotidienne. Pourtant, nous éprouvons tous d'autres types de stress, les tracas quotidiens — comme perdre quelque chose et devoir le chercher, avoir trop à faire, recevoir trop de coups de fils, attendre dans les embouteillages, avoir trop de courses à faire dans la journée, toutes ces petites choses de la vie qui s'accumulent. Un poète a dit un jour que ce n'était pas les changements majeurs de la vie comme la mort de quelqu'un qui nous font devenir fou, mais un lacet de chaussure qui casse quand on est très pressé. À chaque fois que quelqu'un est excédé, il y a activation du système nerveux autonome. Si nous ne disposons d'aucun moyen pour nous en détacher, et revenir à la ligne de base de l'état calme, les stress vont s'accumuler et maintenir l'organisme humain dans un état d'alerte maximal, ce qui pourra provoquer après un certain temps des problèmes de santé.

Les autres facteurs de stress sont liés à l'environnement : l'exposition au froid, à la pollution, au bruit, à la pollution électromagnétique. Même les déplacements, les vols en avion, peuvent être stressants. Le stress social peut être dû à la vie citadine, au fait de côtoyer trop de monde ou d'être trop isolé, et à la lutte avec autrui. Il y a une grande variété de stress liés au mode de vie : la mauvaise alimentation, l'usage de l'alcool, du café, du tabac et de médicaments. Être pressé par trop d'échéances peut aussi être cause de stress, comme peuvent l'être aussi trop ou pas assez d'exercice physique. Les gens qui ont des habitudes de vie régulières sont habituellement moins stressés que ceux qui ont des habitudes variables ou des emplois du temps imprévisibles, comme les infirmières qui travaillent selon des horaires qui changent chaque jour, ou les pompiers qui ne savent jamais quand ils seront appelés pour un incendie.

Les gens ont commencé à réaliser que ce n'est pas le stress lui-même qui est le problème. Le stress est juste un événement qui se produit à l'extérieur. Certaines personnes peuvent se trouver dans des situations objectivement très stressantes et ne manifester qu'une très faible réaction biologique. D'autres déclenchent cette activation autonome dans des situations dans lesquelles la plupart des gens ne sont pas biologiquement stressés. Comment pouvons-nous expliquer cela ? Ce n'est pas le simple événement en lui-même, mais la façon dont l'esprit l'interprète et comment il y fait face.

Il y a deux façons de faire face : saine et pas très saine. Par exemple, s'employer activement à résoudre un problème ou l'aborder sous un angle différent de sorte qu'il ne semble plus y avoir de problème, sont des manières saines de faire face. Une autre méthode pour faire face sainement consiste à traiter par la parole ou le contact avec autrui les émotions qui apparaissent dans une situation stressante.

Parmi les manières malsaines de faire face, il y a la répression ou la négation du problème, ou le simple souhait que le problème se dissipe en fantasmant sur une situation plus agréable. Au lieu de traiter le problème, on se préoccupe constamment de l'éviter. Le problème ne s'évanouit pas, et même si l'esprit s'évade, le corps a toujours une réaction.

Le blâme et la prostration sont d'autres exemples d'une façon malsaine de faire face. Le blâme est une forme de haine de soi propre aux Occidentaux. La prostration survient lorsque les gens perdent leur capacité à être conscients de leurs sentiments, à la suite de traumatismes psychologiques extrêmes tels que le viol.

LE TRAUMATISME ET LE PRIX À PAYER

Nous avons étudié des gens qui avaient survécu à différentes sortes de traumatismes psychologiques : des gens soumis à des abus sexuels, notamment des enfants, des victimes de crimes, des survivants de guerre, y compris ceux qui avaient été blessés ou avaient eu des expériences de proximité de la mort (N.D.E.), des gens qui avaient été emprisonnés et systématiquement torturés pour des raisons politiques, et aussi des réfugiés. La plupart de mes expériences avec des réfugiés concernaient des gens d'Amérique centrale, mais nous avons aussi travaillé avec des réfugiés du Sud asiatique, principalement du Cambodge et aussi dans une certaine mesure du Vietnam. J'imagine que vous devez affronter des problèmes semblables avec vos compatriotes qui ont été torturés ou ont fui leur patrie.

Lorsque nous travaillons avec ces personnes, il est extrêmement difficile de commencer un traitement psychologique. Nous débutons plutôt par des interventions sur l'environnement, car lorsqu'il s'agit de réfugiés, leur culture a souvent été éparpillée. Le premier niveau d'intervention consiste à les aider à rétablir leur communauté et à subvenir à leurs besoins fondamentaux tels que l'hébergement et la nourriture. Quand ils arrivent dans un pays étranger, ils ne savent pas comment faire ni comment demander de l'aide et nous leur procurons une assistance pour qu'ils puissent rétablir leur communauté. Le travail a été rendu plus difficile à cause de la politique américaine d'accueil des étrangers qui consiste à les répartir dans différentes villes. Ce n'est pas une bonne approche, car les gens ont réellement besoin de reconstruire leur sens communautaire. Lorsque les survivants sont dispersés dans différentes communautés, ils se sentent très isolés. Ils ne connaissent pas la langue et n'ont pas de contact avec des gens de leur propre culture. Aussi, dans la mesure du possible, nous essayons d'encourager ces gens à vivre dans la même communauté. Nous leur enseignons également quelques bases, comme un anglais suffisant pour la vie quotidienne, mais la priorité est toujours le rétablissement du sens relationnel dans la communauté.

La communauté n'est pas seulement constituée de gens, mais aussi par l'ensemble des pratiques de leur culture, et nous encourageons donc les gens à recréer leurs arts et leur artisanat et à pratiquer leur religion. Par exemple, nous devons encourager les Cambodgiens de la région de Boston à se rendre au temple bouddhiste. En ce qui concerne les Cambodgiens, c'est particulièrement difficile car seuls les paysans les plus pauvres ont survécu au génocide cambodgien ; la plupart des gens qui avaient une profession ont été tués et toutes les institutions de la culture, y compris les écoles et les institutions religieuses, ont été détruites.

J'ai été très impressionné, quand je me suis rendu au Village des Enfants Tibétains, de voir que les gens s'efforçaient de faire exactement ce que les chercheurs occidentaux recommandent dans la première étape du soin aux victimes de tortures et aux survivants du massacre : leurs permettre de vivre dans une communauté avec leurs propres compatriotes et leur procurer le minimum vital en nourriture et en hébergement. L'étape suivante consiste à les encourager à participer à leur propre héritage culturel. Vivre simplement dans leur communauté ne suffit pas aux réfugiés qui viennent du Tibet. Ils doivent pratiquer le Dharma et pratiquer leurs arts traditionnels.

Si vous tentez de dispenser un traitement psychologique aux gens qui en sont à ce point, cela ne marchera pas. Il se peut qu'ils aient des cauchemars chaque nuit, qu'ils soient très anxieux et agités, mais il n'y a pas grand chose à faire tant qu'ils ne se sont pas remis en relation à leur communauté. Ce premier niveau d'intervention peut durer quelques années et, malheureusement, ils doivent s'accommoder de leur souffrance et du désespoir jusqu'à ce qu'ils reconstituent leur groupe. Parfois, des prescriptions médicales peuvent les aider, mais il se peut qu'ils ne les comprennent pas ou ne veulent pas prendre de médicament. Nous essayons de leur procurer les médicaments qu'ils auraient eu dans leur propre culture, mais en général, nous ne traitons pas directement les effets de la torture dans un premier temps.

Une fois qu'ils ont rétabli le lien avec leur communauté et peuvent parler suffisamment anglais pour se débrouiller ou du moins travailler avec des traducteurs, le niveau suivant est le travail psychologique. Nous le faisons à la fois individuellement et en groupe. Certaines personnes ne travaillent pas en groupe à cause de leur arrière-plan culturel. Parmi les réfugiés d'Amérique centrale, on trouve tout aussi bien des gens d'extrême gauche que des membres des escadrons de la mort d'extrême droite, qui ont fui à cause de la pression des droits de l'homme. Ces deux clans vivent dans la même communauté, donc la guerre continue. Ils ne veulent pas se réunir en groupe par peur que la personne voisine soit un ennemi. Il est plus facile de travailler avec d'autres groupes comme les Cambodgiens qui se réuniront en groupes parce que les liens communautaires sont très sains pour eux. Ce qui sera probablement vrai aussi pour les Tibétains. Dans les groupes, nous les faisons parler du quotidien. Nous ne les incitons pas à parler de leurs expériences de la torture en groupe parce cela les remue trop et aggrave leurs symptômes, tant physiques que mentaux.

L'étape suivante du traitement consiste à travailler avec eux individuellement dans un processus semblable à une psychothérapie. Beaucoup de réfugiés ne comprennent pas cela, mais on peut leur expliquer dans les termes de leur propre culture. Beaucoup de gens qui ont souffert de la violence inouïe d'une torture systématique ont de grandes difficultés à se sentir en sécurité avec une autre personne ou même lorsqu'ils sont seuls.

Ils ont toujours peur que quelqu'un vienne leur faire du mal. Ils revivent leur expérience de nombreuses fois dans leurs rêves, et dans l'état de veille, ils ont des flashs de réminiscences ou des souvenirs inopportuns du traumatisme qu'il leur est très difficile d'affronter. Nous leur avons fait faire des visualisations sur le thème de la sécurité. Nous leur demandons s'ils n'ont jamais eu l'expérience de la sécurité dans leur vie, puis nous les faisons s'imaginer dans cette situation afin qu'ils puissent apprendre à développer le sentiment de sécurité à volonté. S'ils déclarent qu'ils ne se sont jamais sentis en sécurité dans leur vie, nous leur demandons de visualiser comment d'autres gens peuvent se sentir saufs, puis de se visualiser eux-mêmes dans cette situation.

Ces visualisations de sécurité peuvent durer de dix minutes à une heure. Quand ils s'efforcent de visualiser, il se produit souvent un glissement et des réminiscences de la torture commencent à remonter. À ce moment, nous leur disons de passer à la visualisation d'un autre lieu sûr. Si les réminiscences inopportunes continuent de remonter, nous leur demandons de changer à nouveau, de telle sorte qu'ils apprennent un moyen de contrôler l'irruption de ces souvenirs dans leur esprit. S'ils ont été systématiquement torturés, ils peuvent avoir besoin de passer jusqu'à trois ans à ne faire que des visualisations sécurisantes, mais finalement, ils se sentent sûrs et confiants. À cause de cette insistance, la sécurité devient la base de la relation thérapeutique. Une fois qu'ils sont devenus plus confiants dans leur capacité à contrôler ainsi leurs états d'esprit, nous introduisons d'autres visualisations. Finalement, ils pourront peu à peu se rappeler leurs expériences de la torture par bribes et entreprendre d'en parler. Nous nous efforçons de les pousser à n'en parler qu'un peu à chaque fois. Pour finir, ils deviendront capables de les évoquer plus facilement et de leur donner un sens. Les choses vont se décanter et ils se dirigeront vers une vie normale. Telle est donc grossièrement la séquence que nous suivons : d'abord l'intervention au niveau de l'environnement, en rétablissant une communauté et le sens du lien culturel ; puis un travail de groupe et des visualisations à propos de la sécurité ; enfin, l'intégration effective de la mémoire.

LE DALAÏ LAMA : Parmi les réfugiés tibétains qui ont passé beaucoup de temps dans les camps de concentration au Tibet, il en est quelques-uns qui ont raconté que leur temps passé en prison avait été précieux, parce qu'ils avaient trouvé que leur pratique spirituelle était devenue bien meilleure en prison. D'une façon générale, il est très rare chez les Tibétains que ces expériences traumatiques aient laissé de profondes cicatrices dans l'esprit. Si les experts en ce domaine interrogeaient les réfugiés du Tibet, je pense qu'ils trouveraient quelques différences par rapport à leurs autres découvertes.

DANIEL GOLEMAN : Votre Sainteté, n'ont-ils pas ces cauchemars qui sont si caractéristiques des victimes de la torture en d'autres lieux ?

LE DALAÏ LAMA : Il se peut que quelques-uns en aient. Quand j'étais à Lhasa avec les communistes chinois tout autour, j'ai moi-même eu aussi des cauchemars. Même aujourd'hui, trente ans plus tard, j'en ai encore à l'occasion. [*rires*] Mais il n'y aucune anxiété ou peur là dedans.

Il y a un très grand nombre de nouveaux venus du Tibet, qui vont de l'adolescence à l'âge de trente ans ou plus, et beaucoup d'entre eux ont passé leur vie dans des camps de concentration et des prisons. Ceux-là sont des moines qui étudient à présent dans les universités monastiques de l'Inde du Sud. Parmi eux, il est très rare de trouver quelqu'un qui présente les symptômes typiques de trouble du stress post-traumatique. En fait, ces étudiants deviennent de meilleurs lettrés que ceux qui ont été élevés en Inde.

DANIEL GOLEMAN : Est-ce à cause de ce que vous expliquiez avant sur la pratique consistant à considérer sa propre souffrance comme une opportunité spirituelle ? Pratiquaient-ils ainsi durant la torture ?

LE DALAÏ LAMA : Oui.

JON KABAT-ZINN : Ce serait très intéressant d'étudier les Tibétains qui ont été incarcérés et torturés.

DANIEL BROWN : On a fait des études sur les gens qui ont survécu aux camps de concentration nazis et sur des prisonniers de guerre qui étaient dans les "cages à tigres" en Asie du Sud. Ceux qui ont le mieux surmonté ces expériences avaient des convictions religieuses ou philosophiques très fortes qui les ont protégés des effets que l'on peut attendre de la torture.

LE DALAÏ LAMA : Mais je pense que la majorité des Cambodgiens et des Vietnamiens sont aussi bouddhistes.

DANIEL BROWN : Il existe trois types de réactions à l'épreuve de la torture, ou à toute sorte de traumatisme en l'occurrence. D'abord, des expériences importunes telles que des mauvais souvenirs et des cauchemars. Ensuite, il y a ce que nous appelons des expériences de prostration où l'on ne ressent rien. Enfin, une sorte de réactivité physiologique. Le système nerveux autonome est altéré et il subsiste un niveau élevé d'excitation. Cette réactivité physiologique peut même exister chez des gens qui ont de fortes convictions. En m'appuyant sur les recherches qui ont été faites en Occident, je m'attendrais, si nous faisions des mesures physiologiques chez vos moines, à ce qu'ils en présentent encore des traces, même s'ils ne se plaignent pas de cauchemars.

LE DALAÏ LAMA : Il faudrait vérifier cela. C'est facile à réaliser. Au monastère de Sera, il y a près de 1000 de ces jeunes gens, à Drépoung Loseling, ils sont 500 ou 600 et à Ganden, 250 à 300. Dans mon expérience avec ces étudiants, sur de nombreuses années, je n'ai jamais vu de cas d'anomalies. Ils sont comme n'importe quel autre jeune moine.

DANIEL BROWN : Ce que vous décrivez est très étrange.

FRANCISCO VARELA : Je connais personnellement certains de mes compatriotes chiliens qui furent torturés par la police secrète de Pinochet après le coup d'état militaire qui mit fin au gouvernement démocratique de Salvador Allende. Il n'y en pas un seul qui n'ait quelques-uns ou l'ensemble de ces symptômes, les cauchemars et les perturbations physiologiques. Eux, bien-sûr, ne sont pas bouddhistes.

LE DALAÏ LAMA : Existe-t-il parmi ces personnes des différences entre ceux qui ont de fortes convictions religieuses et les autres ?

FRANCISCO VARELA : Les gens qui furent persécutés et torturés étaient tous de gauche ; aussi, s'ils avaient un système de croyance bien ancré, il était plutôt politique. Ils pouvaient avoir certaines valeurs chrétiennes parce qu'ils avaient été élevés dans cette culture.

DANIEL BROWN : Il est également vrai qu'ils furent torturés par des gens qui avaient le même arrière-plan religieux qu'eux.

FRANCISCO VARELA : Ils furent torturés au cours d'une guerre civile, par leurs propres compatriotes.

DANIEL BROWN : Tandis que les Chinois ne sont pas bouddhistes. Cela fait une énorme différence quand on est torturé par un ennemi qui ne fait pas partie de son propre peuple.

FRANCISCO VARELA : Peut-être.

LE DALAÏ LAMA : Quand les Tibétains dépeignent leurs expériences de prison, ils soulignent le fait qu'ils étaient en prison non pas parce qu'ils avait fait quelque chose d'illégal ou de mauvais comme tuer ou voler, mais parce qu'ils étaient des combattants actifs agissant selon leurs principes.

FRANCISCO VARELA : Oui, mais les Chiliens avaient le même sentiment.

LE DALAÏ LAMA : Ce doit donc être la même chose. Ce genre d'attitude aide-t-il ?

FRANCISCO VARELA : Oui, cela doit aider. Mais parmi les quelques personnes que je connais, très peu seulement furent capables de redonner une cohérence à leur vie sur la base de ce sentiment fort. La majorité d'entre eux étaient brisés d'une manière ou d'une autre : leurs familles éclataient, ils ne pouvaient pas continuer à travailler, ils avaient des insomnies, ils avaient un cancer. Même avec ce sentiment d'être dans son bon droit, il restait quelque part toujours une ambivalence, un affaiblissement de cette force, un sentiment que peut-être ce que nous pensions être juste ne l'était pas. Il se peut que pour les Tibétains, le sens du principe soit plus fort.

JON KABAT-ZINN : Votre Sainteté, vous disiez hier que du point de vue bouddhiste, le mal est ignorance, et que par conséquent, un bouddhiste peut ressentir de la compassion pour l'ignorance même si cela signifie une grande souffrance pour soi-même. J'ai lu le récit très émouvant de votre médecin, un docteur tibétain qui fut torturé des années durant dans une prison chinoise. Il dit qu'il ne s'était jamais mis en colère contre ces gens bien qu'ils le torturassent, mais qu'il continuait à maintenir un sens de compassion à cause de la profonde ignorance qui les faisait agir ainsi avec autrui. Le psychiatre américain qui s'est entretenu avec cet homme a dit qu'il était étonné qu'il puisse sortir de cette expérience sans montrer aucun signe du syndrome du stress post-traumatique selon la perspective psychiatrique clinique occidentale. Il n'était pas amer ; il ne montrait aucun ressentiment ; il n'avait aucun des problèmes physiques ou psychologiques habituels. Pensez-vous que ce soit partagé par la grande majorité des moines qui sont sortis du Tibet après avoir été en prison ?

LE DALAÏ LAMA : C'est très difficile à dire, car certains de ces moines avaient un très fort sentiment d'amertume envers les Chinois.

DANIEL GOLEMAN : Donc, ils ne ressentent pas de compassion pour les tortionnaires.

LE DALAÏ LAMA : Il ne semble pas. [*rires*]

DANIEL GOLEMAN : Alors, Votre Sainteté, que pouvaient-ils bien pratiquer à part la compassion qui ai pu faire qu'ils n'aient pas ces problèmes ?

LE DALAÏ LAMA : L'un des facteurs est leur croyance au karma. Ils attribuent leur souffrance à des erreurs commises dans des vies passées. C'est une conviction très répandue chez les Tibétains.

DANIEL GOLEMAN : Est-ce tout ? Y avait-il quelque chose de plus ?

LE DALAÏ LAMA : La prise de refuge est un facteur important, qui est commun à toutes les religions. La réflexion sur les désavantages du *samsara*, le cycle des existences, et sur l'impermanence, pourraient être d'autres facteurs. Enfin, il existe une très forte conviction que la vérité finira par gagner.

DANIEL BROWN : Votre Sainteté, dans le manuel statistique de diagnostic qui est notre texte de référence sur la diagnose des facteurs psychiatriques en Occident, on définit le traumatisme comme un événement extraordinaire et suffisamment inhabituel pour produire des symptômes chez presque tout le monde. On le définit ainsi parce qu'en Occident, il est très rare de voir quelqu'un qui n'ait pas ces symptômes après la torture. Si ce que vous dites est vrai, nous avons beaucoup à apprendre de votre peuple sur la manière dont il se protège des symptômes du stress post-traumatique qui sont éprouvés ailleurs par presque tout le monde dans ce genre de situation. Cette information est extraordinaire à nos yeux.

TROISIÈME PARTIE

Moyens habiles et médecine

6

L'Attention comme Thérapeutique

Sharon Salzberg et Jon Kabat-Zinn

Le survol, fait par Sharon Salzberg, de la tradition méditative *Theravadin* * sert de base pour décrire la pratique de l'attention enseignée par Jon Kabat-Zinn à la Clinique de Réduction du Stress au Centre Médical de l'Université du Massachusetts à Worcester, dans le Massachusetts. Un tel usage médical de la méditation de l'attention est devenu de plus en plus populaire dans les établissements médicaux occidentaux.

Dépouillée de son contexte religieux, la méditation d'attention est simplement l'apprentissage d'une attitude d'acceptation ouverte à tout ce qui surgit dans l'esprit, lors de l'observation des mouvements de l'esprit. Cette très grande

* "Ecole des Ancêtres" ; voie hinayana, du "Petit Véhicule". [NdT]

simplicité la rend utilisable en tant que technique de réduction du stress.

Jon Kabat-Zinn explique comment la méditation attentive a été intégrée dans sa clinique de réduction du stress et de relaxation. Bien que les techniques de méditation soient utilisées depuis très longtemps dans le contexte de l'entraînement spirituel, ce n'est que très récemment en Occident que ces méthodes ont commencé à être appliquées et étudiées systématiquement comme un élément de protocole médical et de traitement psychologique.

Dans son exposé, Jon Kabat-Zinn synthétise une grande partie de ce qui a été dit jusqu'ici. Il a tenté d'importer quelques techniques de méditation bouddhistes dans le courant culturel dominant en Occident. Puisque la méditation de l'attention n'est pas présentée dans un contexte spirituel, Kabat-Zinn pense qu'elle peut combler certains des besoins de ceux qui souffrent de par le monde mais qui, pour une raison ou une autre, ne sont pas intéressés par le bouddhisme ou par un autre système de croyance.

L'ATTENTION DANS LE BOUDDHISME THERAVADA

SHARON SALZBERG : Lorsque nous enseignons la méditation, nous demandons simplement aux gens de s'asseoir tranquillement et de ressentir la respiration à un endroit du corps où ils la sentent très clairement, comme le diaphragme. D'abord, nous leur demandons seulement de sentir la respiration, puis d'observer tout ce qui peut s'imposer à leur conscience. Ils deviennent ainsi conscients de beaucoup d'objets divers à différents moments : des sons, des images ou des sensations dans le corps. Nous leur demandons d'essayer d'observer cette expérience très directement, très clairement, en allant droit au but sans se perdre dans les méandres d'une interprétation ou d'un jugement à propos de ce qui se produit. Par exemple, si des gens ont une douleur physique, plutôt que de penser "C'est bon" ou "C'est mal" ou "Je suis une mauvaise personne puisque je souffre", nous leur suggérons de noter très clairement la sensation de chaleur, de pression ou de tension, de sorte qu'ils puissent constater que les sensations changent constamment et qu'il n'y a rien de substantiel ni de permanent en ce qui concerne la douleur. Ils en viennent aussi à reconnaître qu'ils ne contrôlent pas le type de sensation qui apparaît dans le corps. La douleur n'arrivant pas en réponse à leur désir, ils n'ont donc plus à ressentir qu'elle est à eux. Elle ne leur appartient pas, elle est seulement la réunion de conditions qui créent la sensation. Nous leur demandons d'observer très profondément afin qu'ils voient vraiment comment le phénomène qui apparaît se désagrège au moment même où ils l'observent, et de cette manière, ils peuvent voir dans la nature de leur expérience. S'ils peuvent faire cela, leur esprit devient très immobile et très calme. L'esprit ne poursuit plus le passé ou l'avenir, mais au contraire, il a une qualité de stabilité et de quiétude, et demeure réellement dans l'expérience du moment.

Nous mettons aussi l'accent sur la pureté de l'observation. Que l'objet soit la respiration, la douleur ou autre chose, on l'observe sans s'en emparer, sans aversion et sans ignorance. Qu'il soit plaisant ou douloureux, ou encore neutre, l'objet de méditation ne doit pas conduire l'esprit à développer plus d'attachement, d'aversion ou d'ignorance. Nous essayons de faire la distinction entre l'attention ordinaire et la présence, qui a cette qualité de pureté. Nous enseignons aux gens de pratiquer continuellement, qu'ils soient assis, qu'ils marchent, boivent une tasse de thé ou accomplissent un travail dans la société. Pour commencer, nous pouvons nous focaliser sur la respiration, mais la pratique finit par inclure toutes choses. Toute activité que nous faisons devient une pratique de la méditation.

LE DALAÏ LAMA : Vous n'ajoutez aucune analyse spécifique ni aucun examen à l'attention ?

SHARON SALZBERG : Non. Nous avons vu que la pure présence amène la compréhension et la vue profonde sans analyse. Plus précisément, lorsqu'il y a une forte continuité d'attention et que les gens sont capables de pratiquer régulièrement, ils en viennent à voir une pensée comme une simple pensée, par exemple. Ils ne se sentent gouvernés ou menés par aucune pensée particulière qui émerge dans l'esprit, et peuvent même lâcher prise quelle que soit sa nature.

LE DALAÏ LAMA : Quand vous identifiez quelque chose comme une simple pensée, qu'est-ce qui vous vient à l'esprit ? Comment l'identifiez vous ? Qu'est-ce que cette "simple pensée" ?

SHARON SALZBERG : Notre présence crée une distanciation, de sorte que le contenu ou le sujet de la pensée n'est pas si important. Ce que nous observons est le processus de la pensée. Quand nous voyons qu'une pensée n'est pas solide, qu'elle n'a aucune substance, et que le sens réel de la pensée n'entraîne pas nécessairement une association ou une réaction, c'est comme si nous avions observé la nature véritable du changement. Si quelqu'un a ensuite la pensée "Je suis aussi très malade", le contenu même de la pensée n'est pas impressionnant. L'esprit reconnaît intuitivement la nature de la pensée, qui vient et s'en va simplement. Dans cette approche particulière, nous n'essayons pas de changer une mauvaise pensée en une bonne, mais plutôt de voir la nature de la pensée elle-même.

LE DALAÏ LAMA : Encore une fois, la question se pose : que reconnaissez-vous comme nature de la pensée ?

SHARON SALZBERG : L'objet à ce moment est réellement changement. En voyant cette expérience de la pensée, l'esprit est éclairé sur le fait que tous les phénomènes qui apparaissent sont fugaces et transitoires.

LE DALAÏ LAMA : Ce caractère fugace, bien-sûr, est quelque chose de vrai pour tous les phénomènes conditionnés. Mais quelle est la nature unique de la pensée qui la distingue des autres phénomènes qui sont également fugaces ? Je pose cette question parce qu'il existe beaucoup de types de méditations qui se préoccupent de la véritable nature de l'esprit lui-même. En faisant quelque chose comme cela, nous envisageons d'atteindre une vue profonde directe sur des choses variées, y compris les pensées. Vous voyez alors que la pensée n'est qu'une simple pensée. Je me demande quels genres d'aperçus nouveaux vous obtenez avec cette technique, quand vous acquérez cette vue profonde peut-être sans précédent sur la nature d'une simple pensée. En quoi votre perception actuelle d'une pensée est-elle différente de la perception ordinaire d'une pensée ?

SHARON SALZBERG : La vue profonde, ou la compréhension, est celle de la vacuité. Elle est aussi celle de l'interdépendance entre toutes choses. Nous voyons que l'esprit et le corps sont en relation constante, et qu'une chaîne continuelle de causes et d'effets entre le corps et l'esprit constitue ce que nous sommes réellement. Je mets l'accent sur le processus de pensée parce que, de même que nous avons tendance à nous identifier à notre corps et à nous y attacher, nous nous attachons et nous identifions bien plus encore à notre esprit. Pour emprunter une image à la tradition tibétaine, l'esprit pénétrant voit les pensées comme des nuages se déplaçant dans le ciel, sans s'en emparer ni les contrôler. Pour des gens tels que les patients de Jon, même un petit aperçu de la nature vide et insubstantielle de la pensée leur procure un immense sentiment de liberté.

LE DALAÏ LAMA : Pourriez-vous expliquer ce que vous entendez par vide dans ce contexte ?

SHARON SALZBERG : Insubstantiel, dépourvu de noyau essentiel.

LE DALAÏ LAMA : Anatman [9]

SHARON SALZBERG : Oui.

LE DALAÏ LAMA : Ainsi, la vacuité ou l'absence d'identité à laquelle vous faites référence serait l'une des trois caractéristiques de l'existence [c'est-à-dire la vacuité, le caractère insatisfaisant et l'impermanence].[10]

SHARON SALZBERG : Oui.

LE DALAÏ LAMA : Excellent.

SHARON SALZBERG : Ce genre de pratique est puissant, car les gens peuvent la faire sans aucun système de croyance ou de sentiment religieux. Cependant, nous essayons de l'introduire avec une base morale très solide. Avec cette base, les gens peuvent jouir de la conscience qui éprouve le calme, la clarté et la sensibilité, ainsi qu'une compréhension d'eux-mêmes et de leur vie.

---

9. *Anatman* signifie littéralement non-soi, non-ego. dans le bouddhisme, la réalisation du non-soi est fondamentale pour parvenir à l'Éveil.

10. Les trois caractères de l'existence conditionnée sont des postulats de base du bouddhisme : l'impermanence (*anitya*), la souffrance (*dukha*) et le non-soi (*anattama*).

LE DALAÏ LAMA : Combien de temps médite le pratiquant moyen qui suit cette technique ou celui qui a trouvé un réel bienfait dans la pratique ? Combien de séances font-ils chaque jour, et quelle est la durée de chaque séance ? Et aussi, combien de temps leur faut-il pour en recueillir des bienfaits certains ? Une semaine, un mois, une année ?

SHARON SALZBERG : Habituellement, les gens s'assoient en méditation environ une heure par jour, s'ils le peuvent. Dans une certaine mesure, ils en bénéficient immédiatement, sinon ils ne continueraient pas à le faire. Ce n'est pas comme s'ils venaient avec la foi pour commencer ; il leur faut une bonne expérience pour acquérir une sorte de confiance. D'ordinaire, je pense que cela prend plusieurs mois avant que les gens ne se sentent établis et confiants dans la pratique.

LE DALAÏ LAMA : Quelle est la différence entre la pratique de *samatha* et celle de *vipasana* ?

SHARON SALZBERG : Dans la pratique de *samatha*, nous choisissons un objet unique tel que la respiration ou un mantra et nous nous focalisons sur lui seul, tandis que dans *vipasana*, nous élargissons notre conscience pour observer n'importe quelle expérience, sans avoir d'objet spécifique. Plutôt que de privilégier l'union ou l'unification avec un objet spécifique, *vipasana* met l'accent sur la nature changeante des choses, pour voir les trois caractéristiques de l'existence dans chaque expérience.

LE DALAÏ LAMA : Excellent. La formation que vous donnez à ces méditants est-il tiré des techniques méditatives des traditions cinghalaises ou birmanes ? Est-ce une combinaison de différentes traditions, ou bien est-ce spécifique à une tradition particulière ?

SHARON SALZBERG : C'est la technique spécifique d'une lignée de la tradition birmane.

LE DALAÏ LAMA : Excellent. Cette pratique a-t-elle une base dans les Sutras ?

SHARON SALZBERG : Dans le *Sattipatthana-sutra*. Votre Sainteté, Lee Yearley citait le philosophe William James qui disait qu'une religion doit continuer à grandir comme une plante qui pousse ou bien mourir, et cependant, elle doit en même temps maintenir et protéger sa tradition essentielle. Tel est le problème : à la fois évoluer et maintenir ce qui est essentiel. Pourriez-vous parler de ce qui vous semble le plus essentiel de préserver dans le bouddhisme et de quelle manière il peut être vraiment capable de changer et d'évoluer ?

LE DALAÏ LAMA : Je crois que son essence est la compassion et la sagesse qui réalise la vacuité. Toutes deux se rapportent à la réalité fondamentale à laquelle nous sommes confrontés ; elles se rapportent à la voie, en tant que méthode et sagesse ; et elles se rapportent aussi à la réalisation du chemin. Chacune de ces choses a ce double aspect de compassion et de sagesse. Que le Bouddhadharma doive évoluer, je n'en suis pas sûr. Je pense que dans toutes les grandes religions, le système de base n'a pas besoin de changer, mais que des changements sont vraiment nécessaires dans les aspects culturels et les habitudes sociales. Nous assistons à une évolution du bouddhisme tibétain vers un bouddhisme occidental, bouddhisme américain compris. De même que le bouddhisme tibétain a naturellement évolué, il y aura, je suppose, une évolution naturelle d'un bouddhisme occidental et d'un bouddhisme américain. C'est quelque chose qui devra être développé graduellement.

L'USAGE CLINIQUE DE L'ATTENTION

JON KABAT-ZINN : Je vais essayer d'appliquer à un plus vaste domaine quelque chose que la perspective méditative bouddhiste peut offrir à l'Occident. Cela pourrait combler quelques-uns des besoins les plus profonds et les plus cruciaux des gens qui souffrent dans ce monde, mais qui, pour une raison ou une autre, ne sont pas intéressés par le bouddhisme ou par un autre système de croyance. Ils ne se sentent pas concernés par l'Éveil, mais sont très motivés par le soulagement de la souffrance, en particulier de la leur. La question est celle-ci : existe-t-il une sagesse, propre au bouddhisme, qui ne risque pas d'être déformée ou endommagée si on la rend accessible à des gens qui souffrent ? Peut-elle les aider à devenir plus complets en tant qu'êtres humains, moins dispersés et moins enclins à contribuer continuellement à leur propre souffrance ?

Mon entraînement, si faible soit-il, s'est déroulé dans les traditions Theravada et Zen. Le programme que je m'apprête à décrire rend compte d'un éventail de différentes techniques méditatives que j'ai personnellement essayé d'introduire dans un programme médical occidental classique. Dans ce contexte, si j'étais arrivé le crâne rasé, avec des robes et un chapelet et en chantant en tibétain, en sanscrit ou en coréen, je ne serais pas allé bien loin avec la plupart des gens, quelle que soit la qualité de l'enseignement en lui-même. Cela n'aurait été ni la manière la plus efficace ni la plus habile pour introduire une quelconque sagesse ou une pratique essentielle qui soit accessible. De nos jours, les gens ont une idée de la méditation, mais ils en ont une vision très incomplète. Nous voulons leur enseigner que la méditation ne consiste pas à vider l'esprit, mais plutôt à apprendre à voir les choses telles qu'elles sont et à vivre avec les choses telles qu'elles sont.

Il y a une valeur de la méditation bouddhiste dont nous ne savons presque rien dans notre vie quotidienne occidentale : la qualité de tranquillité. Il est manifeste que nous nous agitons beaucoup, en Occident. Les Américains sont devenus très experts en cet art. Nous sommes en permanence dans le faire, puis nous nous effondrons épuisés sur un lit, et nous nous réveillons le lendemain pour faire plus, en courant davantage. Il n'est pas nécessaire d'avoir une grande profondeur de vue pour noter que le plus souvent, nous ne connaissons pas celui qui fait tant de choses. Très fréquemment, nous nous sentons coupés de notre propre expérience et de nos sentiments. Nous sommes menés par l'esprit, par les pensées, par des attentes, par la peur, par le désir d'obtenir autre chose. Si vous souhaitez toujours être quelque part ailleurs, c'est que vous n'êtes jamais là où vous vous trouvez, et donc que vous n'êtes pas pleinement vivant. Vous n'êtes pas davantage capable de remédier aux pressions et aux difficultés qui surviennent quand votre esprit est inattentif et présent seulement à moitié. Dans des situations stressantes ou menaçantes, vos réactions seront fortement conditionnées et automatisées. À cause des brumes épaisses de votre esprit, vous ne disposerez pas des niveaux plus profonds d'intelligence et de sagesse qui naissent d'une vision claire et complète de la situation.

C'est également vrai pour le corps. Comme nous en discutions auparavant, beaucoup de gens ne sont pas sensibles à leur corps à un niveau profond avant que quelque chose aille mal. Ils sont alors bouleversés et se ruent chez un spécialiste qui est censé tout arranger, mais qui, bien souvent, n'en a pas le pouvoir. La médecine occidentale a enregistré des progrès considérables au cours des vingt dernières années, mais la plupart d'entre eux concernent le diagnostic. Celui-ci vous renseigne sur le problème, mais ne le règle pas nécessairement. Il y a peu de guérisons dans la médecine occidentale.

Nous avons pensé qu'il serait merveilleux de créer un service sur les bases d'une formation à l'attention au sein d'un centre médical occidental, car l'hôpital est réellement un aimant pour la souffrance. Cela nous semblait un habile moyen pour introduire des notions de tranquillité, de vision claire, d'attention, ainsi que le passage d'une agitation permanente vers une existence plus centrée intérieurement. Si nous pouvions offrir aux patients quelque chose comme un complément à leur traitement médical, cela pourrait peut-être les aider à évoluer et à guérir d'une manière que le traitement médical en lui-même ne peut leur procurer. Le programme pourrait aussi aider les patients à se conformer à leur traitement, ce qui est plus difficile lorsque l'esprit est agité et désire que les choses soient différentes de ce qu'elles sont.

Permettez-moi de faire brièvement le tour des principes et de la structure de notre clinique, le Programme de Réduction du Stress et de Relaxation du Centre Médical de l'Université du Massachusetts à Worcester, et de la façon dont nous utilisons la méditation. Je vous montrerai ensuite quelques résultats obtenus dans cette clinique pour toute une variété d'états graves, et leur influence non seulement sur les symptômes physiques mais aussi sur les changements psychiques qui peuvent refléter l'évolution humaine ou le développement. Je finirai avec la manière dont nous avons essayé d'intégrer ces principes d'attention, de vision claire et de non-agir, non seulement chez les patients, mais aussi dans quantité d'aspects du travail hospitalier pour entraîner les médecins et les étudiants en médecine à être plus sensibles et plus observateurs, et à changer leur manière de travailler avec les patients.

Un médecin célèbre disait que le plus important à propos

du soin au patient est de s'en occuper, mais, très fréquemment dans les grands hôpitaux, les patients se sentent perdus et tombent dans les failles du système, particulièrement dans les cas de maladies chroniques. Cette clinique fournit un filet de sécurité pour rattraper ces gens et leur offre une chance supplémentaire avant qu'ils n'échouent. Cette chance est une occasion d'explorer à un niveau profond comment ils peuvent s'aider eux-mêmes. Ils ont cherché de l'aide auprès d'autres gens en toutes sortes de lieux, mais nous leur demandons : «Avez-vous songé à vos ressources intérieures et peut-être même à la sagesse qui est déjà là dans votre corps et dans votre esprit ? Si vous pouviez la dévoiler et trouver un moyen d'utiliser cette énergie, alors peut-être, avec l'aide de votre médecin, pourriez-vous aller vers un meilleur niveau de santé et la guérison.» Cela n'est pas recouvrer la santé mais guérir. Un traitement améliore tout comme par miracle en quelque sorte, mais la guérison transforme à la fois le corps et l'esprit à un niveau profond. On voit les choses différemment et on arrive à un accord avec sa maladie. Même en perdant un bras ou une jambe, vous pourriez encore être un être humain complet, à part entière, pleinement en vie au niveau le plus fondamental. Ce n'est pas facile à atteindre, mais c'est possible. Un être humain pourrait ainsi percevoir que la plénitude et la santé ne dépendent pas nécessairement de deux bras et de deux jambes, ni même du fait d'être exempt du cancer ou du SIDA. Nous pensons très fortement que tant que vous êtes vivants et que vous respirez, il y a plus de bien en vous que de mal. Nous incitons les gens de se concentrer sur ce qui est bon en eux, et laissons les médecins prendre soin de ce qui va mal.

Dans le *Sattipatthana-sutra*, le Bouddha délivre l'un de ses messages à la fois simples et très profonds : que le sentier véritable n'a pas besoin d'être compliqué, qu'il y a un pouvoir dans la simplicité, et que l'attention est une pierre angulaire de la pratique. Notre postulat de départ pour la clinique était que l'attention guérit très puissamment des souffrances de toutes sortes, avec l'hypothèse que l'attention peut guérir, que l'on soit dans le contexte bouddhiste ou non. Pouvons-nous démontrer cela dans un cadre médical classique, non bouddhiste ?

La clinique est située au Centre Médical de l'Université du Massachusetts (UMMC), une grande école médicale et un grand hôpital. Le centre comprend 400 lits pour des patients hospitalisés, et voit défiler des milliers de patients en consultation externe chaque jour. L'école de médecine, très récente, a été inaugurée en 1970, ce qui peut expliquer pourquoi j'ai pu y accomplir ce travail. Quand les institutions grandissent, il s'y développe une "arthrite" et un "durcissement des attitudes" et elles deviennent bien moins ouvertes aux nouvelles idées. L'UMMC est aussi un centre pour les traumatismes graves où les patients sont acheminés de loin par hélicoptère. La souffrance dans cet hôpital n'est pas le lot des seuls patients ; les membres de l'équipe sont aussi soumis à un stress important.

Le stress est devenu un mode de vie pour la plupart des Américains. Ce qui ne devrait pas nécessairement être mauvais. Ce n'est pas tant le stress qui est un problème, que la façon dont on l'affronte. Cela dépend de votre manière de le considérer, qui dépend elle-même partiellement du fait de le voir ou pas. Beaucoup de gens ne voient et ne sentent pas le stress, de même qu'un poisson nageant dans l'eau ne la voit pas. Nous sommes inconscients de la plus grande partie du stress de nos vies et nous vivons très mécaniquement, avec le pilote automatique. L'esprit, constamment agité, est très souvent soit dans le passé avec les souvenirs, soit dans le futur, mais rarement dans le présent.

Nous avons beaucoup utilisé le mot *stress* ici, mais personne ne l'a défini. J'aime ce mot parce qu'il est si vaste qu'il inclut tous les types de souffrances. Personne ne sait ce que signifie une clinique de réduction du stress, mais tout le monde veut y aller. D'un point de vue scientifique, le mot *stress* est peu commode parce qu'il désigne à la fois le stimulus qui provoque le problème et la réponse — le problème lui-même. Selon une définition, le *stress* est la réponse de l'organisme à toute une série de pressions et d'exigences qui l'obligent à s'adapter. Ainsi, tout peut être stressant, mais ne l'est pas nécessairement. Cela dépend de la présence ou non d'une contrainte au changement. Le changement en lui-même est stressant, bien-sûr, parce qu'il signifie que vous devez vous adapter. Un animal qui vit là où soudainement il n'y a plus de nourriture devra soit mourir, soit aller ailleurs pour trouver sa nourriture. Le déplacement est l'adaptation qui permet à l'animal de continuer à vivre. Beaucoup de nos stress sont psychiques, mais ils exigent encore de nous un changement ou une adaptation. Une mort dans la famille est un gros stress, parce qu'il y a une très grande perte, et l'on doit alors s'adapter d'une manière ou d'une autre en acceptant de s'accorder avec la perte. Si l'on ne s'y fait pas, l'organisme va d'une manière quelconque perdre son harmonie. Même au niveau du système nerveux et du système immunitaire, il peut se produire des dérèglements après une mort dans la famille. Cependant, après un certain temps, on récupère, le temps guérit toutes les blessures, et l'on retrouve son équilibre interne. Si l'on a beaucoup de stress dans sa vie, on peut atteindre un point où l'anxiété est permanente et où la santé se détériore.

LE PROGRAMME DE RÉDUCTION DU STRESS ET DE RELAXATION

Le Programme de Réduction du Stress et de Relaxation prend la forme d'un cours. Si vous voulez que quelqu'un change sa vie, vous ne pouvez pas vous contenter de dire : «Vous avez travaillé trop dur, vous avez besoin de changer de vie, détendez-vous simplement.» Si les gens savaient comment se relaxer, ils n'iraient pas voir le médecin à la première occasion. Il est nécessaire d'enseigner : de rencontrer la personne à un niveau profond et de lui donner suffisamment de temps pour évoluer et expérimenter, puis revenir et poser des questions. Nous avons pensé qu'un cours serait la meilleure manière de faire cela. L'entraînement à l'attention en serait la base ainsi que le trait d'union entre les pratiques. Comme l'a fait remarquer Sharon, peu importe que vous deveniez plus ou moins habile dans l'attention et dans le développement du calme, de la tranquillité et de la relaxation : si vous ne l'appliquez pas à votre vie quotidienne, il n'y aura là aucune sagesse. Inutile de s'asseoir comme un Bouddha pendant une heure si le reste du temps vous êtes sans contrôle comme un taureau. Vous vous faites beaucoup d'illusions en pensant que vous êtes un grand méditant si vous n'avez aucune conscience des problèmes sérieux que vous avez dans votre travail ou votre famille. Nous avons la conviction que l'attention dans la vie quotidienne est extrêmement importante pour l'essence même de l'entraînement à la méditation.

Le contexte du cours est triple : comment mieux prendre soin de soi-même, comment vivre plus habilement et pleinement, et comment aller, si c'est possible, vers une meilleure santé et le bien-être. Ce n'est pas un succédané de traitement médical, mais un complément. Le fait que notre clinique soit située dans le département de médecine et non dans celui de psychiatrie est capital. Très souvent, quand les gens ont des problèmes de stress, le médecin ne trouve rien d'anormal au niveau médical et les adresse à un psychiatre, ce qui suggère qu'il y a quelque chose d'anormal du point de vue mental. En Occident, bien sûr, l'esprit est séparé du corps et traité dans un service différent, quelque part au huitième étage de l'hôpital. Beaucoup de gens ne répondent pas bien à cette approche. Ils perçoivent des douleurs dans le corps et non dans l'esprit, et ne veulent pas passer pour des fous. Situer la clinique dans le département de médecine, signifie qu'un point de vue non dualiste sur l'esprit et le corps est essentiel dans l'évolution actuelle de la médecine et de la science occidentale. Bien sûr, par souci de commodité, nous parlons de l'esprit et du corps, et il y a entre eux des différences considérables. Cependant, si nous ne comprenons pas qu'à un niveau profond ils sont aussi la même chose, cela crée des problèmes. Il y a sur l'un des plateaux de la balance une très puissante et très belle médecine technique, avec ses rayons-X, ses scanners, sa chirurgie, ses médicaments et ainsi de suite. De l'autre côté, il y a la médecine comportementale ou médecine de l'esprit/corps, le pouvoir de l'esprit, et ce qu'une personne peut faire pour elle-même. Pour que la médecine maintienne l'équilibre, plus il y a d'argent qui va à la médecine technique, plus il est nécessaire de mettre de l'énergie de l'autre côté.

Dans notre clinique, nous utilisons une approche très différente des modèles médicaux et psychiatriques, mais aussi du modèle des enseignements bouddhistes. En médecine ou en psychiatrie, la première étape est le diagnostic du problème pour ensuite trouver le traitement approprié. Pareillement, quand une personne s'adresse à un maître à propos d'un problème de méditation, la réponse est adaptée aux besoins de la personne et n'est pas la même pour tous. Dans la clinique de réduction du stress par la méditation, nous avons élaboré un modèle très différent en ce qui concerne les interventions générales opposées à des interventions de type spécifique. Nous faisons une formation générale avec un groupe important et nous nous concentrons non pas sur leurs problèmes individuels mais sur ce qui va déjà bien pour tous. Ils ont tous des maladies différentes, leurs propres difficultés familiales, leurs propres gènes, leur propre situation de travail, et leur propre médecin qui prend soin des spécificités de leur traitement. Nous leur enseignons à tous la même chose : comment s'accorder de l'attention — en d'autres termes, comment être attentif, comment se mettre à l'écoute.

Nous accordons à nos patients un peu d'attention individuelle et modifions les instructions selon leurs besoins spécifiques et leurs conditions. Ce n'est pas comme s'il s'agissait d'une usine où nous ne nous soucierions pas de leurs problèmes, mais nous voulons plutôt nous adresser à ce qu'ils ont en commun. Nous faisons une entrevue d'évaluation individuelle pour chaque patient adressé à la clinique, afin de l'évaluer avant et après l'entraînement, et aussi un suivi à long terme. Dans l'entrevue, nous avons la volonté d'écouter la personne et d'éprouver sa situation avec compassion. Puis nous lui disons ce qu'elle peut attendre. La plupart des patients ne savent pas de quoi il retourne lorsque nous leur disons : «nous allons faire de la méditation ou le yoga de l'attention», mais ils peuvent choisir de s'y engager ou non. 90% des gens acceptent de s'y engager.

Le cours dure huit semaines, et les patients viennent une fois par semaine pendant deux heures et demie. Il y a trente personnes dans la classe, assis en cercle. Ils ont aussi un travail à faire chez eux, qui consiste à faire quarante-cinq minutes de méditation par jour, six jours par semaine. Nous leur laissons un jour libre pour bonne conduite. Nous ne nous contentons pas de dire aux gens de rentrer chez eux et de pratiquer ce que nous leur avons enseigné en classe, mais nous leur donnons aussi des cassettes audio pour les guider. Pour le travail à la maison, ils repassent encore et encore une face de la cassette. Nous leur disons qu'ils n'ont pas besoin d'aimer cela, mais simplement de le faire. Ils font aussi quelques exercices d'attention comme reporter dans un cahier leurs pensées et leurs sentiments.

Prendre quarante-cinq minutes par jour pour ne rien faire est un énorme changement dans le mode de vie. La tradition bouddhiste s'y réfère comme à une évidente nécessité pour tendre vers la plénitude et réduire notre fragmentation, mais en Occident, cela n'a rien d'évident. C'est presque anti-américain que de proposer à quelqu'un de prendre quarante-cinq minutes pour simplement "être". Ces gens sont là parce que leur médecin leur a dit qu'ils avaient besoin d'apprendre à composer avec le stress, et non pas pour s'éveiller ou pratiquer la méditation ou le yoga. Ils ont le désir de le faire parce que nous leur présentons cela comme une aventure : que peut-être il y a quelque chose de nouveau à apprendre ici, comme une nouvelle source de vitalité.

Dans la sixième semaine du cours, nous faisons une retraite de méditation silencieuse pendant huit heures. Nous travaillons avec environ 150 personnes à la fois, et nous menons la retraite de méditation en silence avec tous ces gens rassemblés. Quatre personnes énoncent le programme et guident les participants pour une journée entière où l'on médite assis, en marchant, en prenant ses repas, le tout en silence, en évitant d'établir un contact avec les yeux. C'est très inhabituel pour des Occidentaux, surtout s'ils n'ont jamais abordé la méditation. Pour beaucoup de gens, c'est la première fois dans leur vie qu'ils se sont trouvés éveillés mais silencieux pendant huit heures.

L'ATTITUDE ATTENTIVE : L'ESPRIT DU DÉBUTANT

Certains aspects de l'entraînement à l'attention sont très importants dans la clinique : l'absence de jugement, la patience, l'acceptation et la confiance. Également importants sont le non-effort, le lâcher-prise, et ce que l'on appelle l'esprit du débutant.

Nous n'enseignons pas les principes du non-jugement, de la patience, de l'acceptation et de la confiance comme des directives, comme elles sont enseignées dans les Sutras. Nous essayons plutôt de les introduire naturellement et d'une façon cohérente dans notre discussion sur le travail à la maison et sur la pratique de la méditation chaque semaine. La discussion est assez explicite cependant. Nous parlons énormément de l'observation de soi sans jugement. Par exemple, quand nous avons une discussion après la première semaine de pratique de méditation, quelques personnes ont eu une expérience très profonde de relaxation et en sont très satisfaites, alors que d'autres n'ont éprouvé que des tensions et de la douleur ou se sont endormies à chaque fois qu'elles ont essayé de méditer. Quand elles commencent à se juger et à sentir qu'elles ne sont pas faites pour ça, nous leur rappelons que leur tâche consiste simplement à observer, à voir clairement et non à juger. Nous leur rappelons également qu'il faut être patient : «Ce n'est pas parce qu'une personne a eu une expérience au cours de la première semaine que vous devez progresser à la même allure. Prenez les choses comme elles viennent.»

De la même manière, nous introduisons l'acceptation et la confiance — pas la confiance en moi ou dans le Dalaï Lama, ou dans une autorité extérieure, mais la confiance en son être intérieur. C'est primordial, car dans un contexte religieux, nous avons tôt fait de prendre quelqu'un d'autre pour le héros et de nous diminuer nous-mêmes. Il est très important que les gens prennent la responsabilité de leur vie et n'acceptent pas simplement une autorité qui réduira leur propre créativité et leur propre pouvoir.

Le non-effort est un autre facteur capital de la pratique de l'attention. C'est encore une fois très anti-américain de ne pas s'efforcer à obtenir quelque chose. Le non-effort est enseigné, parce que tout le monde est confronté à un problème. Nous avons trente personnes dans la salle et chacune a un problème. Celle-ci veut faire baisser sa tension artérielle ; celui-là veut réduire ses maux de tête ; un autre a le SIDA et veut régler le problème de l'approche de la mort ou de sa famille qui l'a renié. Chacun a beaucoup de douleur, tant au niveau émotionnel que physique. Nous disons clairement dès le départ : «Maintenant que vous êtes ici avec votre problème, nous vous demandons de suspendre votre jugement. Pendant les huit prochaines semaines, n'essayez pas de faire disparaître votre problème. N'essayez pas de faire quelque chose. Faites simplement votre travail à la maison et regardez ce qui arrive. À la fin du programme, vous pourrez nous dire si vous en avez tiré quelque bienfait ou non, mais nous n'allons pas essayer de diminuer la tension artérielle ou d'expulser la douleur de votre corps. Pas d'effort.» Autre manière de l'exprimer : «Nous allons vous apprendre comment être si relaxé, qu'il sera acceptable d'être tendu.»

Nous essayons également de donner aux gens un sens de ce qu'on appelle parfois «l'esprit du débutant», la notion que chaque instant est nouveau. C'est une mauvaise idée de penser que puisque vous avez médité depuis longtemps vous êtes arrivé quelque part. Le "vous" comme le "quelque part" deviennent des problèmes. Il est important de maintenir un sens de fraîcheur et de ne pas penser : «J'ai déjà vu cela avant» ou «j'ai fait cela pendant trois semaines et je sais maintenant ce qu'est la méditation». Quelle que soit votre expérience, bonne, mauvaise ou neutre, ne la projetez pas dans l'avenir en pensant : «Puisque je suis un bon méditant aujourd'hui, j'aurai une bonne méditation demain». Toute la notion d'être dans le présent est extrêmement nouvelle pour la plupart des gens en Occident. Je pourrais ajouter que c'est plus difficile pour les intellectuels et les érudits, gens qui doivent penser beaucoup pour vivre.

Un autre aspect est le lâcher-prise, la capacité de voir clairement et de ne pas intervenir. Nous faisons bien la distinction entre le lâcher-prise et le rejet. Lâcher prise, c'est laisser les choses être, le non-attachement.

Je pense que ces qualités — lâcher-prise, esprit du débutant, non-effort et non-jugement — mènent à un genre de sagesse si on les pratique à tout moment. On peut être attaché sans s'en apercevoir ; l'attention nous permet de voir l'attachement. Même si vous n'abandonnez pas cet attachement, la conscience de l'attachement est déjà une plus grande sagesse qu'auparavant.

Il est d'autres qualités que nous n'enseignons pas explicitement, mais qui sont comprises dans la manière dont nous essayons d'intégrer ce que nous enseignons dans nos propres vies : la générosité, la compassion, et la joie compatissante. Plutôt que de parler de la compassion, ce qui semble parfois en Occident très emprunté, nous essayons d'exprimer ces qualités de notre être dans nos interactions. Lorsque quelqu'un dans la classe passe par une crise, se met à pleurer, etc., il existe différentes manières de répondre avec compassion. Dans ces moments-là, si quelqu'un intervient avec son cœur plutôt qu'avec sa tête, c'est le signe qu'il est un enseignant éclairé. Beaucoup de ces qualités sont bien mieux enseignées lorsque vous les incarnez. Cela n'est pas très bien compris dans le système médical occidental. Au lieu de cela, on trouve une technique et on l'applique aux gens quand ils en ont besoin, comme une pilule ou une injection. On ne comprend pas qu'un psychothérapeute qui enseigne la relaxation ou la méditation doive la pratiquer lui-même. Après tout, tout va bien chez le médecin ou le thérapeute. C'est le patient qui a un problème ou qui doit prendre le médicament ! Cette orientation est très différente du modèle que nous appliquons. Nous ne pourrions envisager d'embaucher quelqu'un dans notre clinique qui n'ait pas médité pendant des années dans quelque tradition, ni participé à des périodes intensives de pratique telles que des retraites. Cependant, nous pourrions aussi trouver beaucoup de gens qui ont pratiqué des années durant et qui ne sont pas capables d'enseigner de cette façon, pour beaucoup de raisons. Il n'est pas facile de trouver les gens qualifiés pour enseigner cela.

J'ai signalé qu'une bonne part de l'entraînement réel consistait à savoir comment passer de l'action au non-agir, et à acquérir un certain niveau de calme et de stabilité de l'esprit. Nous utilisons souvent l'image selon laquelle l'esprit est comme la surface de l'eau. Quand soufflent des vents forts, elle peut être très agitée. Les gens pensent, à tort, qu'ils doivent forcer l'agitation à partir, comme s'ils pouvaient devenir calmes en posant un grand plateau en verre au-dessus des vagues. Mais vous pouvez tout aussi bien descendre trente ou soixante centimètres sous les vagues et laisser l'agitation là où elle est. En observant l'agitation, vous pouvez apprendre à vous mettre en contact avec le sentiment de calme qui est toujours là en vous. Vous n'avez pas à le provoquer, il est déjà présent. Le moyen consiste à apprendre comment entrer en contact avec lui en vous-même. L'esprit de la pratique est de ne pas en faire un but à atteindre.

Tout cela pour dire qu'aux États-Unis on pense à tort que la méditation est une technique ou un ensemble de techniques. Selon moi, la méditation est, au sens large, véritablement une manière d'être, une capacité à généraliser la qualité de l'attention. Plutôt que de vous livrer à une sorte de manipulation de l'attention à certains moments, vous acquérez une continuité de présence qui permet à la totalité de votre vie de devenir une expression de votre pratique méditative. Quoi qu'il se produise, inattendu ou attendu, que ce soit bien ou mal, on peut l'intégrer à la même qualité de présence, de non-attachement dépassionné et de vision claire. Ce n'est pas quelque chose que vous faites, c'est un non-faire.

LES TECHNIQUES DE MÉDITATION

Maintenant que j'ai dit que la méditation n'était pas une technique, je vais parler des trois grandes techniques formelles que nous enseignons. Toutes utilisent comme objet central de l'attention la respiration qui est la base de départ au niveau du corps.

L'une des trois techniques est l'exploration du corps. Comme beaucoup des gens viennent à nous avec des maux de dos et qu'un certain nombre d'entre eux sont âgés, se déplacent dans des chaises roulantes ou avec des béquilles, nous ne leur demandons pas de s'asseoir dans la posture du lotus complet. Ils ne reviendraient pas la séance suivante et pourraient comprendre à tort que la seule manière de méditer est de prendre la posture du lotus. Nous faisons donc allonger les gens, si possible sur le dos. Nous leur demandons de rester en contact avec leur respiration et de maintenir la conscience sur le souffle, en commençant au niveau de l'abdomen. À un certain point, ils déplacent leur conscience sur l'orteil du pied gauche. Ils essayent juste de diriger leur attention sur cette région du corps, puis de la relier à leur respiration. Lorsqu'ils inspirent, ils commencent par porter leur attention sur le nez et ils suivent la respiration qui descend jusqu'aux orteils du mieux qu'ils peuvent, dans leur mental. Puis ils suivent son retour. Quand elle remonte, il y a la sensation que le corps s'efface en devenant beaucoup plus transparent. À chaque fois qu'ils expirent, ils relâchent toutes les tensions qu'il peut y avoir dans cette région. Si elles s'écoulent vers l'extérieur, c'est bien, si elles ne sortent pas, c'est bien aussi. Ils ressentent les sensations, se focalisent dessus et respirent avec les sensations. Si les sensations sont fortes, ils notent qu'elles sont fortes. Si elles sont faibles, ils notent qu'elles sont faibles. Si elles sont neutres ou ne peuvent être ressenties, alors ils notent qu'ils ne peuvent les trouver. En d'autres termes, s'il n'y là aucune sensation, ils se branchent sur l'absence de sensation. Ils ne peuvent se tromper.

Puis ils font remonter leur conscience dans la jambe gauche et progressivement à travers le corps entier, en profondeur comme en surface. C'est un long voyage qui prend environ quarante-cinq minutes, et à chaque instant, ils perçoivent et laissent aller, perçoivent et laissent aller, encore et encore. Ils font cela six jours par semaine pendant deux semaines, quarante-cinq minutes chaque jour.

Tous ces gens ont de graves problèmes de santé et de fortes émotions associées aux zones de leur corps qui sont atteintes. Tandis qu'ils font cette exploration du corps, ils apprennent à accepter l'expérience brute de chaque zone, y compris celle où réside le problème. Ils apprennent à accepter cette expérience dans l'instant, et lâchent prise à cette expérience quand ils se dirigent vers une autre région. Beaucoup de gens n'ont jamais fait l'expérience profonde de se trouver à l'aise à l'intérieur de leur corps depuis leur enfance. Une des premières choses qui se produisent, bien évidemment, est que les gens deviennent très relaxés et s'endorment. Beaucoup ne vont pas plus loin que l'orteil gauche ou peut-être le genou. Mais une fois qu'ils ont appris à ne pas s'endormir mais à demeurer pleinement conscients dans une pleine appréciation du corps, ils racontent souvent de profondes expériences de relaxation qu'ils n'ont jamais eues auparavant. C'est une des raisons pour lesquelles nous utilisons l'exploration du corps. Les gens sont très occupés parce qu'ils sont toujours en train de faire quelque chose : leur esprit demeure affairé.

LE DALAÏ LAMA : Il existe une pratique parallèle dans le *Guhyasamaja-tantra,* que l'on appelle la Récitation du Vajra. Mais cette pratique implique la visualisation des canaux, alors que dans celle que vous décrivez, il n'y a aucune visualisation. Il est dit qu'à l'aide de la Récitation du Vajra, des méditants expérimentés peuvent aussi se guérir de certaines maladies telles que des problèmes ophtalmiques.

JON KABAT-ZINN : Je pense que nous serions tous très intéressés d'en entendre davantage sur cette pratique.

LE DALAÏ LAMA : Mais pour pratiquer cela, vous devez recevoir l'initiation. [*rires*]

JON KABAT-ZINN : Après l'exploration du corps, la technique suivante que nous introduisons est la méditation assise.

Quand les gens commencent avec la conscience de la respiration, ils découvrent d'abord qu'il n'est pas facile de faire attention à la respiration. C'est comme un choc, mais c'est aussi une découverte très importante et très positive pour des gens ordinaires que de réaliser que l'esprit a sa propre vie. L'esprit ne reste pas nécessairement posé sur la respiration parce que la personne a décidé qu'il en serait ainsi. Une fois qu'il leur devient plus aisé de chevaucher les vagues de la respiration, sans jugement, instant après instant, nous élargissons le champ de conscience en y incluant le corps entier, sans l'explorer mais simplement en étant conscient du corps comme d'une totalité. S'il y a une très forte sensation de souffrance, ou une souffrance émotionnelle emmagasinée dans une région particulière, ils peuvent choisir de se focaliser dessus. Si aucune région ne domine ou ne demande de l'attention, alors ils se concentrent sur l'expérience du corps en tant que globalité et, quand c'est possible, sur le sentiment qu'il est complet — qu'ils n'ont pas besoin à cet instant d'y rajouter quelque chose ni de le contrôler. Il est bien tel qu'il est.

Il est très important de souligner ici une notion sous-jacente à l'idée de la santé et de la maladie. Les concepts de bonne santé et de maladie sont un peu comme ceux d'esprit et de corps. Nous ne savons pas vraiment ce que nous voulons dire par bonne santé. La plupart des recherches en Occident ont porté sur la maladie ; il n'existe pas de fonds destinés à la recherche sur la bonne santé. Nous pourrions penser que la bonne santé est l'absence de maladie, mais ce n'est pas très clair, car il existe évidemment des niveaux de santé. La bonne santé que l'on à vingt ans n'est pas celle que l'on a à soixante-dix ans. La santé doit aussi inclure la maladie. Par exemple, il se peut que des mères souhaitent que leurs enfants attrapent la rougeole pour s'immuniser contre cette maladie. La maladie peut aussi évoluer vers une meilleure santé, aussi s'agit-il d'un équilibre dynamique.

C'est un point de vue nouveau en Occident. Selon l'ancienne vue, la maladie est mauvaise, et si nous la supprimons, nous serons alors en bonne santé. Mais c'est bien plus compliqué que cela, notamment parce que beaucoup de maladies dont nous souffrons en Occident sont des maladies chroniques liées au mode de vie. Pour guérir, vous ne pouvez pas simplement entrer dans le corps et y remplacer toute la tuyauterie cassée. Beaucoup de gens aimeraient bien cela, parce qu'ils gagnent beaucoup d'argent avec ces opérations. Les pontages, par exemple, sont des opérations très coûteuses, mais elles contournent aussi le problème. Les artères sont obstruées pour des raisons biologiques ; si vous ôtez le blocage et mettez à la place un tube neuf sans changer les raisons fondamentales de la maladie, vous n'avez rien guéri du tout. Pourtant, il est maintenant prouvé en médecine comportementale qu'une combinaison de méditation, de yoga, d'exercices et de régime végétarien peut venir à bout de maladies de cœur très graves. Les artères coronaires qui étaient obstruées commencent à s'ouvrir, sans médicaments ni chirurgie, et davantage de sang parvient au cœur. La capacité de l'esprit à changer notre mode de vie est extrêmement puissante.

Après avoir enseigné l'exploration du corps et introduit la méditation assise, nous élargissons le champ de la méditation assise à la concentration sur un objet autre que le corps. Un son, ou des sensations, ou le courant des pensées, sont d'excellents objets pour la méditation. Si vous observez une pensée, elle a sa vie propre. Quand elle se dissout, vous continuez simplement d'observer, sans suivre l'enchaînement des pensées. Nous encourageons les gens à observer des pensées en tant qu'objet principal dans la méditation, sur de courtes périodes de temps. Il est très ardu pour des débutants d'être conscient que les pensées sont comme autant d'événements qui ne font qu'apparaître par vagues dans le champ de la conscience.

Nous achevons la méditation assise par une technique appelée "la conscience sans alternative", qui est véritablement une méditation sans forme, dépourvue d'objet, une simple et pure présence. C'est très difficile. Nous n'attendons pas des gens qu'ils fassent cela pendant de longues périodes, mais nous l'insérons juste brièvement pour donner le sentiment qu'il est possible de passer d'un objet très spécifique à un champ plus vaste. Par exemple, nous pouvons développer la souplesse en passant d'une observation claire et dépassionnée des pensées à la conscience des sensations et en discernant qu'il ne s'agit pas de la même chose.

Nous faisons aussi du hatha-yoga, qui est un merveilleux

système pour renforcer et conditionner le corps entier et pour développer la souplesse et l'harmonie dans le corps. Le yoga, comme vous le savez, signifie différentes choses pour différentes personnes. Très souvent, on l'utilise sans sagesse aucune, par avidité ou narcissisme. Nous enseignons le hatha-yoga avec l'attention, de sorte qu'il s'agit d'une forme de méditation bouddhiste sans bouddhisme. Une grande partie des gens qui viennent nous voir n'ont jamais utilisé leur corps. Ils conduisent des voitures tout le temps et mènent une vie très sédentaire sans faire beaucoup d'exercice. Les thérapeutes corporels ont un dicton : «Si vous ne l'utilisez pas, vous le perdez». Ce qui s'applique non seulement aux muscles, mais aussi aux vaisseaux sanguins, aux articulations, etc. Le mouvement est très, très bon pour les gens. Nous voulons donc apprendre aux gens à être attentifs à leur corps non seulement dans l'immobilité, mais aussi dans le mouvement, ce qui requiert des formes de méditation qui comportent des mouvement accomplis en pleine conscience. Le hatha-yoga est excellent à cet égard.

L'ANXIÉTÉ : À LA FOIS PHYSIQUE ET MENTALE

J'ai fait une étude en collaboration avec Dan Goleman qui a élaboré un questionnaire sur l'Anxiété Somatique et Cognitive pour évaluer l'anxiété. C'est une façon de déterminer si les gens se sentent davantage anxieux dans leur esprit ou dans leur corps. Par exemple, certaines personnes se sentent nerveuses comme si elles avaient des papillons dans l'estomac ou ont un sentiment de peur dans le corps, tandis que d'autres réagissent mentalement par des pensées anxieuses. Nous avons remarqué que certaines d'entre elles aimaient l'exploration du corps mais détestaient la méditation assise. D'autres aimaient le yoga mais détestaient l'exploration du corps. Une fois que les gens eurent appris la méditation assise, l'exploration du corps et le yoga, nous leur demandâmes leur appréciation de chaque technique sur une échelle de un à cent. La méditation assise est la plus psychique de ces techniques, parce qu'on y observe simplement l'esprit sans faire quoi que ce soit avec le corps. L'exploration du corps est plus physique : vous vous déplacez mentalement dans le corps en l'explorant. Le yoga est la technique la plus physique parce que vous bougez vraiment. Les gens dont l'anxiété est la plus mentale et la moins physique aiment mieux le yoga. Ils aiment se concentrer sur le corps et cela les aide parce qu'ils sont habituellement trop cérébraux. En moyenne, ils aiment un peu moins l'exploration du corps et la méditation assise encore moins, bien qu'ils les apprécient tout de même beaucoup. Les gens qui ressentent une anxiété plus corporelle que cérébrale préfèrent la méditation assise au yoga.

C'est ainsi que nous avons compris pourquoi certaines personnes préféraient une technique. C'est l'une des raisons pour lesquelles nous utilisons différentes techniques méditatives : parvenir à ce que le maximum de gens possible aiment au moins l'une d'entre elles. Idéalement, nous voulons enseigner aux gens une méthode qu'ils aimeront, parce que s'ils ne l'aiment pas, ils ne l'appliquerons pas vraiment. Peu importe leur préférence, nous leur faisons de toute façon faire toutes les techniques, car il y a certaines choses qu'ils apprendront de l'une, qu'ils ne pourraient pas apprendre d'une autre. Parfois, vous devez faire des choses que vous n'aimez pas mais qui peuvent être bonnes pour vous.

Nous enseignons aussi quelques pratiques d'attention informelles. Ce ne sont pas tant des techniques que des manières d'être. Nous voulons que se développe une conscience instant après instant qui imprègne tous les aspects de la vie et nous insistons donc sur l'attention à la respiration durant la journée entière. De même, la première chose que nous faisons pour présenter la méditation aux gens dans la première classe n'est pas l'exploration du corps ou la respiration, mais une méditation en mangeant. Il s'agit d'une tradition theravada que j'ai apprise de mes maîtres en *Vipassana*. Nous détachons trois grains de raisin et les mangeons un par un, cinq minutes par grain, avec une pleine conscience : le voir, le prendre, le goûter, le mettre sur la langue, l'amener dans la bouche, le mordre et sentir l'explosion du goût. Vous pouvez sans doute le goûter à cet instant même, simplement en l'imaginant. L'acte de manger est l'une des choses que les Occidentaux font avec le moins d'attention. Beaucoup de nos patients ont des problèmes de poids. Ils mangent parce qu'ils sont anxieux ou déprimés, pour des raisons émotives — non point parce que le corps a faim, mais parce que l'esprit est affamé. Cette façon de manger par avidité n'est jamais satisfaisante, et ne développe aucune sagesse. En ramenant l'attention sur l'acte de manger, nous essayons de développer une façon de voir entièrement nouvelle.

Nous enseignons également la méditation debout. Lorsque vous attendez le bus, par exemple, pourquoi ne pas être simplement conscient d'être debout : la sensation des pieds en contact avec le sol, le corps, la respiration, etc. La fois suivante, lorsque vous êtes debout dans une longue file d'attente, au lieu de vous impatienter, revenez simplement à votre méditation debout. La même chose vaut pour la marche et les autres activités routinières. Vous faites la méditation en-lavant-la-vaisselle, la méditation en-vidant-la-poubelle, la méditation en-faisant-le-ménage, la méditation en-prenant-une douche. La méditation de la juste parole comprend l'attention à la conversation présente : le ton de la voix, la distance de l'autre personne, l'écoute, etc.

Dans la troisième semaine du programme, nous orientons

les gens vers des événements agréables. Là encore, du fait que nous sommes des maîtres de l'inattention, lorsque nous avons des sensations agréables, il nous arrive souvent de ne même pas les remarquer, alors que nous sommes très forts pour remarquer les sensations désagréables. L'un des devoirs à faire à la maison consiste à noter un événement plaisant chaque jour pendant une semaine, et d'être vraiment là quand il se produit. S'ils oublient d'être là, ils peuvent se le rappeler plus tard, mais idéalement, ils devraient y être pleinement attentifs dans l'instant présent, en étant conscients des sensations dans le corps, des pensées dans l'esprit, des sentiments suscités et des actions qui s'ensuivent.

L'ATTENTION DANS DES SITUATIONS DE DÉFI

La semaine suivante, nous les orientons vers le stress et les événements désagréables. Nous nous concentrons sur le fait de percevoir les éléments stressants — les choses qui dans la vie provoquent un stress — tout en gardant l'attention au corps, aux pensées, aux sensations et aux actions. Vous en devenez simplement conscient, sans avoir à faire quoi que ce soit à leur propos. Admettons que quelqu'un d'hostile ou de colérique provoque en vous une forte réaction. Vous essayez de porter une conscience instant après instant sur la totalité de l'échange sans réagir. Bien sûr, les premières fois, vous réagissez. Pourtant, lorsque les gens développent davantage de stabilité et de calme dans la pratique formelle de méditation, ils commencent à raconter qu'ils se trouvent spontanément plus calmes dans des situations qui d'ordinaire les perturbent beaucoup. Au lieu de réagir, ils développent davantage de réponses attentives. La continuité de la conscience les protège des réactions de stress, ce qui peut devenir une technique très utile pour les gens atteints de maladies coronariennes graves. Nous voyons beaucoup de gens à la clinique à qui on a dit : «Si vous n'apprenez pas à maîtriser le stress, la prochaine fois que vous aurez une attaque cardiaque, vous y passerez». Il est capital pour eux d'éviter toute réaction forte de type "se battre ou fuir" qui augmente leur tension artérielle.

Une partie de ce que nous enseignons aux gens vise à les aider à changer leur vision des choses. Si nous courons constamment dans tous les sens en branchant le pilote automatique, nous avons très peu conscience des choses qui sont les plus importantes pour nous. Par exemple, beaucoup de gens entre cinquante et soixante ans se sentent tristes parce lorsque leurs enfants étaient petits, ils ne leur prêtaient pas attention du fond du cœur. Ils étaient trop occupés à travailler, ou bien traitaient leurs enfants de la manière dont ils avaient eux-mêmes été traités, oubliant combien cela avait été douloureux pour eux. La manière dont nous élevons nos enfants est peut-être une des raisons de notre piètre estime de nous-mêmes, bien que je me garde de vouloir trop simplifier.

Pour signifier aux patients que nous voulons mettre en cause ou élargir la manière dont ils voient les choses, nous leur donnons un casse-tête à travailler à la maison la première semaine. On y voit trois rangs de trois points chacun, et le jeu consiste à relier les neuf points avec quatre lignes droites sans lever le crayon ou sans rien retracer. Beaucoup sont excédés par ce jeu et en éprouvent beaucoup de stress. Parfois, ils se battent avec toute la semaine. Quand ils ne peuvent pas le résoudre, ils deviennent fréquemment très critiques et irrités. Ils accusent le problème ou se blâment eux-mêmes et se sentent honteux. Là n'est pas du tout notre motivation quand nous leur faisons faire cela.

L'esprit a une manière de voir ce qu'il croit être le problème et souvent, il ne s'agit pas du problème dans sa totalité. Il voit les neuf points comme un carré et ne perçoit plus le contexte du problème. Le système nerveux, l'appareil visuel dans son ensemble et nos habitudes de pensée nous plongent très rapidement dedans, et nous ne cessons de nous demander quel est le contexte entier du problème. Une fois que nous avons ouvert le champ de l'attention ou de la conscience, de nouvelles options et de nouvelles solutions deviennent possibles. Même si nous n'y réussissons pas, il n'est plus nécessaire de nous le reprocher.

C'est important pour résoudre un problème. Si vous avez un caractère très fort, vous persévérez sur le problème jusqu'à ce que vous soyez coincé. Mais très souvent, la solution vient d'une conscience pénétrante et d'un regard frais. C'est une forme de créativité scientifique. Après avoir considéré le problème un moment, vous le laissez simplement tomber et alors une nouvelle perspective se fait jour dans un champ plus large de possibilités.

L'HISTOIRE D'UN CAS

Je veux vous parler des résultats de la clinique pour une patiente, une femme qui avait cinquante-cinq ans lorsqu'elle vint nous voir. Elle est morte il y a quelques années d'un lupus, une maladie auto-immune où le système immunitaire attaque des parties du corps, mais elle nous avait été adressée par son cardiologue parce qu'elle avait une maladie cardiaque grave. Elle avait subi une opération de pontage sur une artère, mais deux autres artères principales du cœur étaient inopérables. Elle souffrait également d'une hypertension artérielle et d'arthrite, et elle était allergique à de nombreux médicaments.

Elle devait souvent se rendre à l'hôpital à cause de son lupus, qui est un problème très difficile à traiter. Parfois, son visage et son corps enflaient au point d'en être méconnaissables à cause des très puissants corticoïdes et des autres médicaments qu'elle devait prendre. Souvent, les médecins ne lui disaient pas quand elle pourrait sortir de l'hôpital, ce qui lui causait beaucoup de tourments et de tristesse. Elle pouvait y entrer avant Thanksgiving (fin novembre) et s'y trouver encore à Noël. Elle finit par pouvoir utiliser la méditation pour atteindre un point de profonde équanimité où elle était en paix avec sa maladie.

Sa tension, qui était très forte au moment de son opération de pontage, chuta durant le cours du programme de réduction du stress et demeura ensuite plus basse. Nous l'avons suivie un certain nombre d'années après, et sa tension restait basse au point qu'elle devint finalement capable d'arrêter les médicaments et de régler complètement sa tension en utilisant ces techniques. Quand elle commença le programme, elle avait également un sommeil très perturbé. Plus tard, après huit ou neuf semaines, elle commença à dormir mieux.

Cette femme eut une expérience tandis qu'elle procédait à l'exploration du corps chez elle. Après deux semaines de cours, elle m'avait dit en classe qu'elle n'avait aucun problème pour parcourir le corps jusqu'au niveau du cou, mais qu'à ce point, elle se sentait bloquée et ne pouvaient progresser jusqu'à la tête. Je lui dit de ne pas se tracasser, de juste parcourir les épaules et de passer autour du cou par l'extérieur du corps. Elle essaya et réussit à contourner le blocage et à aller jusqu'au sommet de la tête.

C'est au cours de la méditation d'exploration du corps suivante, qu'elle entendit le mot "organes génitaux" sur la cassette. Elle avait utilisé la cassette pendant deux semaines et n'avait jamais entendu le mot. Il figure dans la cassette qu'elle avait jouée encore et encore, mais elle l'avait censuré sélectivement. Les psychologues cognitifs pensent qu'en fait nous créons en permanence notre réalité en filtrant sélectivement les informations extérieures comme les informations intérieures. Elle n'avait donc pas entendu ce mot jusqu'à ce jour.

Quand elle l'eut entendu, cela provoqua le rappel d'une expérience qu'elle avait complètement refoulée. Elle se rappela que son père avait régulièrement abusé d'elle quand elle avait entre quatre et neuf ans. Elle avait réprimé ce souvenir. C'était une femme de cinquante-cinq ans qui avait eu cinq enfants et suivait une thérapie depuis déjà dix ans, mais elle n'avait jamais effleuré ce sujet. Pour une raison quelconque, l'exploration du corps avait ravivé cette mémoire. Après cela, elle eut le souvenir clair d'une autre scène. Elle avait neuf ans quand son père mourut alors qu'elle était avec lui dans le salon de leur maison. Il eut une attaque cardiaque et s'écroula sur le sol. Elle fut si effrayée qu'elle se recroquevilla dans un coin. Vous pouvez imaginer ses sentiments mêlés, parce qu'elle aimait son père et qu'il était en même temps son persécuteur. Sa mère arriva un peu plus tard et lui reprocha la mort de son père parce qu'elle n'était pas venue la chercher. Elle prit un balai et battit violemment l'enfant dans la région de la tête et du cou.

Tel est le genre de souffrance, je crois, que quantité de gens portent en eux. Beaucoup de ceux que nous avons vus ont éprouvé dans leur enfance des expériences si profondément douloureuses que la seule façon de les traiter était de les stopper. Maintenant, quarante ans plus tard, nous pouvons beaucoup mieux reconnaître ces problèmes, et nous apprenons aux enfants à demander de l'aide dans ces situations, mais à cette époque, on n'en parlait jamais.

Quand elle eut ce souvenir fulgurant, elle m'appela, m'écrivit une lettre et vint à l'hôpital, le tout dans la même journée. C'était une expérience très importante pour elle. Elle intensifia ses séances de psychothérapie à la suite de cela et rejoignit dans le processus un groupe de victimes de l'inceste.

Elle poursuivit la pratique de la méditation et atteignit plus tard un point où elle put apprécier l'expérience entière. Ce fut pour elle une découverte incroyable suivie d'une libération. Quand je la rencontrai pour la première fois, son dossier médical était un tas de papiers de près d'un mètre de haut. Elle avait une maladie de cœur, de la tension, de l'arthrite, le lupus, des allergies et toutes sortes de problèmes musculo-osseux. J'ai la forte conviction, et beaucoup de preuves y concourent, que lorsque l'on réprime ce genre de souffrance dans l'enfance, cela déséquilibre l'harmonie interne du corps — ce qui dérègle le corps à un niveau profond — et cela s'extériorise sous la forme de maladies.

C'est l'histoire d'une personne parmi des centaines de patients. Tous n'ont pas l'expérience de souvenirs aussi dramatiques, mais quand les huit semaines se sont écoulées, la majorité d'entre eux ressentent qu'ils ont été en contact avec quelque chose de profond en eux, quelque chose qu'ils n'avaient jamais reconnu jusqu'alors, et ils s'en sentent extrêmement bien. Ils disent souvent que cela les met en contact avec des sentiments qu'ils n'ont jamais eus depuis l'enfance, et qu'ils ont un sentiment d'appartenance, ou que leur vie est davantage la leur.

Quand nous avons commencé ce programme, nous nous sommes demandés si les Américains moyens accepteraient au moins de pratiquer la méditation sous n'importe quelle forme, et nous ne savions pas si les lancer dans le yoga ne rendrait pas l'entreprise encore plus folle à leurs yeux. Après plus de quinze ans, la réponse est que non seulement la majorité des Américains acceptent de la pratiquer avec discipline au moins pendant huit semaines, mais qu'ils l'apprécient effectivement.

LES EFFETS MÉDICAUX DE LA MÉDITATION ATTENTIVE

À présent, j'aimerais parcourir très brièvement quelques résultats du programme de réduction du stress. Nous avons fait une étude sur une période de deux ans concernant près de mille deux cents personnes qui furent adressées à notre clinique par leur médecin. D'abord, nous voulions savoir combien de gens suivaient réellement le cours et combien abandonnaient, parce que c'est une évaluation de la qualité d'un protocole. Sur les 1155 patients qui nous ont été adressés en deux ans, nous avons eu des entrevues préliminaires avec 75% d'entre eux. Les autres n'ont pas voulu venir pour une raison ou une autre, ou nous n'avons pu les contacter. Sur les gens que nous avons vus, 90% se sont engagés dans le programme. Parmi ceux qui s'y sont engagé, 92% l'ont effectivement commencé. Et parmi ces derniers, 86% l'ont achevé. Ce sont vraiment d'excellents résultats, d'autant plus que nous travaillons vraiment dur avec ces gens. Nous disons que c'est stressant de faire le programme de réduction du stress, parce que c'est un grand changement dans le mode de vie que de ne rien faire quarante-cinq minutes par jour. Nous devons vraiment proposer quelque chose qu'ils apprécient, sinon ils ne restent pas.

Pour situer le contexte, le taux habituel de patients qui continuent à voir le même médecin est de 25%. Il est notoire que l'on n'aime guère fréquenter les médecins, et c'est donc demander beaucoup à des gens que de suivre un programme où ils doivent pratiquer quarante-cinq minutes par jour, six jours sur sept, et de passer en plus le restant de leur journée en pratique consciente informelle. Nous leur demandons beaucoup et nous obtenons beaucoup d'eux, et je pense qu'ils apprécient cette exigence.

Si nous prenons tous les gens qui nous ont été adressés sur

une période de temps avec leurs problèmes douloureux divers, et que nous considérions le nombre de symptômes médicaux qu'ils ont signalés, nous trouvons une réduction de 25% du nombre de ceux-ci au bout des huit semaines du cours. Si nous considérons les symptômes psychologiques tels que la colère, l'anxiété, la dépression et la somatisation, ou encore le fait d'imaginer le corps en plus piteux état qu'il ne l'est, nous constatons une réduction de 32% du nombre de symptômes au bout des huit semaines. Ces gens avaient eu ces problèmes de douleur pendant huit ans en moyenne et n'avaient jusqu'ici jamais réussi à les contrôler.

Nous voulions aussi déterminer s'ils avaient changé à un niveau plus fondamental. Presque n'importe quoi peut réduire des symptômes pendant une courte période. Je pourrais me lever et commencer à danser, et leurs symptômes pourraient bien disparaître un instant ; ou ils pourraient se sentir un peu mieux simplement en parlant ensemble. Nous voulions savoir si quelque chose de plus profond s'était produit et nous avons mesuré les facteurs de personnalité qui sont censés accroître la résistance au stress, ces perspectives qui rendent les gens capables de faire face au stress. Comme pour ces moines que vous avez mentionnés : leur vision intérieure du monde leur a permis de survivre à l'incarcération et à des conditions très dures avec relativement peu de cicatrices psychologiques profondes. Quelqu'un d'autre ayant vécu les mêmes expériences sans ces facteurs psychologiques pourrait bien ne pas y survivre du tout, ou être trop atteint pour mener une vie quotidienne normale. On élabora certaines de ces mesures en étudiant les survivants des camps de concentration nazis. La compassion est l'un de ces facteurs. Le sens de la cohérence en est un autre, qui signifie qu'à un certain niveau, vous avez la conviction très forte de comprendre ce qui vous arrive, aussi horrible que cela puisse être. Cette conviction est liée à l'efficacité personnelle : vous croyez que vous pouvez d'une certaine façon supporter cela et trouver un sens dans l'expérience. Il existe des structures profondes de personnalité qui ne sont pas censées changer, en tout cas pas en huit semaines. Mais nous avons trouvé que le niveau moyen sur l'échelle du sens de la cohérence pour nos patients avait augmenté de 7% durant le programme, ce qui peut ne pas sembler beaucoup, mais que les chercheurs en psychologie de la personnalité trouvent être un changement énorme. Ainsi, non seulement les symptômes diminuaient, mais il y avait aussi des changements réels quant aux facteurs psychologiques plus profonds.

On trouva une augmentation semblable dans ce qu'on appelle la mesure de la résistance au stress, qui comprend trois éléments : un sens du contrôle, l'intérêt pour la vivacité de l'expérience quotidienne et la capacité de traiter le changement comme un défi. Pour beaucoup de gens, le changement est un très grand stress. Au moment même où vous vous sentez à l'aise, les choses changent et vous ne savez plus où vous êtes. Si vous apprenez à comprendre l'impermanence et à vous glisser plus consciemment dans le flot du changement, vous pouvez alors le considérer comme un défi et plus nécessairement comme un obstacle. À nouveau, le résultat montra un changement à hauteur de 6%. C'est une preuve préliminaire qui suggère une mobilisation majeure au sein de la structure profonde de l'esprit. Nous aurions aimé faire des études bien plus sophistiquées, comme celles dont je vais vous parler, pour déterminer si ces éléments sont réellement importants. Mais nos résultats suggèrent que des changements majeurs surviennent chez ces patients, pas seulement pour cequi est de leur douleur physique et de leurs problèmes psychologiques, mais aussi quant à l'approfondissement de leur manière de considérer l'existence. Ceci nous renvoie en quelque sorte au casse-tête des neuf points. Quelque chose change dans leur relation au monde. Ils se sentent plus reliés, plus complets, et davantage capables de s'exprimer et de travailler avec leur douleur sans laisser celle-ci miner ou endommager leur sens vital.

Une autre mesure, celle de la motivation unitaire — un sens d'appartenance et de liaison — révèle des progrès semblables. Nous l'avons mesurée d'une manière différente afin de diminuer les chances d'avoir le même genre de parti pris qu'avec les autres mesures. Plutôt que d'utiliser un questionnaire, les gens écrivent une histoire en réponse à une image. Les psychologues analysent l'histoire dans le sens particulier de la motivation qui reflète un sentiment profond d'unité. Dans un groupe de contrôle constitué de gens qui avaient été étudiés sur une période de huit semaines avant de commencer l'entraînement à la méditation, les mesures de la motivation unitaire ne révélèrent aucun changement. On constata au contraire une augmentation considérable du sentiment unitaire chez eux lorsqu'ils eurent accompli l'entraînement méditatif. Cette mesure psychologique sophistiquée et quelques autres, telles que la confiance dans l'affiliation (à un groupe), ont été rapprochées des changements immunologiques positifs enregistrés dans d'autres études que nous avons faites avec le Docteur David McClelland à l'Université d'Harvard.

LA GÉNÉRALISATION DES EFFETS DE LA MÉDITATION ATTENTIVE

À chaque fois que nous faisons le programme, nous obtenons les mêmes résultats. Entre le début et la fin du programme, il y a une forte réduction du nombre de symptômes tant médicaux que psychologiques tels que l'anxiété, la colère, l'hostilité et la somatisation. Dans les études de suivi des patients qui avaient accompli l'entraînement méditatif, le nombre de symptômes resta bas tout au long des quatre années suivantes, ce qui nous encourage à penser que l'amélioration est durable. Nous les avons questionnés avec insistance sur leur pratique de la méditation : s'ils méditaient toujours, avec quelle intensité, combien de temps, avec quelles techniques, s'ils faisaient les pratiques informelles telles que l'attention dans la vie quotidienne, etc. 93% d'entre eux nous ont dit que quatre ans après ils faisaient encore quelque chose de ce qu'ils avaient appris dans le programme. 45% continuent de pratiquer la méditation formelle quotidiennement pendant au moins un quart d'heure, ou au moins trois fois par semaine. Quatre ans ont ainsi passé sans soutien extérieur.

Pour ce qui est de la réaction à l'entraînement, on constate une grande différence entre les hommes et les femmes quand ils viennent pour des problèmes de douleur chronique. Plus de femmes que d'hommes réagissent positivement, ce qui peut être en rapport avec des problèmes liés au travail. Les femmes sont peut-être plus motivées que les hommes pour la guérison. Cependant, il n'en va pas ainsi avec les patients qui ont des problèmes autres que la douleur, comme une maladie cardiaque liée au stress ou un cancer. Le fait que les femmes réagissent mieux que les hommes semble particulier aux problèmes douloureux. En ce qui concerne la douleur, les résultats montrent que la fréquence et la gravité de la douleur, le nombre de symptômes médicaux et la détresse psychologique vont en diminuant. Quant aux mesures de la personnalité concernant la résistance au stress et le sens de la cohérence, elles s'améliorent.

Si nous considérons les diagnostics des maladies individuelles, nous voyons le même genre de changements dus à l'entraînement à la méditation : une réduction de 40 à 45% des symptômes médicaux, une réduction semblable sinon plus grande de la détresse psychologique, et une augmentation de 4 à 8% des éléments de personnalité qui protègent du stress. Les maladies cardiaques, la tension artérielle élevée et les problèmes digestifs suivent un schéma semblable, ce qui indique que le schéma est indépendant du diagnostic. Plus de 80% des gens montrent un certain degré de réduction des symptômes physiques et psychologiques. Tout le monde ne répond pas favorablement à la méditation. Les 15 ou 20% qui n'établissent pas de liens corrects avec la méditation ne comprennent pas ce qui arrive et se demandent pourquoi nous ne les soignons pas.

Il est très difficile d'avoir un groupe de contrôle adéquat quand on dirige une clinique, mais il arrive que l'on fasse des comparaisons avec des patients d'autres cliniques qui passent par un processus semblable. C'est ainsi qu'après un certain nombre d'études de contrôle nous avons trouvé que d'autres cliniques utilisant des interventions médicales n'obtenaient pas d'aussi bons résultats avec des patients semblables souffrant du même genre de douleurs. Le fait de mobiliser l'esprit en plus des traitements médicaux, donne de meilleurs résultats que le traitement médical seul.

L'ATTENTION ET LE TRAITEMENT DE DÉSORDRES SPÉCIFIQUES

Nous avons fait une étude particulière en collaboration avec le département de psychiatrie. Quelques personnes souffrent de crises spontanées de panique qui ne sont provoquées par aucun élément de l'environnement extérieur. C'est un syndrome clinique bien connu : ces personnes perdent complètement le contrôle et sont très effrayées ; leur rythme cardiaque et leur tension grimpent ; elles peuvent penser qu'elles ont une attaque cardiaque ou rester un moment à respirer avec peine. Nous voulions savoir comment ces gens atteints de panique chronique réagissaient à la méditation (La plupart de nos patients ne nous sont pas adressés par la psychiatrie mais par la médecine générale ou des spécialités médicales diverses). Nous voulions qu'un autre groupe de gens teste nos patients pour éviter tout parti pris. Ce sont donc nos collègues psychiatres qui ont testé ces gens. Les taux d'anxiété pour ces patients partirent d'un niveau élevé puis commencèrent à descendre quand le programme débuta. Il y eut un léger sursaut aux environs de la sixième semaine lorsque nous eûmes notre séance d'un jour complet, les gens ayant très peur de se trouver dans une pièce pendant huit heures sans parler, puis cela diminua à nouveau. Nous les avons suivis trois mois après la fin du programme, et leur degré d'anxiété tendait à rester bas. Ces résultats furent obtenus sans médicaments. Ils sont aussi bons, sinon meilleurs, que les résultats obtenus avec des gens à qui l'on a prescrit des médicaments contre les troubles de panique avérée. L'anxiété et la panique vont souvent de pair avec la dépression, et nous constatons exactement le même schéma pour la dépression.

Après des années, beaucoup de médecins se sont intéressés de près à la méditation, et nous avons travaillé avec différents spécialistes, y compris des pneumologues. Il est très agréable d'avoir des pneumologues qui collaborent avec la clinique de méditation et d'observer la respiration de deux manières différentes. La bronchite chronique est un problème très courant aux USA, presque entièrement provoqué par la tabagie, et dans quelques cas, par l'inhalation de produits toxiques dans le milieu professionnel. Les gens perdent l'élasticité des poumons et ne peuvent plus bien respirer. La brièveté de la respiration peut à son tour provoquer agitation et panique. Dans le programme de rééducation pulmonaire nous entraînons les gens à être attentifs. Nous leur apprenons à être mieux disposés envers leur respiration durant la méditation quotidienne, et ils commencent à réaliser qu'ils n'ont pas à paniquer quand ils traversent un épisode de respiration courte. Il en résulte que leur expérience de respiration courte diminue en fréquence et en gravité, et que la confiance dans leur capacité de contrôle s'accroît, ce qui mène à d'autres améliorations. L'entraînement méditatif et l'attention sont devenus la clé de voûte de cette clinique de rééducation pulmonaire.

Nous travaillons également avec une clinique de dermatologie. Il existe une maladie de peau répandue appelée psoriasis. D'origine génétique encore mal connue, elle empire avec le stress. Les cellules de la peau grandissent trop vite et la peau devient écailleuse par endroits, ce qui peut s'étendre au corps entier. Dans le traitement, on doit se tenir debout les yeux bandés dans une boîte qui ressemble à une cabine téléphonique, reliée à des ampoules de lumière ultraviolette. La lumière ultraviolette empêche la division cellulaire et ralentit leur croissance. Puisque les patients restaient debout pour un moment, nous nous sommes dit que nous pourrions leur apprendre à méditer debout. Nous avons pensé qu'ils pourraient guérir plus rapidement si nous prenions en compte le facteur mental. La rapidité de guérison compte beaucoup, car l'exposition aux ultraviolets augmente les risques du cancer de la peau. Nous leur avons fait écouter une cassette par l'intermédiaire d'un casque auditif alors qu'ils se tenaient sous la lumière sans habits, visualisant la lumière qui frappe la peau et les cellules qui ralentissent leur croissance.

Nous avons comparé deux groupes, celui des gens qui ont reçu seulement le traitement médical habituel et celui des gens qui firent la méditation en plus du traitement. Les courbes montrent que parmi ceux qui recevaient seulement le traitement, aucun n'a guéri complètement. Pour la plupart, cela prit quarante semaines pour que les symptômes régressent de moitié. Les statistiques montrent avec éloquence, même dans cette petite étude, que les méditants s'en débarrassent plus vite que les non-méditants.

Dans un traitement plus puissant, on emploie un médicament par voie orale en combinaison avec le traitement par ultraviolets. Dans une autre étude, encore une fois d'un petit groupe, tous les méditants se débarrassèrent des symptômes en trente semaines, plus vite que les non-méditants. Je dois souligner que cela ne prouve rien, mais suggère que l'esprit peut jouer un rôle dans ce processus de guérison. Nous collaborons à présent avec d'autres centres qui ont beaucoup plus de patients atteints de psoriasis, et introduisons la méditation dans leurs cliniques dermatologiques. Il est trop tôt pour se prononcer à coup sûr, mais si cela s'avère, nous pourrions nous livrer à certaines études fort intéressantes. Nous pourrions utiliser de la lumière sans longueurs d'onde ultraviolettes pour étudier les effets de l'esprit seul. Nous pourrions aussi étudier le rôle du système immunitaire dans le psoriasis, et les effets de l'esprit sur le facteur de croissance de l'épiderme et sur d'autres systèmes de contrôle des gènes dans la peau. Voilà un dispositif expérimental très intéressant qui prend clairement en compte la méditation.

Les gens qui passent par notre clinique de méditation ont tendance à poursuivre leur pratique longtemps après. Parfois, ils continuent à pratiquer même lorsqu'il ne vont pas mieux. Nous avons suivi quelques patients qui n'ont éprouvé aucune diminution de la douleur, et cependant, beaucoup d'entre eux continuaient à méditer trois ans après. Quand nous leur avons demandé pourquoi, ils ont dit qu'avec la méditation, ils apprenaient des choses qui, d'une certaine façon, les aidaient à vivre avec la souffrance. Là aussi, nous faisons d'une pierre deux coups. Si la douleur diminue, c'est merveilleux ; mais essayer de faire que la douleur diminue est contre-productif. Quand les gens commencent le programme, nous leur disons de laisser leurs attentes à la porte et de simplement rester focalisés sur l'attention instant après instant, en regardant profondément en eux. Nous constatons de grandes améliorations, mais, très souvent, la chose la plus importante que les gens retiennent du programme, n'est pas ce pour quoi ils étaient venus. Ils trouvent quelque chose de plus profond.

Quand nous leur demandons ce qu'ils ont trouvé dans le programme d'entraînement méditatif, ils mentionnent deux choses. L'une, je trouve, est très drôle : ils disent : «La respiration». Je demande alors : «Que voulez-vous dire ? Vous respiriez depuis bien des années avant de commencer à méditer !» Ils expriment par là qu'ils ont une conscience toute nouvelle de la qualité spéciale de la respiration, liée à une plus grande sensibilité et à un éveil plus grand au corps entier. Avec la respiration, naît un sentiment de plus grande appréciation du miracle d'avoir un corps, même si ce dernier a une infirmité. Chaque respiration, chaque instant est un miracle et quand vous commencez à éprouver cela, la qualité de votre vie s'en trouve vitalisée parce que vous cessez de manquer, ou de traverser en courant, tant d'instants uniques. L'autre chose qu'ils mentionnent est : «J'ai appris que je ne suis pas mes pensées, et par extension, j'ai appris que je n'étais pas ma douleur ou ma souffrance.»

L'ATTENTION ET L'ENTRAÎNEMENT MÉDICAL

J'aimerais maintenant aborder la question de l'éducation médicale, pas seulement celle des étudiants en médecine, mais aussi celle des médecins. Les médecins subissent beaucoup de stress et ils font en sorte que les étudiants en médecine en subissent autant : «Nous avons appris la médecine d'une certaine façon, et vous devez donc l'apprendre de la même façon». L'éducation médicale n'est pas aussi bonne qu'elle pourrait l'être si elle encourageait les gens qui ont une base solide de compassion, d'empathie, d'humilité et d'équanimité. Les médecins doivent travailler avec des gens qui subissent les souffrances les pires qui soient, et cependant ils ne reçoivent aucun entraînement à cet égard. Nous avons commencé à entraîner des étudiants en médecine de façon à les aider à améliorer la communication et les échanges entre médecins et patients.

Nous leur enseignons à présent ces outils d'écoute parce que la relation médecin/patient est d'une extrême importance pour la guérison. Très souvent, le médecin peut faire plus avec son être qu'avec les médicaments. Les médecins ont donc vraiment besoin d'apprendre l'art médical de l'écoute intime, de la compassion et de la conscience. Quand ils sont diplômés de l'école de médecine, ils entendent habituellement un discours sur la compassion, l'humilité et l'équanimité, mais personne ne leur apprend jamais à développer ces qualités.

Quand les étudiants arrivent, je suis la première personne qu'ils rencontrent dans leurs deux premiers jours à l'école de médecine. Je leur parle de la méditation et du rôle de l'esprit dans la santé et la maladie, et essaye d'établir dès le tout début une base dans une vue alternative —une vision plus large qui suggère qu'ils devraient se protéger durant leurs études médicales afin qu'au cours du processus vers le diplôme de médecin, ils n'oublient pas qui ils sont et pourquoi ils voulaient devenir médecin initialement. Ce qui peut être un problème très sérieux. Si vous suspendez votre propre vie pendant que vous travaillez dur pour obtenir quelque chose que vous désirez, au moment de son obtention, il se peut que vous ne sachiez plus très bien pourquoi vous le vouliez. Les médecins aux USA présentent de très forts taux de suicide, d'alcoolisme et d'abus médicamenteux, parce qu'ils souffrent d'une somme de stress à laquelle on ne les a pas préparés correctement.

Nous formons donc à présent les étudiants dans un programme de réduction du stress qui dure huit semaines comme celui des patients. Il n'est pas aussi intensif et ne comporte qu'une quinzaine de minutes de méditation quotidienne chez soi, parce qu'ils n'ont pas le temps d'en faire quarante-cinq minutes. Quand les huit semaines sont achevées, ils ne veulent pas s'arrêter. Nous continuons donc pendant huit mois, mais facultatifs. Ils n'y gagnent aucun crédit ni examen, et le travail à domicile comme la présence en classe ne sont pas obligatoires. Le cours est fondé sur l'amour, le soin à porter à ce principe essentiel de vie et la conscience claire elle-même. Grâce à tout cela, il a beaucoup de succès. Nous avons aussi une option facultative où ils peuvent voir la clinique proprement dite et observer les patients. Nous formons des médecins, des résidents et des internes aussi bien que des étudiants. Nous essayons d'introduire la méditation et la notion complète des liens entre corps et esprit dans l'éducation médicale.

Le physicien David Bohm, fit remarquer dans son livre *La totalité et l'ordre impliqué*, que les mots méditation et médecine ont la même racine indo-européenne. En latin, *mederi* signifie guérir, mais le sens originel est en réalité celui de mesure. Vous pourriez vous demander ce que la médecine ou la méditation ont à faire avec une mesure. Rien, si nous pensons à la mesure comme à un étalon externe tel qu'une règle. Mais la racine renvoie à une notion plus platonicienne de mesure interne de justesse, les propriétés qui font qu'une chose est ce qu'elle est. La juste mesure interne du corps est la santé, quand tout s'y trouve en équilibre. La médecine est donc la restauration de la mesure interne correcte lorsqu'il y a un déséquilibre, et la méditation est la perception directe de la mesure interne juste. Je trouve cela utile pour pousser les étudiants en médecine à réfléchir à ces éléments à un niveau plus profond, et leur permettre de comprendre les notions de totalité et d'unité qui peuvent les aider à ne pas être trop réductionnistes à propos du processus pathologique.

7

La Médecine Comportementale

Daniel Brown

Au cours des trente dernières années, les découvertes en biologie et en psychologie ont conduit à une synthèse des idées sur la capacité de l'esprit à produire des changements curatifs dans le corps, mais aussi à la preuve scientifique que les états émotifs influencent la santé physique pour le meilleur ou pour le pire. La médecine comportementale est une version exemplaire de cette intégration, ainsi que l'application de techniques telles que le biofeedback, l'entraînement à la relaxation et l'hypnose, au traitement des troubles physiques et psychosomatiques.

Ces méthodes sont employées pour traiter un large éventail de problèmes médicaux, qui vont des maux de tête et des douleurs chroniques à l'hypertension, l'asthme et même à des réactions de défense contre d'autres traitements médicaux comme la chimiothérapie. La médecine comportementale est également utilisée pour traiter des habitudes malsaines et des accoutumances, telles que la boulimie, l'abus de drogues et le tabagisme, et aussi pour améliorer le bien-être personnel en aidant les gens à se détendre et à concentrer leur esprit. Daniel Brown passe en revue les méthodes de la médecine comportementale, avec des exemples pris dans sa propre pratique clinique.

DANIEL BROWN : La médecine comportementale a développé de nombreuses approches de traitement, comme la surveillance par le patient lui-même (self-monitoring), l'autorégulation, la thérapie calmante et relaxante, l'intensification des perceptions internes et la thérapie cognitive qui combat les pensées défaitistes. Toutes ces approches sont fondées sur une théorie de l'apprentissage, qui consiste à enseigner au corps comment développer des habitudes saines et supprimer les mauvaises habitudes acquises. Résultat, le corps établit un nouveau genre d'équilibre, ou une autorégulation.

La surveillance par le patient est l'une des approches que nous employons classiquement. Nous demandons aux gens de prendre note chaque jour de leurs symptômes dans un journal. Par exemple, lorsqu'une personne a une douleur chronique, nous lui demandons de noter son expérience douloureuse toutes les heures dans un journal et d'évaluer la douleur sur une échelle entre zéro, quand il n'y a pas de douleur, et cinq, pour une douleur insupportable. Elle doit aussi mettre par écrit ce qu'elle fait chaque heure, sa situation, ses pensées et ses sentiments du moment. Elle tient ce journal pendant deux semaines.

En poussant les gens à se surveiller eux-mêmes, nous les entraînons à s'observer soigneusement. Ils prennent ainsi davantage conscience des symptômes et de leur contexte. S'ils gardent trace des modifications d'intensité de la douleur, ils commencent après un certain temps à voir les relations entre la situation et l'augmentation ou la diminution de la douleur. Puis nous leur faisons identifier les moments à haut risque. Par exemple, si la douleur est toujours très intense à huit heures chaque matin, cela devrait être considéré comme un moment à haut risque. Si elle est toujours intense les week-ends et non pendant la semaine, nous leur faisons alors identifier les situations à haut risque. Peut-être la douleur sera-t-elle pire lorsqu'ils traverseront un conflit dans leur travail.

Nous utilisons aussi la méthode du contrôle des stimuli, qui s'appuie sur la théorie de l'apprentissage. Quand les gens ont une mauvaise habitude, après un certain temps, cette mauvaise habitude devient associée à des événements neutres qui la déclenchent par conditionnement. Par exemple, certaines personnes peuvent avoir la mauvaise manie de manger excessivement. À chaque fois qu'ils voient de la nourriture quelque part dans la maison, ou lorsqu'ils voient une publicité pour de la nourriture, ils commencent automatiquement à manger. Au bout d'un moment, l'environnement façonne l'habitude.

L'insomnie est un autre exemple. Il peut y avoir une cause prochaine : la personne se fait du souci pour un examen, ou bien le temps s'est réchauffé, ou encore elle ouvre les fenêtres et entend les bruits extérieurs. Classiquement, la cause disparaît lorsque la situation stressante prend fin, habituellement au bout de quelques jours ou en une semaine. Mais les gens craignent d'aller se coucher, ils commencent donc à lire ou à regarder la télévision au lit, ou encore ils emmènent de la nourriture dans leur chambre. Or, ce sont l'oubli des informations venant du monde et l'abandon du corps à l'inactivité qui permettent aux gens de s'endormir. Quand vous vous allongez et que vous fermez les yeux, l'absence de mouvement et l'arrêt soudain des stimulations extérieures activent un mécanisme cérébral qui provoque le sommeil. Si vous maintenez le système nerveux actif en lisant ou en regardant la télévision, vous ne pouvez pas vous endormir. Ainsi, c'est le comportement même que la personne utilise pour contrôler le problème de sommeil qui provoque à présent le problème. Si nous donnons aux gens des instructions très simples comme mettre la télévision hors de la chambre, aller au lit seulement quand c'est l'heure de dormir ou lorsqu'ils sont fatigués, nous constatons que 70% des gens qui ont des problèmes de sommeil remarquent une amélioration en l'espace de cinq séances. Cela montre que beaucoup d'insomnies sont causées par ce type de façonnage et d'apprentissage lié à l'environnement. Le contrôle des stimuli prend en compte la façon dont l'environnement et le contexte entretiennent le problème.

Une autre technique est ce qu'on appelle l'autorégulation du comportement. Supposons que les gens aient un problème tel que le tabagisme. Nous commençons le traitement en demandant aux patients de surveiller leur comportement de fumeur. Ils notent par écrit chaque cigarette fumée, en évaluant à quel point elle leur est nécessaire sur une échelle de un à cinq. Encore une fois, ils tiennent ce journal pendant deux semaines. Puis nous leur faisons dresser un emploi du temps pour se débarrasser des cigarettes les moins nécessaires, jusqu'à ce qu'ils atteignent ce but. Ils se fixent alors un nouveau but, en supprimant toutes les cigarettes correspondant au niveau suivant de besoin. Finalement, les seules cigarettes qu'ils fument sont celles dont ils ont le plus besoin, puis ils cherchent une manière de maîtriser aussi ces dernières. Dans ce genre d'autorégulation, nous utilisons un programme, établissons des critères et fixons des buts. Les gens suivront leurs propres buts si vous les rendez suffisamment abordables, car ils mettent un point d'honneur à maîtriser un but et à passer ensuite au but suivant. De la sorte, ils apprennent à changer leurs habitudes.

LA THÉRAPIE RELAXANTE ET LA PERCEPTION INTERNE AFFINÉE

La thérapie relaxante ou calmante est une autre des méthodes que nous utilisons. On peut la pratiquer en tendant et en relaxant systématiquement chacun des groupes de muscles du corps, selon une technique appelée relaxation musculaire progressive. On peut également la faire à l'aide de l'hypnose et de la méditation sous des formes diverses. Nous utilisons aussi différents exercices respiratoires et le biofeedback.

Comme élément de la méthode appelée perception interne affinée, nous demandons habituellement aux Occidentaux qui ne sont ni des yogis ni des méditants, d'observer les modifications des états internes du corps. Nous trouvons que la plupart des gens sont très malhabiles dans leur observation. Il est surprenant de constater que la plupart des gens sont capables de fournir une estimation étonnamment précise des changements physiologiques généraux, comme la tension artérielle ou le taux de sucre sanguin, mais que la majorité d'entre eux sont beaucoup de mal à détecter des changements spécifiques. Si nous demandons à une personne ordinaire de nous dire quels sont les muscles impliqués dans un mal de tête, ils se trompent généralement. Si vous demandez à quelqu'un souffrant du syndrome d'irritabilité du côlon de vous dire quand il a une trop grande activité du muscle qui côtoie les intestins, il est incapable de le dire avec précision.

Les gens qui ont certains problèmes ont particulièrement du mal à les discerner. Par exemple, la plupart des gens qui ont des problèmes de poids confondent souvent les émotions avec la faim. Ils ont tendance à manger quand ils se sentent anxieux ou tristes, parce qu'ils perçoivent de manière erronée l'émotion comme étant de la faim. Près de 80% des gens qui souffrent d'asthme ne peuvent dire à quel point les muscles de leurs poumons sont contractés. Pour arriver à contrôler ces processus physiologiques, nous apprenons aux gens à en être conscients.

Le dernier traitement majeur est la thérapie cognitive.

Nous apprenons aux gens à devenir conscients des pensées qui traversent l'esprit, puis à les noter par écrit et à identifier les pensées négatives habituelles, avant de développer un antidote. L'antidote prend la forme d'affirmations ou de pensées positives qu'ils s'efforcent de répéter durant la journée, presque comme un mantra, pour rompre avec le schéma négatif habituel. Les gens peuvent réellement penser qu'ils ont une crise d'asthme ou un mal de tête, aussi devons-nous démolir ce schéma habituel.

LES MAUX DE TÊTE : UN REGARD PRÉCIS SUR LEUR TRAITEMENT EN MÉDECINE COMPORTEMENTALE

Environ 60% des gens qui consultent dans notre service de consultation externe, viennent pour des maux de tête. C'est le cas le plus fréquent. Il existe trois grands types de maux de tête d'après ce que nous comprenons. Le premier a une base biologique manifeste, comme celui qui accompagne une tumeur ou une maladie telle que la grippe ou une autre infection – ou encore les maux de tête consécutifs à une gueule de bois. Ce sont des exemples de maux de tête provoqués par la libération de substances chimiques dans le corps ou par les transformations tissulaires. Nous ne pouvons traiter ces maux de tête en médecine comportementale, mais ils ne constituent peut-être que 5% de tous les cas que l'on rencontre dans les cliniques. Les deux autres types sont les maux de tête liés à des tensions musculaires et les maux de tête vasculaires. Les maux de tête liés à des tensions musculaires, provoqués essentiellement par la contraction des muscles de la tête, du cou et du cuir chevelu, sont les plus fréquents, formant près de 85% de tous les maux de tête. Les maux de tête vasculaires sont provoqués par des variations du flux sanguin. La plupart des gens qui viennent à notre clinique ont un mélange de maux de tête dus à des tensions musculaires et d'origine vasculaire, et non pas seulement l'un ou l'autre type.

Les traitements nécessitent de tenir compte à la fois des facteurs qui causent le mal de tête et de ceux qui l'entretiennent. N'importe lequel des stress déjà mentionnés peut provoquer des maux de tête en produisant des modifications dans le niveau de tension musculaire et dans le flux sanguin. Les gens qui ont des maux de tête chroniques ont certains groupes de muscles dans la tête, le cou et le cuir chevelu qui demeurent contractés ; les taux élevés de tension musculaire sont constants dans le temps, même lorsqu'ils n'ont pas de maux de tête. Lorsqu'ils sont soumis à un stress, c'est un petit changement supplémentaire qui produit la perception douloureuse. Ce tissu musculaire est différent d'un tissu musculaire sain. Il est beaucoup plus dur au toucher, parce qu'il est empli d'un fluide constitué par certains polysaccharides contenus dans les tissus.

Il y a aussi des modifications dans le schéma du flux sanguin au sein du système vasomoteur. Quand une personne est sujette à un mal de tête vasculaire, tel qu'une migraine, un schéma de changements caractéristique dans la taille des vaisseaux sanguins accompagne le mal de tête. D'abord, les vaisseaux sanguins dans la peau se contractent, typiquement en réaction à un stress quelconque. La vasoconstriction dans la peau est un prodrome, une phase d'alerte précoce. Pour certaines personnes, cette vasoconstriction s'étend aussi aux artères crâniennes et interfère avec le flux sanguin cérébral, produisant des perturbations de la perception visuelle ou même des nausées. Ces symptômes précoces indiquent un mal de tête migraineux classique. C'est à ce point là que la personne commence à constater le mal de tête.

Quand les artères crâniennes se dilatent, une série de

modifications biochimiques se produisent. Les plaquettes sanguines, qui sont des cellules flottant dans le courant sanguin, s'agglutinent et libèrent ensuite des catécholamines dans la circulation sanguine et les tissus. Ces substances chimiques font partie du cycle de réponse du corps au stress. À leur tour, elles libèrent d'autres substances chimiques qui diminuent le seuil de la douleur, de sorte que la personne devient plus sensible à la perception de la douleur. Le tissu devient enflammé ; il s'agit d'une réaction inflammatoire stérile semblable à l'inflammation provoquée par une infection bactérienne. Voilà pourquoi les gens qui souffrent de maux de tête d'origine vasculaire ont des douleurs très intenses qui peuvent durer des heures et même parfois plusieurs jours. La libération de ces substances biochimiques rend la douleur plus intense et enflamme les tissus.

Une fois le mal de tête apparu, quantité de facteurs peuvent le prolonger. Par exemple, le souci causé par le mal de tête lui-même peut provoquer un dérèglement du système nerveux autonome, qui provoque des changements musculaires et sanguins qui complètent le tableau clinique. Les maux de tête peuvent être conditionnés ; aussi le schéma entier peut-il se produire sans stress. Les gens qui tiennent un journal dans la première année où ils souffrent de maux de tête, peuvent habituellement identifier un événement qui provoque le mal de tête dans à peu près 70% des cas. Si ces mêmes personnes tiennent un journal cinq ans après, elles ne peuvent plus identifier que des événements qui causent 30% de leurs maux de tête. Dix ans après, elles peuvent seulement identifier les causes de moins de 10% des maux de tête. Le schéma entier de la réponse physiologique devient conditionné, et tous les changements se produisent à la moindre provocation d'un événement extérieur. Les gens qui ont eu des maux de tête pendant cinq ou dix ans disent qu'ils ne savent plus désormais ce qui les provoquent : ils se produisent simplement, et en fait c'est vrai. C'est pourquoi nous devons évaluer le rôle de l'acquis dans la compréhension de ces maux de tête.

L'une des premières choses que nous faisons avec un patient souffrant de maux de tête est de lui faire tenir un journal quotidien. Nous trouvons que pour n'importe quel patient donné affligé de maux de tête, il y a habituellement entre quatre et six facteurs, certains étant plus importants que d'autres. Après quelques semaines de self-monitoring, nous pouvons identifier le schéma à risque d'un individu. Puis nous lui recommandons de modifier les facteurs associés au mal de tête.

Les gens tiennent un journal des maux de tête sur une série de cartes où figure le dessin d'une tête. Ils peuvent la colorier ou utiliser des nombres pour indiquer la région de la tête incriminée. Les cartes présentent les heures du jour et une échelle d'intensité du mal de tête, allant de l'absence de mal de tête à une crise très sévère. Chaque heure du jour, ils doivent estimer l'intensité du mal de tête. Le journal de l'une de mes patientes révélait que lorsqu'elle s'éveillait le matin, elle avait un mal de tête atroce. Cela diminuait quelque peu dans la journée pour revenir le soir.

Lorsqu'une personne tient un journal quotidien pendant quelques semaines, vous pouvez normalement identifier un schéma spécifique à cette personne, mais ce n'est pas pareil pour tous les individus. Disons donc que pour une patiente donnée, il y a des moments à haut risque déterminés : le matin et le soir. Nous devons alors nous demander pourquoi la douleur est plus vive le matin et le soir que dans la journée.

LE DALAÏ LAMA : Dans ce cas, la patiente travaille-t-elle ?

DANIEL BROWN : La patiente travaille. C'est une mère qui, seule avec trois enfants, doit travailler et prendre soin de ses gamins.

LE DALAÏ LAMA : Ainsi, au cours de la journée, son esprit est probablement suffisamment distrait pour qu'elle pense à d'autres choses ? Est-ce que cela compterait pour la diminution de son mal de tête ?

DANIEL BROWN : Nous avons observé cela pendant plusieurs semaines : à chaque fois qu'elle a cette douleur, elle est en train d'habiller ses enfants et de les conduire à l'école, ou de leur fait prendre leur petit déjeuner ou leur dîner. Presque chaque jour, nous avons constaté le même schéma, ce que nous avons identifié comme étant une situation à haut risque. La douleur est la pire chaque fois qu'elle se soucie de calmer ses enfants.

LE DALAÏ LAMA : Que fait-elle au milieu de la journée, quand son mal de tête est le plus faible ?

DANIEL BROWN : Elle travaille.

LE DALAÏ LAMA : Et ne pense pas à ses enfants ?

DANIEL BROWN : C'est juste. Nous nous demandons exactement la même chose que Votre Sainteté : quel est le schéma ?

Parmi les exemples de causes physiques typiques des maux de tête, il y a certains aliments, notamment des aliments à taux élevé en nitrates, et quantité de facteurs de l'environnement, tels que la fumée de cigarette ou les gaz d'échappement. La caféine provoque la vasoconstriction, et l'alcool dilate les vaisseaux sanguins. Si les gens consomment beaucoup de caféine ou d'alcool, ou les deux combinés, ce qui est fréquent, les vaiseaux sanguins sont constamment en train de changer de taille et deviennent moins stables au bout d'un certain temps. Dans ce cas, le comportement de la personne fait empirer le mal de tête. Le taux de sucre sanguin diminue lorsque l'on a faim ou que l'on jeûne, ce qui peut déclencher des maux de tête chez certains. Les modifications hormonales vers le moment des règles causent des maux de tête à certaines femmes. L'exercice peut être un facteur, et aussi parfois l'excès de sommeil. Quand les gens restent au lit le matin alors qu'ils sont réveillés, leur respiration devient très superficielle, ce qui réduit la quantité de sang oxygéné parvenant au cerveau. Ceci peut déclencher un changement dans le flux sanguin, les vaisseaux cérébraux se dilatant davantage pour s'ajuster à la circonstance.

Quelques personnes sont sensibles aux modifications provoquées dans le système cardio-vasculaire lorsqu'elles répriment leur colère. Ce facteur ne vaut que pour 20% de tous les gens qui souffrent de maux de tête d'origine vasculaire. Les maux de tête en rapport avec les émotions sont beaucoup moins fréquents que nous le pensons ordinairement. Les abus de médicaments sont une autre possibilité. L'extrait de l'ergot du seigle, un champignon parasite du seigle, fournit des médicaments qui provoquent la vasoconstriction des vaisseaux sanguins. On l'utilise donc pour stopper les maux de tête provoqués par la dilatation des artères crâniennes. Mais les gens sont préoccupés par les maux de tête à venir et prennent des médicaments sans nécessité, si bien que le traitement même devient la cause de la maladie.

La phase suivante du traitement consiste à identifier le schéma des muscles où réside le spasme, et pour cela, nous utilisons un électromyogramme. Un muscle actif ou soumis à des spasmes dégage beaucoup plus d'activité électrique qu'un muscle détendu. Nous employons un scanner, en posant simplement une électrode sur la tête ou le cuir chevelu, afin de pouvoir lire l'activité musculaire en cause dans un schéma spécifique de mal de tête chez un individu donné. Nous avons besoin d'un moyen objectif de repérage exact des muscles impliqués, car les gens perçoivent souvent la dite douleur en un point différent de là où se trouve la tension musculaire.

Une fois que nous avons identifié le schéma, nous utilisons le biofeedback. Nous plaçons des électrodes sur un muscle particulier, et quand son activité atteint un certain niveau, la machine se met à faire bip. Quand l'activité spontanée du muscle descend au-dessous de ce niveau, le bruit s'arrête. Nous demandons à la personne de rendre la machine silencieuse, ce qui est une autre manière de lui dire de diminuer l'activité musculaire. Une fois que l'individu a appris à faire cela, nous répétons le processus, en faisant réagir la machine pour des niveaux d'activité musculaire de plus en plus bas. Cela prend habituellement cinq à dix séances pour apprendre à réduire une activité musculaire jusqu'à la normale, et nous développons un programme spécifique pour chaque muscle qui se trouve trop tendu chez un individu.

LE TRAITEMENT DES DOULEURS CHRONIQUES

Un homme vint à notre laboratoire, pour des douleurs chroniques provoquées par une blessure datant de quatre ou cinq ans, et qui l'empêchaient de travailler. La lecture que nous fîmes du muscle avait une valeur de cinq microvolts. Quand nous lui avons demandé de rendre la machine silencieuse, le niveau grimpa jusqu'à presque dix microvolts. Cet homme n'avait aucune idée de la manière de se détendre. Il essayait très fortement de le faire, ce qui le rendait moins détendu et accentuait son mal. Nous lui avons expliqué que l'on ne peut pas essayer de se relaxer, que la relaxation signifie calmer à la fois le corps et l'esprit, et qu'il s'agit de quelque chose que l'on laisse se produire plutôt que de le faire se produire.

Avec quelques instructions, il commença à se calmer, et dans la même séance, il devint capable de laisser retomber le niveau d'excitation du muscle à trois microvolts, apprenant ainsi le contrôle volontaire. Dans la séance suivante de biofeedback, il fut capable de le faire chuter à deux microvolts, et il continua de le faire tomber. Au début, l'activité musculaire était encore élevée et baissait au cours de la séance, mais graduellement, l'apprentissage se généralisa. En sept ou huit séances, l'activité musculaire demeura basse durant la semaine. Nous lui avions aussi fait tenir un rapport quotidien de la douleur, en l'évaluant de zéro à cinq, puis nous avons fait la moyenne chaque semaine. La première semaine, la moyenne était de quatre, ce qui signifiait une douleur très intense. Elle décrut ensuite régulièrement au point qu'à la huitième semaine, l'estimation de sa douleur était en général très clémente. Il y avait des moments au cours de la semaine, où elle était encore très haute ou très basse, mais en moyenne, elle était beaucoup moins forte. Quand il apprit quels étaient les muscles à relaxer, sa perception de la douleur chuta aussi.

Lorsqu'il se sentit suffisamment confiant pour reprendre son travail, il y eu une hausse aiguë du niveau d'activité du muscle et de celui de la douleur, car pour lui, le travail était stressant. Mais il était capable d'étendre ce qu'il avait appris et de l'appliquer à la nouvelle situation. Deux séances plus tard, il avait appris quels étaient les muscles qui devaient demeurer détendus, même dans une situation très stressante, et les comptes rendus de la douleur chutèrent à nouveau. Dans les séances de suivi, après trois et six mois, il n'y avait plus aucune activité musculaire élevée. La douleur était relativement supportable et finalement disparut.

Jusqu'ici, nous avons parlé de la manière d'apprendre au patient à gagner le contrôle sur l'activité musculaire, mais il ne s'agit que de la moitié du problème. Nous devons aussi lui apprendre à contrôler les processus du flux sanguin dans la réaction vasomotrice. Nous utilisons pour cela des thermomètres fixés sur ses doigts, puisque la température de la peau varie en fonction de la taille des vaisseaux sanguins. Quand les vaisseaux sanguins sont dilatés, le flux accru de sang chaud fait monter la température de la peau. Quand les vaisseaux sanguins sont contractés, la température chute. La température est également liée au stress, qui provoque une vasoconstriction. Quand une personne est détendue, les vaisseaux sanguins s'ouvrent et la température monte ; ainsi, la lecture de la température fournit une bonne indication. Nous demandons aux gens de voir s'ils peuvent rendre leurs doigts plus chauds. Ils visualisent qu'ils réchauffent leurs mains sur une flamme imaginaire ou un fourneau, ou ils s'imaginent exposés à la chaleur du soleil. Au bout de trois ou cinq minutes, ils ouvrent les yeux pour voir s'ils ont modifié la température.

L'APPRENTISSAGE VISCÉRAL : L'IMPORTANCE DE LA PRATIQUE

Dans l'apprentissage viscéral, on enseigne au corps de nouvelles habitudes physiologiques, l'ampleur du changement étant moins importante que la cohérence de la pratique. Pour apprendre au corps une nouvelle habitude, il vaut mieux faire un petit peu chaque jour que faire beaucoup un jour, et ne plus rien faire pendant plusieurs jours. Nous laissons donc les thermomètres aux gens pour qu'ils pratiquent chez eux six fois par jour pendant trois à cinq minutes. En produisant un changement de seulement deux degrés, ils deviennent experts dans le contrôle volontaire du flux sanguin, en utilisant leur esprit pour contrôler le corps. Une fois cette pratique du thermomètre sur les doigts des deux mains maîtrisée, ils l'étendent à la main entière, puis l'appliquent au poignet, et finissent par pouvoir changer la température de l'avant-bras de un ou deux degrés. Quand ils sont capables de le faire à volonté, nous plaçons les thermomètres sur les orteils, qui sont beaucoup plus difficiles à maîtriser, puis aux pieds. Graduellement, ils apprennent à changer la température de parties de plus en plus étendues du corps. Plus ils deviennent habiles, et plus la probabilité de diminuer leurs maux de tête augmente, car ils acquièrent la maîtrise sur l'ensemble du schéma du flux sanguin. Puisque le mal de tête est provoqué par un dérèglement local du flux sanguin, ce contrôle rétablit l'équilibre. Cela peut prendre en moyenne environ vingt semaines. Certaines personnes sont plus rapides et d'autres plus lentes, mais la plupart sont capable de l'apprendre.

La chose suivante que nous apprenons aux gens, concerne les exercices respiratoires du diaphragme. Ils apprennent à inspirer et à expirer lentement, avec les mains sur le ventre, en utilisant la surface des mains comme indication. Quand ils font cette respiration régulière vingt minutes chaque jour, cela provoque une hausse rapide des catécholamines. Ces substances chimiques font partie du cycle de réaction au stress, de sorte que cette respiration aide véritablement à prévenir l'installation des réactions inflammatoires des tissus. Tandis qu'ils font cet exercice respiratoire, ils se concentrent sur le mouvement du diaphragme. S'ils font l'exercice au moment où ils ont un mal de tête, ce dernier s'accentue. Et s'ils respirent habituellement très superficiellement, il se peut que la douleur empire ; aussi doit-on prendre soin de leur donner des instructions sur les exercices de souffle. Correctement faits, ces exercices agissent au bout d'un moment comme une prévention et les maux de tête deviennent moins fréquents et moins intenses.

LA DÉCOUVERTE DE LA SÉQUENCE DES SYMPTÔMES

La première partie du traitement consiste à se défaire des mauvaises habitudes physiologiques et à enseigner au corps des réactions plus saines, en utilisant les techniques de relaxation musculaire, de modification du flux sanguin et les exercices respiratoires. L'étape suivante consiste à travailler sur le mal de tête aigu, lorsque les symptômes sont réellement présents. Nous essayons d'identifier la chaîne comportementale qui mène au mal de tête. Nous demandons à la personne d'identifier le symptôme le plus précoce avant qu'elle ressente la douleur intense. Au bout d'un certain temps, les gens apprennent à identifier des symptômes de plus en plus précoces. Par exemple, ils peuvent se sentir d'abord un peu bizarres ; puis, dix minutes plus tard, ils notent quelques nausées et des modifications visuelles. Cinq ou dix minutes plus tard, ils réalisent qu'un mal de tête est en train de s'installer. Il existe un point d'identification, puis les pensées négatives commencent : «Oh non ! C'est en train de devenir le pire des maux de tête. Ça recommence. Je ne peux rien y faire.» Les pensées négatives le font empirer et c'est à ce moment qu'ils ressentent beaucoup de douleur.

Après la reconstitution de l'enchaînement comportemental des événements, nous devons leur faire élaborer des stratégies pour faire face à chaque étape. Quand ils commencent à se sentir un peu bizarres, ils se rappellent qu'ils peuvent pratiquer la relaxation ; en se calmant, ils peuvent éviter l'arrivée du mal de tête. Ils remarquent des modifications du champ visuel et aussi des nausées : c'est le bon moment d'utiliser les thermomètres pour changer volontairement le flux sanguin avant l'installation du mal de tête. S'ils notent l'arrivée des pensées négatives, ils peuvent y couper court en se rappelant des pensées positives ou en raffermissant leur confiance.

LES STRATÉGIES POUR CONTRECARRER LA SÉQUENCE DES SYMPTÔMES

Pour finir, ils pratiquent des stratégies pour affronter la douleur. Nous enseignons aux gens des méthodes de soins qui modifient la perception réelle de la douleur. Nous trouvons qu'ils ont des capacités très variables à modifier leur perception douloureuse. Il existe essentiellement quatre approches, et ce qui marche avec une personne ne marche pas avec une autre. Certaines personnes peuvent utiliser l'évitement : elles se distraient par l'imagination, pensent à autre chose que la douleur ou portent leur attention sur des événements extérieurs. D'autres peuvent alléger leur douleur en imaginant que leurs mains s'engourdissent, puis en transférant l'engourdissement à l'endroit de la douleur, comme lors d'une visualisation sur l'absence de sensation. Une troisième approche consiste à modifier directement la perception de la douleur en se concentrant sur la douleur et en imaginant qu'il s'agit d'une sensation de fourmillement ou de chaleur au lieu d'une douleur. La quatrième approche est celle de l'attention : simplement placer toute l'attention consciente sur la douleur jusqu'à ce qu'elle change. Nous enseignons aux gens la méthode qui leur convient le mieux, en utilisant une douleur neutre qui n'est pas située dans une zone sensible pour eux, à la place du mal de tête. Nous créons la douleur par un simple pincement, puis nous évaluons les différentes stratégies pour faire face à la douleur. La plupart des gens trouvent qu'une ou deux de ces méthodes sont opérantes, et les appliquent ensuite pour modifier la douleur dont ils souffrent vraiment.

On peut voir un exemple des résultats avec la mère des trois enfants qui souffrait de maux de tête le matin et le soir. Elle a commencé à pratiquer quotidiennement une technique pour calmer globalement le corps, en faisant les exercices respiratoires et en travaillant spécifiquement sur les muscles et le flux sanguin dans la tête. Mais son schéma de maux de tête ne changea pas vraiment beaucoup avant une vingtaine de semaines — au moment où elle n'eut plus aucun mal de tête, après treize ans de maux de tête quotidiens. Nous l'avons suivie et elle n'eut plus aucun mal de tête pendant six ans, jusqu'à ce qu'elle soit à nouveau enceinte. Les maux de tête recommencèrent, mais disparurent lorsqu'elle pratiqua, et elle n'a plus eu aucun mal de tête depuis.

LE DALAÏ LAMA : Merveilleux, cela a marché.

DANIEL BROWN : C'est donc un très bon exemple de ce que l'on peut apprendre, mais cela prend du temps d'apprendre au corps de meilleures habitudes.

LA RÉDUCTION DE L'HYPERTENSION EN MÉDECINE COMPORTEMENTALE

Nous utilisons cette même approche pour traiter l'hypertension artérielle. Nous demandons tout d'abord aux gens de tenir un journal de leur tension, qu'ils prennent trois fois par jour, pour obtenir une ligne de base.

Les étapes du traitement sont : se calmer globalement, puis faire les exercices de chaleur qui sont la partie la plus importante du traitement : les mains d'abord, jusqu'aux bras entiers, puis les pieds, cela pendant 20 semaines. Les patients utilisent de simples thermomètres pour mesurer la température. Nous faisons aussi des exercices respiratoires. Le traitement est similaire à celui des maux de tête, car l'hypertension est très liée aux schémas du flux sanguin.

Une personne vint avec une pression sanguine systolique de 180, ce qui est élevé, et une pression diastolique de 100, également assez élevée. Nous voulions faire descendre sa pression diastolique de 100 à 80. Quand elle a commencé à tenir un journal de la ligne de base pendant six semaines, il y avait de petites baisses dans la tension comme simple résultat de son observation ; l'attention provoquait déjà quelques changements. À la fin de la vingtième semaine d'exercice, sa pression sanguine diastolique descendit de 100 à 82, et la pression systolique passa à 150. Maintenant, 150 peut sembler élevé, mais il s'agissait d'une personne de soixante-dix ans.

Beaucoup de ces patients sont déjà sous médicaments. Nous ne leur demandons pas de changer leur posologie au début. Pour beaucoup, les effets des médicaments et de l'entraînement du comportement finissent par se combiner, faisant chuter trop rapidement la tension. Ils commencent à avoir des symptômes d'hypotension posturale [11] avec des étourdissements lorsqu'ils se lèvent trop brusquement. À ce moment-là, nous arrêtons les médicaments et nous leur laissons utiliser l'esprit à la place. À chaque fois que la pression sanguine diastolique chute en dessous d'une moyenne de 80 pendant deux semaines, nous diminuons la posologie de 20%. Si la pression demeure basse, deux semaines après, nous diminuons à nouveau la posologie de 20%. Si elle remonte, nous ajustons encore la posologie. Environ un tiers

11. Ou hypotension orthostatique. [NdT]

des patients peuvent descendre sous le seuil de 80 et stabiliser leur tension sans aucun médicament. Un autre tiers peut atteindre ce but avec une réduction de la posologie et pour l'autre tiers, ce traitement ne fonctionne pas.

A l'intention de nos merveilleux traducteurs, j'ai choisi cet exemple d'un patient hypertendu. Ce patient était interprète et travaillait pour la justice. C'était une situation fort stressante. Il devait traduire de façon très précise parce que ses mots étaient enregistrés dans le rapport de justice, et il se préoccupait toujours d'utiliser les mots justes. Lors du self-monitoring, nous avons découvert que la traduction au tribunal était le déclencheur de tension le plus important. Nous lui enseignâmes la pratique, et les pressions tant systolique que diastolique baissèrent. Quand il atteignit le niveau de 80, nous lui demandâmes d'emporter les thermomètres à la cour et de pratiquer lors des pauses. À partir de ce moment-là, il n'eut plus à noter sa pression sanguine que dans cette situation de stress important. Petit à petit, il devint capable de faire baisser sa tension même dans cette situation. Il a donc réussi à étendre son apprentissage à une situation nouvelle, en appliquant ses récentes habitudes non seulement au calme mais aussi à une situation de grand stress.

Pour les gens qui pratiquent très irrégulièrement, oubliant souvent de le faire deux jours de suite, les résultats sont aléatoires. On peut constater une grande différence lorsque les gens pratiquent régulièrement. La régularité du changement est plus importante que son intensité. Pour que le corps apprenne de nouvelles habitudes, faire un peu chaque jour est bien mieux que d'opérer un gros changement, puis de ne plus rien faire pendant plusieurs jours.

LE TRAITEMENT DE L'ASTHME

L'asthme est un état dans lequel les muscles lisses garnissant les conduits pour le passage de l'air se contractent en un spasme. L'air est piégé dans les conduits bronchiques, de sorte que la personne a des difficultés à expirer. L'asthme peut être chronique ou aigu. Dans l'asthme chronique, quelques-unes des plus petites branches des conduits se contractent. Cet effet varie dans le temps, étant parfois plus intense, parfois moins, mais la personne qui est sujette à l'asthme présentera un certain degré de contraction la plupart du temps.

Une crise aiguë d'asthme est davantage qu'une simple contraction des petits conduits de l'air. Le conduit principal se contracte et provoque une telle obstruction du flux aérien que la personne ne peut pas respirer, et c'est la crise. Quand nous traitons l'asthme au niveau du comportement, nous prenons en considération aussi bien le spasme chronique des petits conduits que la crise aiguë. Nous commençons encore une fois par le self-monitoring en apprenant aux gens à être conscients de la plus ou moins grande contraction des conduits respiratoires. La plupart des gens la perçoivent faiblement, et nous utilisons un expédient appelé jauge de flot maximal, qui mesure la quantité d'air que vous pouvez expulser avec effort dans une brève période de temps. La jauge de flot maximal est précise mais ne coûte pas très cher, ce qui fait que les gens peuvent l'emporter chez eux pour tenir un journal de surveillance au quotidien. Là encore, pendant les deux ou trois premières semaines, nous leur faisons noter une ligne de base. Beaucoup d'asthmatiques ont des signes d'amélioration dès cette période. Comme ils commencent à reconnaître leurs propres schémas, ils craignent moins et donc anticipent moins les crises. Du fait qu'ils apprennent à percevoir avec précision les symptômes, l'entraînement de la conscience a déjà un effet bénéfique.

C'est la première étape. Puis nous leur enseignons la relaxation et le biofeedback du flux maximal. Ils utilisent la jauge de flux maximal en faisant des exercices respiratoires spéciaux, en visualisant qu'ils expulsent l'air en douceur vers l'extérieur. S'ils font trop d'efforts, le spasme augmente, mais s'ils le font dans un état très détendu, ils peuvent être en mesure de trouver la quantité juste d'effort afin que le spasme bronchique diminue et que la jauge grimpe. Ils peuvent en dégager une certaine technique respiratoire, qui est souvent très individualisée. Ils s'entraînent au contrôle volontaire de la réponse des muscles lisses. Cela ne fonctionne pas pour les asthmes d'origine allergique ou inflammatoire, mais c'est très efficace pour l'asthme lié aux symptômes du stress.

QUATRIÈME PARTIE

Les émotions et la culture

ORIENT ET OCCIDENT

8

Les Vertus dans les Traditions Chrétienne et Bouddhiste

LEE YEARLEY

LEE YEARLEY compare les caractéristiques des vertus et des vices dans les traditions chrétienne et confucianiste, caractéristiques dont certaines font aussi partie de la tradition bouddhiste. Il se penche sur un schéma particulier de la vertu et du vice, celui de saint Thomas d'Aquin, théologien chrétien du XIIIe siècle. Le docteur Yearley souligne que la liste des vertus et des vices établie par Thomas d'Aquin ressemble souvent à des listes semblables conçues par des penseurs bouddhistes et confucianistes. À la suite de cet exposé, le Dalaï Lama traite de la conception bouddhiste de la vertu, ce qui entraîne l'ouverture d'un dialogue où l'on considère la motivation de l'action en même temps que l'action elle-même. Les dilemmes moraux sont évoqués, notamment les situations où la violence se justifie et celles où une action est non vertueuse.

Il existe quelques caractéristiques générales des vertus dans les traditions chrétienne et confucianiste, et ces caractéristiques appartiennent également à la tradition bouddhiste. Dans la plupart des traditions, on pense que les vertus sont des exemples de l'excellence humaine, de l'épanouissement humain. Elles sont des appendices permanents du soi, des points clés du caractère des gens, des aspects qui font des gens ce qu'ils sont. Bien plus, les vertus se manifestent non seulement dans ce que l'on fait, mais aussi dans nos sentiments et nos désirs ; les émotions en sont des aspects très importants.

Les vertus sont aussi *correctrices*. C'est-à-dire que les vertus corrigent certaines difficultés que l'on pense être inhérentes à l'homme, certaines tentations auxquelles il faut résister ou certaines motivations qui se doivent d'être bonnes. Le courage, par exemple, corrige le penchant à être empêché par la peur de faire ce qui doit être fait ; d'une manière similaire, la compassion corrige la tendance à être égoïste.

Une autre caractéristique des vertus est le fait qu'elles sont *expressives*. C'est-à-dire qu'elles expriment la conception qu'une personne se fait de ce qu'est une bonne vie. Une personne vertueuse, par exemple, essaie d'arrêter les agresseurs malintentionnés sur le point de blesser un enfant innocent simplement parce qu'elle pense que le courage et la compassion déployés à cette occasion sont l'expression d'une bonne vie humaine. Ce trait des vertus implique que les activités vertueuses et la santé physique sont parfois contradictoires. Par exemple, exprimer de la compassion et du courage dans la situation qui vient d'être décrite peut occasionner une blessure physique ou même la mort.

Ces caractéristiques générales étant données, permettez-moi maintenant de m'intéresser aux listes de vertus et de vices de Thomas d'Aquin. Je commencerai par les vices ; ils ont en eux toutes les caractéristiques des vertus à la différence qu'ils sont dirigés vers le mal plutôt que vers le bien. Ainsi, ils renforcent les mauvais penchants au lieu de les corriger, et expriment une conception défectueuse de la vie correcte. Thomas d'Aquin pense que sept vices ou péchés sont spécialement importants parce qu'ils sont à la fois particulièrement dangereux et qu'ils causent d'autres péchés (on les appelle souvent les sept péchés capitaux).

La luxure consiste à se laisser entraîner par ses désirs sexuels dans des situations où d'autres considérations devraient être plus importantes, comme se préoccuper de ce que l'éthique exige de vous. La gloutonnerie est le désir continuel de consommer de la nourriture et de boire, porté à un point tel que vous en oubliez de prendre soin d'autres sujets plus importants. Ces deux péchés, la luxure et la gloutonnerie, sont ceux qui viennent le plus à l'esprit des Occidentaux quand ils pensent aux péchés. Pourtant, Thomas d'Aquin se préoccupe davantage de péchés plus subtils, des péchés qui intéressent des états humains plus élevés et sont susceptibles d'empoisonner toutes les activités de la personne. Pour lui, la luxure et la gloutonnerie procèdent d'inclinations que nous partageons avec les animaux, et de ce fait, elles sont à la fois plus grossières et moins susceptibles d'envahir la personnalité entière.

L'un de ces péchés les plus subtils est la vanité. Le vaniteux désire être honoré par des gens indignes ou pour des actes qui ne le méritent pas. Il poursuit, par exemple, l'accomplissement peu méritoire de simplement paraître beau ou recherche la louange de gens dont l'opinion n'a que peu de valeur. Un autre péché subtil est la colère, et celle-ci est peut-être traitée ici d'une manière différente que dans le bouddhisme. La colère n'est un vice que dans le cas où elle amène des gens à réagir violemment sans justification. Si la colère est régie par un bon jugement, elle peut même être une véritable force de bien parce qu'elle sert à animer et à soutenir une réponse éthique légitime. La différence est faite entre le vice de devenir furieux pour un prétexte mineur, et la vertu d'utiliser la colère pour vous aider à faire quelque chose contre une injustice flagrante, comme par exemple lorsque vous connaissez quelqu'un que l'on a refusé d'embaucher à cause de son sexe. Les actes vertueux ne consistent pas simplement à voir le mal, mais demandent une action, et il arrive que l'on ait besoin d'une réponse émotive telle que la colère pour nous aider à agir.

L'envie consiste à s'irriter des biens — ou disons des qualités tels que les talents musicaux ou artistiques — que d'autres possèdent. Elle peut même signifier que l'on essaye de détruire ce qui irrite. C'est l'un des vices les plus graves puisqu'il implique que l'on n'arrive pas à aimer des choses qui sont de réels biens, même s'il s'agit de biens que l'on ne possède pas. C'est aussi l'un des vices les plus mystérieux car, à la différence de la plupart des autres vices, une personne n'obtient presque rien de l'envie. Si je suis luxurieux ou glouton, j'obtiens certainement quelque satisfaction, mais la seule chose que j'obtiens de l'envie est la douleur de me sentir mal à propos du bien de quelqu'un d'autre. Que les gens soient envieux est l'une des raisons qui fait dire aux chrétiens que la nature de l'homme est fondamentalement corrompue — c'est-à-dire que l'idée du péché originel est vraie.

L'apathie spirituelle est ce que Thomas d'Aquin appelle le vice du moine, parce qu'elle fut d'abord repérée dans des situations monastiques et continue d'y prévaloir. C'est un manquement à la poursuite des buts que vous désirez réellement poursuivre, une sorte de lassitude concernant la quête des choses les plus importantes que vous recherchez. Le caractère de ce vice est, je crois, très difficile à comprendre, mais je le décèle en moi-même et dans les autres à tout moment. Donc, vous aimez quelque chose de bien mais vous n'arrivez pas à vous décider à faire ce qui est nécessaire pour l'obtenir — par exemple, pratiquer la méditation régulièrement ou écrire le livre que vous désirez écrire. L'apathie spirituelle est aussi un très bon exemple de la façon dont certains vices (aussi bien que des vertus) peuvent demeurer tapis si profondément dans l'individu qu'ils ne se manifestent jamais clairement. C'est ainsi que les gens qui souffrent d'apathie spirituelle peuvent être très actifs, mais leur activité frénétique dissimule le fait qu'ils sont incapables de suivre les buts qu'ils aspirent le plus à accomplir.

Le dernier de ces vices, l'avarice ou avidité, est, à son niveau le plus primaire, la poursuite des biens matériels, la pulsion de possession d'objets tels que des vêtements ou des livres. Thomas d'Aquin pense, cependant, qu'il s'agit en définitive d'une tentative de se protéger de la peur causée par le caractère changeant de toutes choses, et particulièrement de la peur de sa propre mort. C'est ainsi que l'on poursuit et que l'on rassemble des biens matériels de manière à ne pas faire face au fait que le changement est constant et que la mort vient pour tous. L'avarice, alors, serait un sérieux effort de déni du caractère véritable de la réalité.

L'orgueil est un péché plus général qu'aucun des sept précédents, bien qu'il les sous-tende tous. L'orgueil est un plaisir immodéré à l'égard de sa propre supériorité et de tout ce qui s'y rapporte. Il dépasse de loin le respect de soi fondamental que tout le monde devrait avoir. Par exemple, il se manifeste fréquemment comme une autosatisfaction de nos dons naturels et produit habituellement une sorte de complaisance et de sûreté de soi préjudiciable. L'orgueil nous empêche alors de reconnaître notre vulnérabilité, nos capacités nécessairement limitées et finalement diminue notre confiance en Dieu.

Examinons à présent l'exposé de Thomas d'Aquin sur les vertus. Il les classe en deux groupes. Dans le premier se trouvent les quatre vertus cardinales ; *cardinal* vient du mot latin signifiant "pivot". Ce sont ces perfections dont chacun a besoin pour mener une vie décente et normale. La sagesse pratique se rapporte au bon jugement, à un jugement qui est sensible aux différentes sortes de situations auxquelles nous sommes confrontés, et qui guide nos actions en conséquence. Elle nous dit, par exemple, quand il vaut mieux être en colère et quand il est meilleur de pardonner. La justice concerne les relations des gens entre eux, et se préoccupe particulièrement d'équité, en accordant aux uns et aux autres ce qui leur est dû. C'est l'action elle-même et non l'intention sous-jacente qui importe le plus : je dois rendre l'argent que j'ai emprunté même si je ne veux pas le rendre.

Le courage et la tempérance concernent essentiellement les relations des gens avec leurs émotions. Le courage triomphe de la peur ou la corrige afin que nous fassions ce que nous devons faire. Par exemple, je ne laisse pas ma peur de la réaction d'autrui m'empêcher de récuser des propos racistes. Par la tempérance, nous harmonisons nos désirs et nos émotions, particulièrement les plus animaux de nos désirs, afin que l'équanimité et la bonté éthique soient maintenues. Par exemple, je contrôle mes désirs sexuels afin de traiter comme il convient la femme à la fois attirante mais en difficulté que l'on m'a demandé d'aider. Ces quatre vertus sont fondamentales pour mener une vie décente et ordonnée en société et en famille. Elles ne font pas nécessairement d'une personne quelqu'un d'important, mais elles l'aident à devenir au moins un bon citoyen et un bon père ou une bonne mère.

Le groupe suivant de vertus regroupe ce qu'on appelle les vertus infuses, parce qu'elles procèdent directement de l'action divine. Ce sont des vertus religieuses ; c'est-à-dire qu'elles conduisent au-delà des conventions et des aspirations humaines ordinaires, et qu'elles mettent en contact direct avec les forces sacrées. Les plus importantes d'entre elles sont appelées *vertus théologales, theos* étant le mot grec signifiant Dieu, *logale* venant du mot grec logos,correspondant à la raison ou au fait de "penser à". Les trois vertus théologales sont la foi, l'espérance et la charité.

La foi se manifeste dans la croyance religieuse, mais à la différence d'opérations plus intellectuelles qui mènent à la croyance, la foi est animée par l'amour et le contact de Dieu. La foi ne peut prouver scientifiquement son objet, mais c'est l'assurance née d'une relation d'amour avec Dieu qui sous-tend la croyance. La marque distinctive de l'espérance est une confiance qui naît de la foi et du contact d'amour avec Dieu. L'espérance permet de triompher du désespoir tout en restant réaliste. Bien plus, avec l'espérance on reconnaît que son état est dû non à ses propres capacités, mais au pouvoir divin. Thomas d'Aquin traite la foi et l'espérance dans un contexte chrétien, bien sûr, mais se réfère aussi aux modes de vie que nous voyons dans la plupart des religions : c'est-à-dire aux modes de croyance et de confiance qui surpassent ce que les gens montrent habituellement.

La charité est la plus haute des vertus théologales ; elle sous-tend la foi comme l'espérance. Elle est proche, je pense, de la compassion authentique et de l'amour-tendresse du bouddhisme. Pour Thomas d'Aquin, cette vertu nous rend capable de participer à la vie divine et donc de partager avec Dieu des attributs tels que la joie et l'équanimité. De plus, la charité nous permet de voir tous les autres êtres comme des créatures semblables à nous, et donc de reconnaître que l'on devrait souhaiter faire pour tous les autres ce que l'on souhaite faire pour soi-même. Cela sous-entend aussi que la capacité d'aider les autres et de se sacrifier pour eux est centrale dans le christianisme. La charité est également le but ultime que servent la foi et l'espérance. On doit donc croire en certaines choses pour être en mesure d'être charitable, et l'on doit toujours espérer être capable d'aimer, particulièrement dans les moments sombres.

Votre Sainteté, nous sommes très intéressés par votre opinion sur les vices et les vertus les plus importants dans la tradition bouddhiste.

LE POINT DE VUE BOUDDHISTE

LE DALAÏ LAMA : Voici mon point de vue. Je pars d'un sens du moi et du fait que je désire être heureux. Je souhaite être libéré de la souffrance, et je suis digne d'éprouver le bonheur que je recherche, digne d'être libéré de la souffrance. Le bonheur que je m'efforce d'atteindre comme la souffrance dont je désire m'affranchir, sont tous deux des résultats. En reconnaissant cela, on recherche quelles sont les causes qui mènent à de tels résultats : au bien-être ou à la peine et à la souffrance. On poursuit les causes qui mènent au bonheur et l'on évite les causes qui mènent à la souffrance et aux afflictions. Les vices tombent dans cette dernière catégorie, tandis que les vertus appartiennent à la première.

C'est dans ce contexte que nous parlons de karma, c'est-à-dire des actions et de leurs résultats. Le point clé du karma ne réside pas seulement dans le fait que nous ne devrions pas accomplir de mauvaises actions, mais plutôt et surtout dans le fait que les mauvaises actions sont des actions malsaines. On ne s'en tient pas seulement aux valeurs, mais on se pose la question : «D'où cela vient-il, et pourquoi est-ce là ?» Si vous cherchez les causes qui donnent naissance aux actions malsaines, vous découvrez les afflictions mentales [12]. Il ne

12. NdT : *klesha*, en tibétain *nyon-mongs-pa*, est diversement traduit par "émotions perturbatrices", "émotions conflictuelles", "facteurs perturbateurs", "passions obscurcissantes", etc. Le mot vient du verbe *klish*, qui signifie être tourmenté, affligé, souffrir.

s'agit pas seulement d'observer ces afflictions mentales et de dire : «Oh, elles sont mauvaises» et d'en rester là, mais plutôt de remarquer qu'elles sont elles-mêmes des résultats et de se demander : «Quelles sont leurs causes ?» Vous pouvez aussi vous demander : «Est-il possible de dissiper ces afflictions mentales, et si c'est le cas, comment ? Quel genre d'antidote ou de remède doit-on appliquer ?» Et c'est ici qu'intervient la vacuité. La vacuité est la façon dont les phénomènes apparaissent en tant qu'événements interdépendants. Il s'agit d'une relation mutuelle généralisée.

Les principaux vices, ou plus précisément les principales distorsions mentales, sont l'attachement et la haine. Il existe quantité de variations subtiles, de formes différentes d'attachement et de haine, mais elles surgissent principalement de ces deux afflictions mentales premières. Maintenant, nous pouvons nous demander : «Y a-t-il quelque chose de plus fondamental que ces deux-là ?» et la réponse est oui. Du point de vue du Madhyamika Prasangika, nous dirions que la distorsion mentale initiale est l'ignorance qui s'empare des phénomènes comme s'ils avaient une existence propre.

Maintenant, examinons cette expression, *affliction mentale.* Comment la définit-on ? Quelles sont les caractéristiques qui distinguent une affliction mentale ? On la définit comme un événement mental qui perturbe l'équilibre ou la paix de l'esprit. Il existe cependant des événements mentaux sains qui peuvent vous rendre temporairement malheureux, anxieux ou perturbé, mais puisqu'ils sont sains, ce ne sont pas des afflictions mentales.

La compassion en est un exemple. Dans *l'Entrée dans la voie des bodhisattvas* [13], Shantideva fait remarquer que lorsque vous cultivez la compassion, cela peut vous perturber. Cela

---

13. Le *Bodhicaryâvatâra*, traduit en français sous le titre "La marche vers l'Éveil" (éditions Padmakara).

peut donner naissance à de l'anxiété pour les autres êtres. Il se demande : n'est-il pas vrai que, lorsque l'on cultive la compassion on ressent de la souffrance ? Et sa réponse est : oui, mais il y a un grand dessein derrière le fait de cultiver ce malaise ou ce tourment temporaire : un grand bienfait en découlera. Si nous en revenons maintenant à la définition de la distorsion mentale — un facteur mental qui perturbe l'équilibre de l'esprit — nous voyons qu'il ne s'agit pas simplement de quelque chose qui provoque temporairement des perturbations, de l'anxiété ou de l'infortune. Une affliction mentale est un facteur perturbateur qui ne crée pas seulement la dite perturbation, mais qui provoque à long terme des problèmes ultérieurs. Avec la compassion, il y a une perturbation temporaire et un bénéfice à long terme.

Ainsi, qu'un événement mental provoque ou non la souffrance, n'est pas un critère pour déterminer s'il s'agit d'une affliction mentale. Par exemple, l'attachement est une affliction mentale, mais il peut apparaître conjointement à une sensation de plaisir. De même, la colère peut surgir en même temps qu'un sentiment de satisfaction quand vous vous vengez de quelqu'un. Un événement mental est une affliction s'il perturbe la tranquillité de l'esprit et crée à long terme d'autres problèmes, des perturbations continuelles qui nous poussent à perpétuer des comportements malsains. Si, à long terme, un événement mental provoque la diminution des problèmes, alors il ne s'agit pas d'une affliction mentale. En fait, il peut s'agir d'une vertu.

QUAND LA PEUR ET LA COLÈRE NE SONT PAS DES ÉMOTIONS PERTURBATRICES

DANIEL BROWN : Votre Sainteté, dans mes lectures de l'Abhidharma, le fait que la peur ne figure pas dans la liste des afflictions premières et secondaires m'a toujours rendu perplexe. Dans mon expérience, la peur est certainement importante.

LE DALAÏ LAMA : Elle ne figure pas parmi les six méprises premières et les vingt méprises secondaires pour la simple raison qu'elle n'est pas considérée comme une émotion perturbatrice. Elle n'est pas nécessairement affligeante. Il existe des peurs de type vertueux, non vertueux et neutre. Par exemple, la peur du mal est en elle-même une vertu. Si vous vous demandez pourquoi elle n'est pas explicitement mentionnée parmi les facteurs mentaux variés, qui sait ? Il existe un Abhidharma dans la tradition birmane qui dresse une liste de plus de deux cents types de facteurs mentaux, et il se pourrait que la peur y figure. Savez-vous quelque chose de ces listes élaborées de la tradition Theravada ?

SHARON SALZBERG : À ma connaissance, dans les seuls cas où figure la peur, on la mentionne dans le sens d'une menace morale, ce qui est très positif, et dans le sens malsain d'une aversion craintive.

LE DALAÏ LAMA : La peur est l'une des choses qui doivent être vaincues pour atteindre l'Éveil. L'état d'intrépidité est quelque chose que l'on doit maîtriser. Mais cela ne prouve pas que l'on doive compter la peur parmi les émotions perturbatrices.

DANIEL GOLEMAN : Votre Sainteté, il existe différentes sortes de peurs ; n'en va-t-il pas de même avec la colère. Elle figure sur la liste des afflictions premières, mais n'existe-t-il pas une colère vertueuse ? Par exemple, la colère est-elle un mal ou une vertu ?

LE DALAÏ LAMA : D'une manière générale, la colère est simplement quelque chose à rejeter. Mais il est possible que lorsque vous vous penchez sur la motivation qui a suscité la colère, elle se révèle être la compassion. La colère peut donc être une composante de votre cheminement spirituel, mais il ne s'agit pas de la colère ordinaire. Dans ce genre de colère suscité par la compassion, l'esprit devient évidemment violent, mais il n'y a là aucune malveillance, aucune intention de blesser. En d'autres termes, il n'existe aucun élément de haine.

DANIEL GOLEMAN : Mène-t-elle à l'action, à un acte courroucé ?

LE DALAÏ LAMA : Oui, elle peut entraîner une action vigoureuse ou même violente.

UNE VIOLENCE VERTUEUSE

DANIEL GOLEMAN : Donc, il peut y avoir une violence vertueuse. Pourriez-vous en donner un exemple ?

LE DALAÏ LAMA : Dans le contexte tantrique, il est parlé de l'utilisation de la colère sur la voie. Vous en voyez des expressions dans les multiples déités courroucées. Vous ne trouverez cela que dans les tantras, nulle part ailleurs dans le bouddhisme.

DANIEL GOLEMAN : Contre quoi les déités courroucées sont-elles en colère ? Qu'est-ce qui suscite leur colère ?

LE DALAÏ LAMA : Il est difficile de dire qu'elles sont en colère contre quelque chose, ou qu'il existe un objet précis de leur colère. Si vous voulez une réponse facile, on peut dire tout simplement qu'elles sont en colère contre les empêchements, les souillures ou les circonstances défavorables. Mais dans les termes de la pratique réelle, il existe des occasions où un être éveillé cherche à aider un autre être, et trouve que les circonstances ne permettent pas une approche ou un engagement paisible. Un engagement violent est nécessaire afin de servir l'être animé en cette occasion, et les circonstances permettent l'expression du courroux.

Dans les cas où la logique et la raison ne réussissent pas à contrer vos propres émotions négatives — en d'autres termes, quand vous n'êtes pas capable de dialoguer avec vous-même en sortant de votre colère — un autre antidote consiste à vous visualiser comme une déité courroucée qui combat vos propres émotions négatives. Vous vous mettez en colère contre votre propre colère. [*rires*]

JON KABAT-ZINN : Quand vous vous manifestez comme une déité courroucée, l'équanimité est-elle incluse dans cet état ?

LE DALAÏ LAMA : Quand vous vous manifestez en tant que déité courroucée, l'esprit lui-même est violent. Ce n'est pas un simple jeu, comme se donner des airs de parfaite sérénité, mais il y a là une violence réelle.

LA COLÈRE COMPASSIONNÉE

JON KABAT-ZINN : Mais y a-t-il en cela de l'attachement, dans le sens où l'on se perd dans l'émotion ? Perd-on sa sagesse ?

LE DALAÏ LAMA : Une grande part de la colère que nous éprouvons dans la vie de tous les jours est suscitée par l'attachement. Le type de colère dont nous parlons ici est radicalement différent quant à son origine. Il est suscité par la compassion.

JON KABAT-ZINN : Et il n'entraîne pas ou ne crée pas d'attachement ?

LE DALAÏ LAMA : Non.

ALAN WALLACE : Les distorsions mentales sont-elles l'objet de la colère de la déité courroucée ?

LE DALAÏ LAMA : Oui, vraiment. Dans un texte bouddhiste appelé *Les quatre cents stances,* composé par Aryadeva, un pandit indien *, il est dit dans une stance que le Bouddha considère que ce sont les émotions perturbatrices qui sont fautives et non la personne qui les abrite. C'est à peu près semblable ici : il n'existe rien qui justifie une colère dirigée contre la personne. Il n'y a aucune base authentique qui permette d'être en colère contre quelqu'un.

LEE YEARLEY : Notre propre colère dirigée contre un défaut qui, selon nous, doit être éliminé, pourrait-elle nous amener à détruire la personne si cela est impliqué dans la destruction du défaut ? Par exemple, j'ai vu un gardien de camp de concentration nazi que la haine furieuse avait poussé à tuer quelqu'un, et j'ai également réalisé qu'il était un bon père de famille et quelqu'un digne de vivre. Cependant, j'ai compris que la seule manière de détruire sa haine était de le détruire, lui.

---

* Le successeur de Nagarjuna, fondateur de l'école madhyamika prasangika. [NdT]

LE DALAÏ LAMA : Cela se justifie dans le cas suivant : vous reconnaissez cette propension au mal ou ce vice ; vous savez qu'elle doit être dissipée à cause de tout le mal qui pourrait en découler ; et — cela est extrêmement important — sous l'inspiration de la grande compassion qui émerge du vœu d'écarter un grand mal, vous voyez que vous devez éliminer le vice. En reconnaissant qu'il n'existe aucune manière d'éliminer ce vice en dehors de la violence, vous pouvez alors prendre la vie de cette personne qui incarne ce vice, mais sans jamais perdre votre compassion à son égard, et en souhaitant assumer vous-même la responsabilité de cet acte.

ROBERT THURMAN : Il existe une histoire du Bouddha qui, dans une vie passée, tua Devadatta (également dans une de ses vies passées) et empêcha ainsi Devadatta de mettre à exécution son plan de tuer 499 personnes. Il ne prévint pas seulement le vice mais l'action elle-même. En tuant cette unique personne, il évita le meurtre de 499 autres personnes. Pour éviter le mal de ce massacre collectif, il prit sur lui la responsabilité du mal de tuer une personne.

LEE YEARLEY : Et quelles précautions peut-on prendre quand l'on décide d'un tel acte, pour vérifier que l'on n'abuse pas de ce principe ?

LE DALAÏ LAMA : Premier facteur important, le pratiquant doit toujours s'engager dans des actions en ayant deux témoins : lui-même et aussi autrui. Vous pourriez vous trouver dans une situation où il n'y a pas de témoin extérieur, mais comme vous êtes là vous-même pour témoigner, cela fait appel à une sorte d'honnêteté intérieure. Quelle précaution peut-on prendre pour s'assurer que l'on a cette honnêteté intérieure ? Cela dépend de quantité d'autres facteurs. En dernier ressort, cela nous renvoie à notre propre autodiscipline, car quel que soit le degré d'élaboration que peuvent prendre des règles extérieures, l'esprit humain est tellement tortueux qu'il sera toujours capable de se trouver des échappatoires. De ce point de vue, tout dépend finalement de l'individu. C'est une notion d'éthique qui repose beaucoup sur l'individu. En fait, elle combine l'individualisme, le perfectionnisme et le rationalisme.

LEE YEARLEY : Cela veut-il dire qu'une personne, même si elle est un pratiquant avancé, ne devrait jamais essayer de tuer quelqu'un sur le point d'agir d'une manière destructrice, pour la simple raison qu'elle pourrait bien ne pas être capable d'évaluer honnêtement sa propre motivation ou son intention ? Devrais-je dire que je ne dois jamais prendre une vie, parce que la justification que je trouve à cela peut être tordue, ce qui en ferait un acte négatif ?

LE DALAÏ LAMA : Il est nécessaire de mettre deux choses dans la balance. D'un côté, quelque chose est proscrit, comme l'acte de tuer ; de l'autre côté, il existe toujours un contexte. On doit donc se poser la question : Quelle est la plus grande nécessité étant donné cette circonstance ? Quelque chose peut être interdit, et cependant, dans certaines circonstances, le bienfait résultant de cet acte peut être plus important que le mal créé en l'évitant. On trouve ce principe d'équilibre, le donnant donnant, même dans le Vinaya [14], l'éthique bouddhiste la plus fondamentale, et on le retrouve dans l'éthique du Bodhisattva [15]. Notre propre sagesse est continuellement sollicitée pour juger des circonstances en termes de principes généraux et de contexte.

Il est très facile d'expliquer la violence en général, mais lorsque nous essayons d'appliquer cette injonction contre la

14. Le *Vinaya* est la section du canon bouddhiste qui traite de la discipline monastique et de l'éthique en général.

15. Un *bodhisattva* est une personne spirituellement avancée qui accomplit le vœu d'aider tous les êtres animés.

violence, cela peut se révéler très difficile. D'un manière générale, avant toute autre chose, la motivation est la chose la plus importante, et le résultat également. La violence est simplement la méthode, et la méthode est moins importante. Mais le malheur, c'est que vous ne connaissez pas les résultats de vos actions avant qu'elles se produisent. La violence est comme une pilule très puissante. Pour certaines maladies, elle peut être fort utile, mais ses effets secondaires sont considérables. Dans la pratique, cela peut être très compliqué, et il est donc plus sûr d'éviter les actes de violence.

DANIEL GOLEMAN : Votre Sainteté, vous avez dit que les motifs et les résultats étaient plus importants que les méthodes. Comment faites-vous la distinction entre les bons et les mauvais motifs ?

LE DALAÏ LAMA : Lorsqu'on travaille pour les autres, le motif approprié serait le souhait d'être utile à autrui. Cependant, lorsqu'il s'agit de notre propre intérêt, le motif approprié serait le souhait d'atteindre une paix durable plutôt qu'un bien-être momentané. C'est un point pertinent du Vinaya, qui explique les codes disciplinaires que moines et nonnes doivent observer afin de garder la pureté de leurs vœux. Prenons l'exemple d'un moine ou d'une nonne confronté à une situation dans laquelle il n'y a qu'une alternative : ou bien prendre la vie de quelqu'un ou bien se faire tuer. Dans de telles circonstances, se faire tuer est justifié parce que cela évite de prendre la vie d'un autre être humain, ce qui entraînerait la transgression de l'un des quatre vœux cardinaux. Bien sûr, ceci suppose que l'on accepte la théorie des renaissances ; autrement, c'est complètement insensé.

ROBERT THURMAN : Votre Sainteté a aussi fait mention du cas d'une personne qui peut se tuer elle-même, par compassion, pour sauver quelqu'un d'autre du péché de la tuer. Ce serait un cas où l'on se donnerait la mort par souci des autres.

LE DALAÏ LAMA : C'est un exemple du premier cas, qui est le souhait d'aider les autres. S'il est absolument clair que l'autre personne a le projet de vous tuer, vous pouvez vous donner la mort pour protéger cette personne de l'acte négatif de vous tuer. Au Tibet, des choses semblables sont arrivées. Parfois, des moines se sont donné la mort, mais pas avec une arme. Ils sont entrés dans un certain type de méditation où l'on transfère sa conscience hors du corps, puis ils sont morts. Ils auront fait cela pour éviter à autrui de les tuer.

CLIFF SARON : Mais la motivation de tuer était complète chez la personne qui était sur le point de les assassiner. Cela n'a-t-il aucune conséquence ?

LE DALAÏ LAMA : Nous entrons dans les arcanes du karma. Pour que le karma d'un acte soit complet, il doit y avoir une base pour l'acte de tuer, à savoir l'être destiné à être tué ; il doit y avoir l'intention de le faire ; il doit y avoir préméditation ; et il doit y avoir accomplissement de l'acte. Dans notre cas, la base et l'intention sont là ; la préméditation peut aussi être présente, mais au moins, vous évitez à la personne une ou deux de ces conditions, ce qui signifie que les résultats karmiques seront moindres. Mais cette personne n'échappe pas complètement aux conséquences. Il existe des cas où l'on accumule du karma pour quelque motif sans véritablement commettre l'acte. C'est-à-dire que vous pouvez "accumuler" un acte sans le commettre. Dans d'autres cas, il est possible de commettre un acte sans rien accumuler. Par exemple, si vous marchez le long d'un chemin et que vous écrasiez un insecte par inadvertance, vous avez commis l'acte de tuer, mais éthiquement parlant, vous ne l'avez pas accumulé. Au niveau de l'intention d'accomplir un acte négatif, il doit aussi y avoir trois facteurs. Le premier est une affliction mentale activée dans le processus. Le second est le motif et le troisième est la nécessité de reconnaître l'objet.

ROBERT LIVINGSTON : Prenons l'exemple du lâcher des bombes atomiques sur le Japon. On avait dit à ceux qui ont exécuté cela qu'ils sauveraient ainsi un million de vies.

DANIEL GOLEMAN : Était-ce un acte de bodhisattva ?

LE DALAÏ LAMA: C'est très difficile de juger. Théoriquement parlant, oui, c'est une possibilité, si cela avait vraiment été accompli afin de sauver beaucoup de vies humaines.

ROBERT THURMAN : Votre Sainteté, n'est-il pas vrai qu'un bodhisattva n'accomplit ce genre de choses que très exceptionnellement ? En principe, le bodhisattva essaie de ne commettre aucune violence. On doit être réellement quasi clairvoyant pour juger des conséquences. C'est pourquoi seul un bodhisattva avancé peut lâcher une bombe, mais l'idée d'accomplir un tel acte exceptionnel tétaniserait la plupart des gens. Je ne pense pas qu'Harry Truman fût un bodhisattva ! [*rires*]

LEE YEARLEY : Dans la théologie chrétienne, il y a la notion de péché par omission. En oubliant de faire quelque chose qui évite une mort, vous vous rendez coupable de cette mort. Supposons qu'Harry Truman ait décidé qu'il ne fallait pas lâcher la bombe parce qu'il n'était pas clairvoyant, parce qu'il doutait de son propre jugement et n'avait pas le sentiment d'avoir suffisamment d'informations. Aurait-il alors été coupable pour ces vies qui auraient été perdues parce qu'il ne pouvait croire en sa propre capacité de jugement ?

LE DALAÏ LAMA : Dans le cas d'une personne qui voit quelqu'un se noyer et se dit «Ce ne sont pas mes affaires» puis s'éloigne, il y a omission, un non-acte. Et nous pouvons nous demander s'il a des conséquences karmiques négatives ou non. C'est un cas simple ; ensuite, nous pourrons nous intéresser à un cas plus difficile.

LEE YEARLEY : Si, voyant quelqu'un qui se noie, vous vous dites : «Ce ne sont pas mes affaires», c'est une violation tellement évidente d'un sens des relations avec autrui qu'il s'agit tout simplement d'un acte pervers.

Je suis en train de songer à une situation dont vous n'êtes pas sûr de bien comprendre quelles peuvent en être les conséquences. Par exemple, vous voyez quelqu'un frapper un petit enfant plutôt méchamment, mais vous ne savez pas s'il n'existe pas une bonne raison pour que cette personne agisse ainsi. Si vous ne faites rien pour l'arrêter, et qu'il apparaît que vous n'êtes pas intervenu alors que vous auriez dû le faire clairement parce qu'il s'agissait d'un acte de violence, êtes-vous responsable de ne pas avoir eu confiance dans votre jugement immédiat vous indiquant qu'il s'agissait d'un acte de violence, pour la raison que vous doutiez d'en savoir assez sur toutes les implications de l'événement ?

LE DALAÏ LAMA : Dans de telles circonstances, cela dépend beaucoup de l'attitude de la personne confrontée à une telle situation. Si elle s'est éloignée de l'enfant qui était battu pour simplement éviter d'être impliquée dans les affaires d'autrui, il y a problème. D'autre part, elle peut avoir été motivée dans son éloignement par la crainte que son intervention décuple la colère de l'individu, ce dont l'enfant souffrirait encore plus. Cela dépend donc beaucoup de la motivation ou de l'attitude que vous avez à ce moment. Revenons à votre problème, Bob, du bombardement de Nagasaki et Hiroshima : nous ne pouvons juger éthiquement de cet acte que dans le contexte de ce moment particulier de l'histoire. Nous devons considérer ses conséquences à long terme, et si nous faisons ainsi, particulièrement du point de vue de l'immense prolifération des armes nucléaires, nous pouvons alors déclarer sans équivoque qu'il s'agit d'un acte non éthique. En ces circonstances particulières, il est possible qu'il y eût quelques motivations positives, mais cet acte a indubitablement beaucoup de conséquences négatives. Il en est résulté bien plus de craintes.

L'ÉTHIQUE SOCIALE

ROBERT THURMAN : Il me semble que la discussion a beaucoup tourné autour de la conscience et du comportement individuel, et de l'impact des forces institutionnelles, gouvernementales et religieuses, sur le comportement. J'aimerais l'orienter vers un problème auquel nous sommes tous confrontés : le fait que certaines nations, des gouvernements collectifs, ont été capables de créer des armes de destruction massive. Parmi ceux qui y contribuent, il se trouve des personnes soi-disant respectueuses de l'éthique, qui croient collaborer au bien-être du groupe, mais qui ont, d'une certaine manière, rendu possible cette menace qui pèse sur le monde entier. Comment abordez-vous ce problème, Lee, et vous-même, Votre Sainteté ?

LEE YEARLEY : Je pense que l'une des choses les plus éprouvantes et les plus préoccupantes de notre monde moderne est la croissance des États nationaux et ce que signifient ces États. Winston Churchill a déclaré que les guerres où combattraient les démocraties seraient les guerres les plus horribles que l'humanité ait jamais subies. Je pense qu'il avait raison. Cela a quelque rapport avec cette vision selon laquelle la collectivité, le groupe, la nation, sont une chose qui doit être protégée coûte que coûte, auxquelles les gens doivent participer et se sacrifier. D'une certaine manière, organiser tous les participants d'un groupe dans un but commun, peut presque faire de ce groupe une entité démoniaque. Je pense que ce fut le cas dans l'histoire de l'Amérique, où la nation américaine a fait des choses que pratiquement aucun individu ou groupe d'individus en Amérique n'aurait jamais faites. Que faisons-nous à ce propos, à part en être misérablement conscient, je ne le vois pas vraiment.

LE DALAÏ LAMA : Peut-être peut-on rapprocher cela de votre histoire où quelqu'un garde un fusil et pense qu'il est juste de le rendre lorsqu'on le lui demande. Au lieu d'un fusil, nous disposons d'armements nucléaires en grande abondance.

JON KABAT-ZINN : Tout cela tourne vraiment autour d'un point critique : les sociétés de cette planète se dirigent peut-être dans la direction d'une autodestruction à très grande échelle, détruisant non plus une petite partie du "soi" mais le monde entier, ce qui, bien sûr, exclurait tout développement ultérieur. On pourrait faire un parallèle avec une maladie auto-immune, où le corps ne reconnaît plus sa véritable nature et se tue lui-même ; de la même façon, les rationalistes à l'esprit étroit ou les perfectionnistes exaltés pourraient finir par devenir si toxiques au niveau global que cela tuerait l'organisme entier. La vraie question du moment est donc : pouvons-nous, oui ou non, en invoquant une intelligence transcendante ou de nouvelles propriétés de l'intelligence dans le cerveau et le système nerveux, en arriver individuellement et collectivement à une conscience de ce problème qui nous permettra d'éviter la destruction. Existe-t-il une solution au dilemme qui soit biologiquement valable ?

UN MOINE : La destruction à laquelle la race humaine fait face semble beaucoup dépendre du fait que la science, au moins la science appliquée, semble exempte de valeurs, dénuée de fondements éthiques. Doit-il en être ainsi ? Est-ce nécessaire au fonctionnement correct et au progrès de la science ?

FRANCISCO VARELA : Je ne crois pas que la science soit dénuée de valeurs. On ne peut la séparer de la vie sociale d'un pays ou du monde. Les décisions concernant la construction d'une arme ou l'installation d'un complexe technologique particulier qui va ensuite polluer l'environnement, sont toujours des décisions politiques, morales, historiques et économiques, qui impliquent la société entière. Les valeurs de la science appliquée sont celles de la société dans laquelle l'application prend place. Vous ne pouvez isoler la science comme un composant séparé. Quand un médecin dans une clinique décide de débrancher ou de ne pas débrancher l'appareillage qui maintient un patient en vie, il s'agit d'une décision technologique, mais elle s'appuie sur tout un ensemble de positions qui sont inséparables du domaine social. L'éthique dont nous sommes en train de parler s'applique partout, y compris dans la science, et ce serait déformer la nature entière du processus scientifique que d'essayer de ranger la science à part, comme si elle était au grenier plutôt que dans la cuisine avec tous les autres.

LEE YEARLEY : Je pense que c'est assez juste, mais aussi trop facile, car cela suppose qu'il serait héroïque de la part des scientifiques de ne pas poursuivre une ligne de recherche qui puisse être utilisée à des fins destructrices. Mais étant donné le fait que nous récompensons les scientifiques de différentes manières, et qu'il devrait au moins y avoir une éthique dans la profession, je pense que nous avons le droit de leur demander de s'abstenir de faire une chose s'ils pensent qu'elle est susceptible d'avoir des conséquences mauvaises.

FRANCISCO VARELA : Historiquement, cela ne s'est jamais produit. Cela se produira seulement quand la poursuite de la recherche sera un acte socialement négatif, et qu'on ne donnera plus les moyens de continuer par des dons, des nominations ou des prix. Si on laisse la décision à l'individu, cela ne marche pas, tout d'abord parce que les scientifiques sont tout aussi confus en matière d'éthique que n'importe qui d'autre, et que d'autre part un scientifique ne travaille pas seulement de sa propre volonté. Un scientifique a besoin de moyens, et la haute technologie nécessite de l'argent et une infrastructure, et nous en revenons au même point. Nous ne pouvons pas nous décharger de la décision de savoir si oui ou non l'on doit poursuivre une technologie donnée sur le dos d'un groupe de gens. C'est beaucoup trop optimiste et c'est voué à l'échec.

LEE YEARLEY : Je ne veux pas dire qu'il s'agit de la seule responsabilité des scientifiques et que les scientifiques n'appartiennent pas à la société. Je dis que parfois nous devons prendre des décisions très graves qui peuvent beaucoup nous affecter. Les scientifiques sont parfois dans cette situation. Il se peut que cela concerne quelque chose qui est bien au-delà de ce qu'il est normal de faire, et c'est pourquoi j'appelle cela héroïque, mais je pense que parfois nous avons le droit d'exiger des gens qu'ils s'en abstiennent et de les juger s'ils ne le font pas.

9

Les Racines de l'Estime de Soi

Différences Orient-Occident

Le langage et la culture façonnent la manière dont nous interprétons et définissons les émotions. Par exemple, le sentiment de *yugan* — grossièrement un moment esthétique d'unité — au Japon, ou de *rasa,* une appréciation indicible en Inde, n'ont aucun équivalent exact en anglais ou en français. De même, le tibétain n'a pas de mot pour le terme anglais *émotion*. Et bien qu'il soit au centre du concept tibétain de bien-être, le concept d'équanimité [16] n'est pas compris comme un état émotif important dans nos langues. Les émotions sont éprouvées derrière les lunettes de la culture.

La question qui sous-tend cette discussion sur les émotions est de déterminer si les conditions historiques et culturelles peuvent donner ou non naissance à de nouvelles

16. *Équanimité* n'est pas compris ici dans le sens spécifiquement bouddhiste d'impartialité vis-à-vis de tous les êtres, mais dans le sens classique d'égalité d'humeur, de sérénité.

émotions ou à leur expression. Le point de mire est l'estime de soi : le Dalaï Lama est stupéfait d'entendre dire que beaucoup d'Occidentaux souffrent d'un sentiment de mauvaise estime de soi. Il n'existe aucun concept du genre «se haïr soi-même» ou «se déprécier» — ou, comme le Dalaï Lama l'exprime, «un manque de compassion pour soi-même» ou un «mépris de soi-même» — dans la culture tibétaine. Cela nous mène à une vaste exploration de la racine de cet état, à la différence entre un sentiment de «vacuité», dans le sens psychologique de manque, et la réalisation de la vacuité dans la pratique bouddhiste, qui — aux côtés du fait de cultiver l'amour-tendresse envers soi-même — pourrait être, selon le Dalaï Lama, un antidote au sentiment de manque d'estime de soi et une base pour une authentique acceptation de soi.

LEE YEARLEY : Votre Sainteté, pensez-vous que les émotions soient en partie des produits de l'histoire ? Quelques philosophes ont soutenu que puisque les Occidentaux mènent une vie émotionnelle plus riche et plus compliquée qu'elle ne l'a jamais été auparavant, une palette de termes plus précis est entrée dans notre vocabulaire, comprenant des termes tels que dureté, manque d'assurance, sensiblerie, timide, abuser.

ALAN WALLACE : Ces termes peuvent difficilement être traduits.

LE DALAÏ LAMA : Il se peut qu'historiquement des circonstances sans précédent fassent jaillir des émotions sans précédent. Il est également possible que des émotions antérieures s'évanouissent quand les conditions extérieures changent.

LEE YEARLEY : Aurait-on des exemples ?

LE DALAÏ LAMA : Par exemple, dans une société matériellement puissante, beaucoup de compétition peut surgir pour l'acquisition des biens matériels, ce qui provoque ensuite beaucoup d'anxiété. Ce pourrait être un cas d'émotions sans précédents créées par les circonstances. Un autre exemple : avant l'actuelle crise du Golfe, un certain type de réaction émotionnelle était provoqué par la mention de l'Irak. À présent, la situation a changé, et quand quelqu'un parle de l'Irak, c'est une tout autre palette d'émotions qui se manifeste.

DANIEL GOLEMAN : Mais ces sentiments particuliers pouvaient exister avant. Vous les avez simplement appliqués à un nouvel objet. Y a-t-il de nouveaux genres de sentiments que les gens ont maintenant et qui n'existaient pas dans le passé ?

LE DALAÏ LAMA : Il est possible que si un nouveau type d'objet était créé, il fasse surgir des émotions inconnues jusqu'ici. Cet objet pourrait être un ensemble de circonstances ou un environnement. Mais fondamentalement, le désir et l'aversion sont toujours présents, et il est douteux qu'une nouvelle catégorie de distinctions puisse être créée historiquement dans l'humanité.

LEE YEARLEY : Permettez-moi de vous donner un exemple de ce que je veux exprimer. Des recherches complètes ont été faites sur l'apparition de romanciers français du XIXe siècle, comme Flaubert. Une fois cette littérature est devenue partie intégrante de la vie des gens, leurs journaux intimes et leurs actions révèlent un éventail de problèmes très différents, des termes et des idées concernant l'émergence des émotions. Il est difficile de retrouver ce qui a provoqué cela, mais il semble qu'une description littéraire de toute une série de difficultés pouvant opposer un homme à une femme finit par créer ces difficultés et donc suscite de nouvelles émotions entre hommes et femmes.

DANIEL BROWN : Quand nous parlions tout à l'heure des émotions, il y avait une liste plutôt simple de schémas émotifs d'expressions du visage. Cependant, nous savons par expérience qu'il existe bien plus de types et de nuances subtiles d'émotions que celles qui sont répertoriées. Il n'y a pas tant de variations dans les muscles de l'expression du visage ni dans les réponses autonomes ou viscérales. Puisque la physiologie est plutôt simple, on a suggéré que la pensée ou le langage aidaient à mieux spécifier les émotions. La question est donc : le développement d'un nouveau langage peut-il, comme celui des romans, créer de nouvelles spécificités ou subtilités dans les émotions ?

ROBERT THURMAN : Les nouveaux concepts et modes d'interprétation ne font réellement qu'ajouter de la complexité aux mêmes émotions fondamentales. La littérature bouddhiste, surtout la plus ancienne, celle de l'Inde, avait une analyse extrêmement complexe des émotions. Qu'une émotion réellement nouvelle se soit manifestée est contestable, bien qu'il puisse s'en trouver de nouveaux modes d'expression.

LE DALAÏ LAMA : Il est probable que notre usage de la langue encourage ou augmente certaines distorsions mentales, mais quant à la possibilité qu'il crée réellement de nouveaux types de distorsions ou d'émotions, la question reste ouverte.

FRANCISCO VARELA : C'est possible. Par exemple, dans la littérature espagnole, une manière particulière de rapport aux autres apparaît dans les romans du XVIIIe siècle, qui n'existait pas auparavant. Un nouveau mot, *verguenza ajena,* apparaît dans la langue pour décrire la honte que l'on ressent à l'égard de quelqu'un d'autre quand il fait quelque chose qui est embarrassant pour lui. Ce n'est pas un embarras habituel, car nous ne sommes pas les acteurs, et ce n'est pas non plus la pitié, puisque nous reconnaissons en nous-même la maladresse d'autrui.

LE DALAÏ LAMA : Cependant, il y a reconnaissance de l'autre en tant qu'autre être humain ?

FRANCISCO VARELA : C'est sûr, mais cette personne n'a pas besoin d'être un proche ou un ami personnel.

LE DALAÏ LAMA : Il y a toujours une relation, au sens universel du terme. Je me relie à la personne comme à un être humain. J'ai compris qu'à un certain moment, il y a deux ou trois millions d'années, le cerveau humain était plus réduit qu'aujourd'hui. Dans l'évolution du cerveau humain, y a-t-il eu également un changement de proportion entre les régions frontale et occipitale ?

FRANCISCO VARELA : Oui.

LE DALAÏ LAMA : Est-ce que cela ne nous incite pas à croire que la capacité émotive a aussi changé ?

DANIEL GOLEMAN : La partie du cerveau qui contrôle les émotions est très ancienne. On l'appelle le cerveau reptilien parce que nous partageons cela avec les reptiles. Ce qui s'y ajouta dans l'évolution, ce fut le cortex, le cerveau pensant et la capacité de ressentir des émotions subtiles. Un alligator peut apparemment avoir peur ou être en colère, tout comme nous, mais des distinctions plus subtiles vinrent avec le cortex. Les sentiments complexes et subtils dont nous parlons à présent ne se manifestèrent que tardivement au cours de l'évolution.

LE DÉVELOPPEMENT ÉMOTIONNEL PENDANT L'ENFANCE

LE DALAÏ LAMA : Laissons de côté l'histoire, prenons simplement le cas du développement humain d'une personne. Est-ce qu'un jeune enfant qui n'a pas reçu d'éducation a moins de types d'émotion qu'un enfant bien éduqué ?

DANIEL GOLEMAN : Oui. Quand l'enfant grandit, il y a des stades spécifiques où émergent certaines émotions. Par exemple, les émotions sociales telles que la gêne ou la honte ne s'expriment habituellement pas avant l'âge de cinq ans environ. Mais même dans les deux ou trois premières années de la vie, différentes émotions se manifestent, qui sont l'expression d'un cerveau complètement mûr.

DANIEL BROWN : Les plus précoces sont la joie, la tristesse, la colère et la peur. Puis cela devient plus complexe. Certaines émotions qui demandent beaucoup de connaissances, comme la culpabilité, viennent bien plus tard.

LE DALAÏ LAMA : Y a-t-il une différence chez les enfants élevés dans un contexte religieux ou non ?

DANIEL BROWN : Non, c'est universel.

LE DALAÏ LAMA : Parmi les adultes, existe-t-il une différence entre les gens religieux et non-religieux à propos de la variété de leurs émotions ?

FRANCISCO VARELA : Cela n'a pas été étudié. Il est clair que le vocabulaire concernant les émotions dans différentes langues peut varier considérablement.

DANIEL BROWN : Et nous savons aussi que dans certains groupes culturels, certaines émotions sont plus évidentes que dans d'autres cultures. Par exemple, les expressions de la colère sont beaucoup moins évidentes dans la culture japonaise. Le mépris est plus évident dans la culture française que dans la culture américaine.

DANIEL GOLEMAN : Quand Paul Ekman, qui faisait ces études du visage à propos des émotions universelles, se rendit au Japon, il trouva que les gens qui regardaient des films angoissants montraient très peu d'émotions, sauf quand ils pensaient être seuls. Il utilisa une caméra cachée et montra un film aux gens. Seuls, ils exprimaient librement les mêmes émotions au Japon que partout ailleurs dans le monde. Mais dès qu'une autre personne d'autorité était dans la salle, ils ne montraient aucune émotion. L'expression du visage est donc affectée par la culture, mais les sentiments sont là.

L'AUTODÉPRÉCIATION

SHARON SALZBERG : Lee a parlé tout à l'heure d'un sentiment très fort chez les Occidentaux, selon lequel le mal est tapi au centre même de l'être humain. Cela semble très différent de la compréhension bouddhiste où l'on dit que l'état naturel de l'esprit est pur et lumineux, et que les souillures qui créent tant de souffrances sont seulement passagères, n'étant pas inhérentes à l'esprit. J'aimerais vous interroger sur un état d'esprit, très fréquent en Occident, la profonde haine de soi. Selon le bouddhisme theravadin, la plus forte cause de l'amour-tendresse, *metta*, consiste à voir la bonté chez les autres ; or très souvent, les gens disent qu'ils ne peuvent voir leur propre bonté. Et lorsque nous demandons aux gens de réfléchir aux bonnes choses qu'ils ont faites par le passé afin que leur esprit soit empli de joie, de respect pour eux-mêmes et de confiance, ils disent qu'ils ne peuvent pas le faire facilement. Ils peuvent réfléchir aux mauvaises choses qu'ils ont faites, mais pas aux bonnes. Quand nous leur parlons de générosité, ils déclarent qu'ils sont déjà généreux, mais seulement parce qu'ils sentent qu'ils ne sont pas dignes d'avoir ce dont ils se séparent. Puisque les gens expriment si fréquemment qu'il leur est plus facile de ressentir de l'amour et de la compassion pour d'autres êtres que pour eux-mêmes, est-ce que cela a un sens de leur enseigner le sacrifice de soi pour les autres ? Pour ces personnes, le sacrifice de soi est souvent considéré non pas comme de la bonté véritable, mais simplement comme un plus grand mépris de soi-même et une plus grande indignité. Parfois, Votre Sainteté, il existe aussi un autre facteur. Ce n'est pas que les gens veuillent simplement être heureux et ne le soient pas. Ils souhaitent être heureux, mais ils ressentent également qu'ils ne le méritent pas ; ils se sentent coupables, comme si c'était mal pour eux d'être heureux. Ainsi, quand nous leur enseignons l'amour-tendresse et la compassion, devrions-nous parler très spécifiquement de l'amour de soi ?

[*Après un long échange en tibétain, Alan Wallace explique que ce concept est totalement étranger à Sa Sainteté.*]

LE DALAÏ LAMA : Ce mépris de soi ou ce manque de compassion pour soi-même, survient-il maintenant comme la conséquence de circonstances spécifiques, ou bien est-ce une question de tempérament, un trait psychique durable ?

SHARON SALZBERG : Je pense qu'il s'agit d'un trait de caractère durable que l'on recontre très fréquemment dans la culture occidentale.

DANIEL BROWN : Les thérapeutes cognitifs ont découvert que beaucoup de gens portent en eux un incessant monologue intérieur très négatif. Ils se disent en effet : «Je ne peux pas faire cela. Je me déteste. Rien de bon ne m'arrivera jamais.» Cela devient une habitude constante, même lorsqu'ils n'en sont pas conscients. Les thérapeutes disent que l'on doit intervenir et engendrer intentionnellement des pensées positives, en guise d'antidote pour changer cette habitude, mais que c'est très difficile d'y parvenir. Quand les gens sont déprimés, ce dialogue interne négatif s'intensifie bien plus. Il est aussi très caractéristique que lorsque les Occidentaux commencent à tourner leur regard vers l'intérieur, en psychothérapie ou dans la méditation, beaucoup de haine pour eux-mêmes surgit dans leurs premières expériences.

JON KABAT-ZINN : Votre Sainteté, ce problème de dépréciation de soi est très fréquent en Occident. Habituellement, les gens ne sont même pas conscients de ce monologue interne négatif. Cela vient en grande partie des expériences de la petite enfance : une mère en colère dit à sa fille : «Tu es une vilaine fille» là où elle veut en fait dire : «Je n'aime pas ce que tu es en train de faire.» Le message «Je suis mauvaise» demeure en l'enfant même quand elle a grandi et oublié pourquoi. Nous constatons cela chez presque tous ceux qui viennent à l'hôpital pour des problèmes médicaux. Les gens n'aiment pas beaucoup se valoriser.

LE DALAÏ LAMA : Ces gens sont-ils violents ?

JON KABAT-ZINN : Non, ils sont normaux, ce sont des gens ordinaires.

SHARON SALZBERG : Il s'agit de nous. [*rires*]

LE DALAÏ LAMA : Si ces gens qui s'estiment si peu se trouvent pris dans une situation où ils perdent leur sang froid, n'ont-ils pas le sentiment intense que leur propre soi défend sa dignité ?

JON KABAT-ZINN : Parfois, ils laissent simplement tomber, comme s'ils méritaient tout ce qui leur arrive de mal. D'un autre côté, beaucoup de gens répondent à ce profond sentiment de dépréciation de soi en devenant agressifs. Ils se ruent sur les autres comme un rouleau compresseur. Très profondément, ils sont mal à l'aise avec eux-mêmes et ne veulent pas le voir ; alors ils projettent leur pouvoir vers l'extérieur. Cela mène très facilement à l'agression, à la violence et à l'absence de sympathie pour le sentiment des autres. C'est un très grand problème en Occident.

DANIEL BROWN : Habituellement, cela ne mène pas ouvertement à l'agression ou à la violence, mais à davantage de haine envers soi-même.

LE DALAÏ LAMA : En tant que thérapeutes, qu'avez-vous trouvé qui soit utile pour aider ces gens ? Quelles sont les méthodes efficaces ?

JON KABAT-ZINN : Nous trouvons qu'entraîner les gens à méditer, particulièrement dans la méditation de l'attention, est très efficace. Si vous demandez à des gens qui ne connaissent rien à la méditation de s'asseoir très tranquillement et d'observer leur respiration, la première chose qu'ils remarquent est que c'est très difficile à cause des pensées qui vont et viennent. Si vous leur demandez d'observer le contenu de leurs pensées, sans s'impliquer dedans, ils observent que surgit une pensée du genre : «Je ne suis pas bon.» Avant, ils pensaient que c'était vrai. Maintenant, ils voient qu'il ne s'agit que d'une simple pensée. Quand ils en reviennent à la respiration et que la pensée passe, ils ont le sentiment d'une libération. Même chez les gens qui ont de sérieux problèmes comme des douleurs chroniques ou une maladie de cœur, un changement dans la manière de se voir peut se produire très vite, bien que le problème ne disparaisse pas immédiatement. Souvent, au bout de quelque temps, mettons comme huit ou dix semaines, les gens commencent à se surprendre, non pas dans la méditation mais dans leur vie quotidienne. Quand vous êtes mal à l'aise avec vous-même, les autres ou dans une situation sociale, vous reconnaissez qu'il s'agit d'une pensée et non de la réalité, et vous lâchez prise. Vous obtenez un plus grand sentiment d'équilibre intérieur et vous n'avez plus autant de problèmes avec le manque d'estime de soi.

SHARON SALZBERG : C'est également une aide que d'offrir des enseignements sur la moralité de manière que les gens se respectent eux-mêmes en menant une vie plus vertueuse. Et lorsque nous enseignons la méditation de l'amour-tendresse, il est capital que les gens s'incluent eux-mêmes dans le sentiment d'amour, sans se mettre à part des autres êtres.

JON KABAT-ZINN : Êtes-vous surpris ?

LE DALAÏ LAMA : Oui, beaucoup. Je pensai avoir une très bonne connaissance de l'esprit, mais maintenant, je me sens très ignorant. Je trouve cela très, très étrange, et je me demande d'où cela vient. Souffrez-vous tous de troubles nerveux, et la source d'une dépréciation de soi est-elle simplement physiologique ?

LES CAUSES D'UNE MAUVAISE ESTIME DE SOI

THOUBTEN JINPA : Peut-être cela vient-il vraiment de votre culture ; peut-être de votre héritage religieux et de ce genre de facteurs culturels.

LE DALAÏ LAMA : Peut-être cela vient-il d'une mentalité absolutiste. C'est-à-dire que lorsque quelque chose est un tant soit peu négatif, on l'étiquette comme étant absolument négatif. Et lorsque quelque chose est plutôt bon, on le voit comme étant absolument bon, en ignorant toute la gamme de variations subtiles entre les deux. Cela pourrait produire ce genre de dysfonctionnement mental.

JON KABAT-ZINN : Il existe aussi une autre possibilité, bien qu'aucune des hypothèses ne s'excluent mutuellement. Elle est en rapport avec ce que Dan Goleman disait à propos du sentiment des gens de n'avoir aucun contrôle sur leur vie. Dans notre société, autrefois, il existait quantité de systèmes qui donnaient à l'individu le sens d'une appartenance et d'un lien. Le système offrait un certain contrôle et définissait un petit monde porteur de sens. L'Église et la famille au sens large, par exemple, étaient des forces très puissantes dans la vie des gens. De nos jours en Occident, l'Église est beaucoup plus faible et moins importante pour les gens. La famille a souvent éclaté. Le milieu du travail est également très fragmenté : il ne s'agit plus désormais de la ferme qui avait été celle de votre père, de votre grand-père, etc. située toujours sur la même terre. Les relations sociales actuelles sont bien plus fluctuantes, et tout cela fait qu'il est difficile pour les jeunes de savoir où ils se situent dans la société.

LEE YEARLEY : Ce n'est pas un phénomène si nouveau. Quand Alexis de Tocqueville étudia l'Amérique en 1830, il considère que l'une des deux caractéristiques des Américains était ce qu'il appelait «la nervosité américaine». Bien qu'il fût favorable à une société libérale et démocratique, il pensa que le prix à payer pour vivre dans une telle société était considérable ; à cause de cela, on ne pouvait pas y trouver sa place. Le fait de ne pas savoir clairement qui on était ni ce qui était valable lui semblait inhérent au système. Il pensait que l'expérience américaine pouvait par conséquent échouer, et il y a de cela près de deux cents ans.

LE DALAÏ LAMA : Un fort pourcentage de la population américaine se comporte-t-il ainsi ?

JON KABAT-ZINN : Un pourcentage très élevé.

LE DALAÏ LAMA : Cela fait-il une grande différence avec les Sud-américains ou les Européens ?

FRANCISCO VARELA : C'est beaucoup moins fréquent chez eux, Votre Sainteté. Je pense qu'une des raisons de cette différence vient de ce que nous avons évoqué : la possibilité que les émotions soient en partie conditionnées culturellement par le langage. Quand je me rends aux USA, l'incroyable quantité de conversations à propos de l'estime de soi me surprend. En Europe et en Amérique du Sud, c'est beaucoup moins le cas. En France, par exemple, l'expression "estime de soi" n'est pas usuelle. Le langage renforce l'émotion et la met en avant dans nos vies. Je pense qu'il peut s'agir d'un très bon exemple de la manière dont l'histoire, la culture et le langage façonnent un certain répertoire d'émotions.

JON KABAT-ZINN : Il se pourrait, comme nous l'évoquions plus tôt, qu'une nouvelle émotion qui n'existait pas il y a cinq cents ans se manifeste. Il se pourrait que nous ayons découvert l'une d'entre elles.

LEE YEARLEY : L'une des raisons pour cela, c'est la notion religieuse très dominante d'un Dieu qui juge.

UN MOINE : Le concept de péché originel renforce ce sentiment. J'ai aussi rencontré quelques personnes pour qui la doctrine bouddhiste d'un soi n'ayant pas d'existence réelle ne fait que renforcer leur mauvaise estime de soi.

LEE YEARLEY : On dit parfois des chrétiens américains que leur christianisme ne va pas plus loin que la crucifixion, et qu'ils en oublient tout le reste des événements qui se sont produits. Dans l'histoire chrétienne complète, Jésus est tué, mais ressuscite pour permettre à la communauté de vivre selon une manière particulière. Mais ils voient seulement que le Bien a été détruit, sans comprendre comment il continue à vivre. L'une des deux faces de l'histoire a été complètement laissée de côté.

LE DALAÏ LAMA : Cette mentalité existe-t-elle chez les muets ?

DANIEL GOLEMAN : Oui, Votre Sainteté. En fait, en Amérique, les handicapés l'ont même souvent davantage.

LE DALAÏ LAMA : Je veux dire, y a-t-il de tels blocages chez des gens qui n'ont pas la possibilité de communiquer par les mots ?

FRANCISCO VARELA : Il y a le cas d'Helen Keller, qui est née aveugle et sourde. Elle a cependant eu un excellent tuteur qui a communiqué avec elle par le toucher. Elle a fini par apprendre à lire et à écrire, et elle a décrit son expérience d'aveugle et de sourde. Sa description n'est pas une image socialisée d'un soi, mais d'une sorte de soi très différent qui ne se socialisa que lorsqu'elle apprit à communiquer dans sa culture. C'est un exemple parfait de ce que vous demandez, et la réponse est sans aucun doute oui, le manque de langage dans la participation à une culture façonne le sentiment du soi.

LE DALAÏ LAMA : Un terme important dans le bouddhisme tibétain est *égocentrisme*, qui signifie chérir davantage son propre bien-être que celui des autres. Est-il possible d'avoir de l'égocentrisme en même temps qu'un manque d'estime pour soi-même ?

DANIEL BROWN : Oui, ils vont très souvent ensemble. Les gens qui ont de très gros problèmes d'estime de soi ont souvent une image du soi gonflée, pompeuse, en même temps qu'un manque d'estime pour eux-mêmes.

LE DALAÏ LAMA : Ces gens qui manquent d'estime pour eux-mêmes ont sans doute le sentiment du «Je». N'ont-ils pas aussi le sentiment qu'ils veulent être heureux ?

DANIEL BROWN : Oui, bien sûr, très fortement.

DANIEL GOLEMAN : Vouloir être heureux, est-ce de l'égocentrisme ?

LE DALAÏ LAMA : Dans le bouddhisme tibétain, on pourrait se demander : «Un Bouddha a-t-il des intérêts personnels ou bien est-il seulement concerné par autrui ?» La réponse — et il s'agit d'un point crucial — est qu'un Bouddha a les deux. De même un Bodhisattva, qui est dépourvu d'égocentrisme, souhaite cependant atteindre le plein éveil pour le bienfait de tous les êtres ; et un tel être a donc un intérêt personnel au même titre qu'un intérêt altruiste. Sans cela, il n'y aurait aucune confiance et l'on aurait une piètre estime de soi. Mais l'égocentrisme outrepasse cela, et un Bouddha ou un Bodhisattva en sont dépourvus. Dans l'égocentrisme, on souhaite son propre bonheur en laissant de côté le bien-être des autres. Ce n'est pas nécessairement grandiose, mais cela fait de soi-même la priorité en reléguant tout le reste au second plan.

DANIEL BROWN : Beaucoup d'études ont été faites en psychothérapie occidentale sur les gens qui souffrent de désordres narcissiques — des versions extrêmes des problèmes de l'estime de soi. Ces gens manifestent habituellement une très mauvaise estime de soi, en même temps qu'une sorte de grandiloquence. Certains commencent par se plaindre de leur mauvaise estime d'eux-mêmes, et par la psychothérapie, découvrent une image d'eux-mêmes plus flatteuse, ce qui leur permet au bout du compte de développer une vision plus équilibrée d'eux-mêmes. D'autres arrivent très imbus de leur personne, et avec le temps, au cours de la psychothérapie, découvrent leur manque d'estime pour eux-mêmes. Encore une fois, l'heureuse issue en psychothérapie est une vue plus équilibrée de soi.

Nous avons aussi découvert que les gens narcissiques ou souffrant de problèmes chroniques d'estime de soi ont des difficultés à garder la conscience de soi et de l'autre en même temps. Par exemple, un client narcissique entre en psychothérapie tellement imbu de lui-même qu'il n'est même pas conscient du psychothérapeute. Il remplit l'espace entier, et le thérapeute finit par se lasser parce qu'il ne se sent pas présent aux yeux du patient. Parfois, c'est l'opposé qui se produit : le patient sera tellement saisi par la présence du thérapeute qu'il l'idéalisera en considérant qu'il est très puissant, si bien qu'il perdra le sens du soi en présence du thérapeute. Comme les gens qui souffrent de désordres narcissiques extrêmes ne peuvent garder simultanément la conscience de soi et celle de l'autre, ils basculent de tout l'un à tout l'autre en alternance. Cela fait partie du problème qui doit être corrigé.

LE DALAÏ LAMA : Dans ces cas de gens qui ont une piètre estime d'eux-mêmes, trois choses semblent être présentes. Premièrement, ils ont assurément un sens du soi ; deuxièmement, ils veulent être heureux ; mais troisièmement, il y a ce mépris ou cette colère contre eux-mêmes. Cela pourrait aussi être lié au désespoir, au manque d'espérance. Vous avez dit que lorsque ces gens qui souffrent de ce genre de problèmes apprennent à méditer en observant attentivement leurs pensées, ils réalisent qu'il s'agit de simples pensées, ce qui les aide à diminuer leur mauvaise estime d'eux-mêmes. Est-ce parce qu'en faisant cela, ils ont un sentiment d'accomplissement ? Est-ce cela qui réduit leur manque d'estime pour eux-mêmes ou bien quelque chose d'autre ?

LA CAPACITÉ D'AMENER LES CHOSES À SE PRODUIRE

JON KABAT-ZINN : Je pense qu'il y a aussi quelque chose d'autre, mais vous mettez le doigt sur un point très important dans cette forme extrême de découragement. L'efficacité personnelle a été l'objet de beaucoup de recherches en psychologie occidentale dans les quinze dernières années. La croyance en sa propre capacité d'amener les choses à se produire dans un certain domaine peut être très importante. Si vous ne vous croyez pas capable d'arrêter de fumer, vous pouvez prévoir que vous ne pourrez pas vous arrêter facilement de fumer. Prenons l'exemple d'une voiture à garer. Il y a des gens qui baissent les bras et disent : «Mon Dieu, je n'y arriverai jamais. » Et ils ne répareront jamais de voiture. D'autres diront : «Bien, je ne sais pas, mais essayons.» Ils sont bien plus heureux et mieux adaptés, et ils se relèvent aussi beaucoup plus vite d'une maladie. Cette croyance en ses propres capacités est le meilleur présage d'une amélioration chez les patients qui se remettent d'une maladie de cœur ou d'une arthrite, et certaines mesures du système immunitaire le confirment.

Pour répondre plus spécifiquement à votre question, le sens de l'efficacité personnelle est encouragé quand les gens découvrent dans la méditation qu'ils n'ont pas à se sentir écrasés par une pensée — quand ils reconnaissent la pensée «Je ne suis pas bon» comme une pensée et non comme la réalité, et qu'ils lâchent prise. La fois suivante où elle se produit, ils la laissent venir, l'attrapent, puis la laissent partir, sans se sentir aussi déprimés qu'avant. Leur croyance dans leur capacité à devenir plus habile s'est accrue, et ce sentiment de maîtrise est très positif pour augmenter l'estime de soi.

LE DALAÏ LAMA : Appliquez-vous d'autres méthodes, telles que donner une certaine tâche aux gens qui manquent d'estime pour eux-mêmes, en observant comment ils s'en arrangent, en les encourageant quand ils la font correctement, et en donnant ainsi un coup de pouce à leur moral ou à leur estime pour eux-mêmes ?

JON KABAT-ZINN : Oui, bien sûr, cela les aide.

LES MÉTHODES UTILISÉES POUR MAÎTRISER LE MANQUE D'ESTIME DE SOI

DANIEL BROWN : Permettez-moi de dire quelques mots sur les problèmes de méthodes. Jon a parlé de l'utilisation de la méditation pour contrôler ce désordre ; nous aimerions voir cette méthode développée davantage, mais cette approche est spécifique à notre travail. En Occident, l'approche habituelle de ce genre de problème est la psychothérapie, et dans la psychothérapie, il y a deux méthodes qui se sont avérées utiles pour aborder ce problème. La première, la thérapie cognitive, travaille directement avec les pensées. On commence par identifier le schéma de pensées négatives, par exemple en demandant aux gens de dresser une liste de leurs pensées négatives les plus typiques, telles que : "Je suis une mauvaise personne ; je ne peux rien faire de bien ; il m'arrivera toujours de mauvaises choses ; cela va de mal en pis.» Puis, sur la page d'en face, ils écrivent la pensée positive ou l'affirmation qui sert d'antidote. Par exemple, en opposition à : «Cela va de mal en pis», les gens écrivent : «Considérer une chose à la fois», ou ils contrent la déclaration : «Je suis mauvais», en disant ce qu'ils apprécient en eux-mêmes.

Puis, ils utilisent ces affirmations et les pratiquent en les gardant à l'esprit continuellement, comme une méditation ou un mantra. On a découvert que lorsque les gens pratiquent régulièrement ces affirmations vingt minutes à une demi-heure par jour, ou quelques minutes à la fois plusieurs fois dans la journée, le schéma entier des pensées négatives finit par changer, et qu'ils acquièrent une meilleure image d'eux-mêmes. C'est donc une méthode : identifier le négatif et appliquer l'antidote, qui est l'affirmation.

LE DALAÏ LAMA : C'est presque comme se rappeler sa propre valeur et sa dignité.

DANIEL BROWN : Oui, Votre Sainteté, je sais que vous avez une pratique semblable dans votre tradition, qui utilise l'application d'un antidote aux comportements négatifs. C'est très proche, sauf que notre méthode s'applique aux pensées plutôt qu'aux comportements. Si vous avez des pensées négatives, vous leur appliquez des pensées positives comme antidote.

La seconde approche utilisée en psychothérapie s'applique davantage à la qualité des relations humaines, ici entre le patient et le thérapeute. On suppose qu'un patient qui pense si négativement était ignoré de ses parents et des autres pendant sa croissance, ou bien n'était pas assez loué pour ses réussites véritables. Le temps passant, si le thérapeute s'intéresse de façon suivie, respectueuse et admirative envers le patient, la haine pour soi-même se transformera et la personne acquerra une appréciation d'elle-même plus saine et mieux équilibrée. C'est un peu comme si elle était à nouveau sous l'attention parentale, grâce au thérapeute.

LE DALAÏ LAMA : J'essaye de pister l'étiologie, les liens de cause à effet naturels qui mènent à ce désordre. Pour ce faire, nous remarquons ici un sentiment du soi qui souhaite son propre bonheur, puis l'intervention de cette dépréciation ou de cette mauvaise estime de soi. Mais sous tout cela, à un niveau plus profond, n'y aurait-il pas déjà une compassion envers soi-même ? Dans ce cas, le manque d'estime de soi serait une distorsion à un niveau plus superficiel, tandis qu'en profondeur, il y aurait un sens d'amour de soi approprié.

JON KABAT-ZINN : Je pense que c'est vrai, mais si vous ne pouvez pas entrer en contact avec cet amour de soi, vous vous en sentez coupé et isolé.

LE DALAÏ LAMA : S'il n'y a pas de sens authentique d'amour sous-jacent à toutes ces émotions, alors même si les autres vous louent, vous n'êtes pas atteint par leur louange. Quand les gens louent une personne qui souffre d'un manque d'estime pour elle-même, celle-ci se dit qu'ils se trompent. La méthode décrite par Dan Brown, qui utilise les affirmations pour contrer les sentiments négatifs, revient presque à rappeler aux patients leur valeur. Quand les patients lisent la liste de mots négatifs d'un côté et de mots positifs de l'autre, cela leur rappelle qu'ils peuvent faire quelque chose, qu'ils sont ainsi vraiment dignes, et cela semble les aider. Mais si l'on ne suppose pas qu'il existe une sorte d'amour de soi sous-jacente à leurs émotions, il leur est très difficile de comprendre cela ; ils n'ont aucune motivation.

JON KABAT-ZINN : Je pense qu'il existe de profonds réservoirs d'amour au plus profond de tous les êtres humains.

LE DALAÏ LAMA : Oh oui ! Je crois qu'il s'agit de la nature de l'homme. Tant qu'on est un être humain, cet amour de soi doit être présent.

JON KABAT-ZINN : Votre Sainteté, vous avez absolument raison. C'est ainsi que beaucoup de gens ont des problèmes avec leur corps. Ils n'aiment pas leur corps, ils sentent qu'il est trop ceci, pas assez cela, pas assez beau, ou n'importe quoi d'autre. Quand la thérapie réussit, ou quand les gens ont des expériences positives dans la méditation, ils se frayent un chemin vers un plus profond sens de bien-être intérieur.

LE DALAÏ LAMA : C'est ce que les yogis tibétains s'efforcent de faire par leur méditation. Ainsi donc, sans même essayer, vos patients ont déjà accompli cela ! [*rires*]

JON KABAT-ZINN : Quand les gens commencent à porter de l'attention à leur corps au présent, ils découvrent très fréquemment que sous le dégoût de surface, ils acceptent leur corps. Mais les pensées superficielles allant et venant tout le temps sont très fortement négatives et les empêchent d'entrer en contact avec un sentiment plus profond de totalité. Si tout le monde, l'ensemble des cinq milliards de gens sur cette planète, a ce lien, cet amour et cette clarté sous la surface, alors la question-clé est comment, particulièrement pour ceux qui ont de très gros problèmes avec cela, entrer en contact de la manière la plus efficace et la plus sûre avec cette paix et cet amour qui résident en eux, et ce d'une manière qui mène à une compréhension profonde et définitive.

CULTIVER L'AMOUR-TENDRESSE À NOTRE ÉGARD

LE DALAÏ LAMA : Je pense que le principe bouddhiste le plus pertinent à propos de l'ensemble de ce problème est l'assertion selon laquelle la Nature de Bouddha est présente dans tous les êtres animés. Quand vous appliquez cela à votre personne, il en découle que la nature essentielle de votre esprit est absolument pure ; ce qui fournit une base pour la confiance en soi et aussi pour vaincre le désespoir.

JON KABAT-ZINN : Mais cela nécessite d'y croire, et vous avez dit que quatre milliards de gens sur cette planète n'ont pas de croyance.

LE DALAÏ LAMA : On ne part pas de l'assertion de la Nature de Bouddha, car ce serait simplement sauter dans une confession. On cherche plutôt d'abord à comprendre la vacuité. Il y a donc deux itinéraires : pour quelques-uns, la foi sera l'étape initiale, mais il y a une autre voie qui n'est pas celle d'une simple croyance, mais la poursuite de la réalisation de la vacuité. Sur la base de cette réalisation, on peut voir que les distorsions mentales sont purement accidentelles. Elles ne sont pas inhérentes à la nature de l'esprit et l'on peut par conséquent s'en libérer. Alors on peut introduire la notion de la Nature de Bouddha, et ce sera une base très solide, non plus simplement l'affirmation d'une croyance.

JON KABAT-ZINN : Ce pourrait être un réel problème en Amérique si vous utilisiez les mauvais mots, car ce que vous entendez par vacuité est très, très différent de ce que les Occidentaux comprennent. Ils se sentent déjà complètement vides ! [*rires*]

LE DALAÏ LAMA : La conception occidentale de la vacuité est terriblement vide ! Cette notion occidentale, qui est une conception erronée de la vacuité, dit que c'est simplement vide, tandis que la conception correcte de la vacuité en fait quelque chose d'absolument plein. Normalement, quand nous utilisons le terme ego, ou ipséité, il peut y avoir deux connotations, l'une négative et l'autre qui ne l'est pas nécessairement. Un sens de l'identité personnelle est négatif s'il surgit de l'infatuation, de l'arrogance, etc., sans aucune base valable. Cette sorte de sentiment très fort d'identité est erroné. Mais il pourrait y avoir un autre sens de l'identité ou de l'ego, qui, en fait, serait plus fort chez les Bodhisattvas que chez les gens ordinaires. Car les Bodhisattvas sont des êtres prêts à sacrifier leur propre bien-être au bénéfice des autres. À la place de leur propre bien-être, ils chérissent le bien-être des autres êtres. Pour mener à bien un tel dessein, vous devez avant tout avoir un fort sentiment d'identité, et sur cette base vous pouvez orienter vos priorités vers autrui. De sorte que le sens de l'identité personnelle d'un Bodhisattva est même plus fort que celui d'une personne ordinaire qui n'a pas la capacité de sacrifier son propre bien-être au salut des autres. Pour accomplir cela, vous avez besoin d'un pouvoir d'aspiration extraordinaire, et vous le développez grâce à une forte confiance en vous-même.

JON KABAT-ZINN : Cela correspond à ce que décrivait Lee Yearley au sujet du péché d'apathie spirituelle, qui est un problème largement répandu dans cette société. Je me demande si cela ne pourrait pas être lié à la question globale concernant le développement d'un fort sens de détermination dépourvu de toute connotation négative égoïste.

DANIEL BROWN : Dans la psychothérapie occidentale, nous avons un concept appelé saine estime de soi, qui est différent de ce que vous décrivez à propos des

Bodhisattvas, Votre Sainteté. Un individu doté d'une saine estime de soi n'est ni grandiloquent ni arrogant sans raison, mais le plus important est que la personne maintienne une estime de soi relativement indépendante du contexte où elle se trouve. Pour la personne ordinaire affligée d'une mauvaise estime de soi, la valeur de soi dépend du contexte. Par exemple, je m'inquiète de l'image que les autres ont de moi, et j'ai besoin d'une certaine forme d'admiration ou de louange. Si d'autres gens me critiquent, mon estime pour moi-même diminue. Ma propre dignité dépend de la manière dont les autres me considèrent. Ou bien ma propre valeur dépend de ma propre évaluation de mes accomplissements. Lorsque je fais quelque chose de bien, je me sens regonflé ; si j'échoue par rapport à mes propres critères, je me sens mal. Les gens qui ont une saine estime d'eux-mêmes sont moins dépendants du contexte extérieur, et de la disparité entre leurs capacités du moment et leurs propres critères d'exigence. Nous pouvons donc dire de leur estime de soi qu'elle est solide, sans à coups.

LE DALAÏ LAMA : Parce qu'elle s'appuie sur l'évidence, sur la raison. Elle a donc une plus grande stabilité.

DANIEL BROWN : Oui, elle est plus stable. Ces gens ne sont donc pas facilement affectés quand les autres pensent du mal d'eux ou les admirent beaucoup. Ce sentiment, qui est pratiquement au-delà de la louange et du blâme, est moins ébranlé lorsque leur action n'est pas à la hauteur de leurs critères ou de leurs buts. Ce qui manque dans cette notion occidentale de saine estime de soi, c'est précisément ce que votre propre tradition souligne. Le concept de saine estime de soi met l'accent sur l'autonomie, c'est-à-dire l'indépendance. Le concept du Bodhisattva met en vedette la relation à autrui, le fait d'agir pour le bien d'autrui, et c'est ce qui fait la différence en quelque sorte.

LE DALAÏ LAMA : J'ai donné l'exemple d'un Bodhisattva, mais cela a une signification bien plus vaste.

J'ai parlé de ce problème d'une identité personnelle correcte et saine en me référant au Bodhisattva parce qu'on associe habituellement l'idée d'un Bodhisattva avec celle d'autosacrifice. Néanmoins, un solide sens d'identité personnelle peut fort bien convenir à quantité de gens qui ne sont pas des Bodhisattvas. Pour avoir un tel sentiment de soi solide et authentique, il n'est pas nécessaire d'avoir un profond sens de l'altruisme, ou de chérir les autres profondément. Outre les Bodhisattvas, des pratiquants tels que les *Shravakas* [17] et les *Pratyekabouddhas* [18] ont très certainement un solide sentiment du "je" qui les empêchera d'accomplir des actions malsaines. Donc, eux aussi ont un fort sentiment d'identité personnelle.

UNE ACCEPTATION DE SOI AUTHENTIQUE

DANIEL GOLEMAN : Quelles sont les qualités ou les traits d'esprit de ce genre d'identité ? Quels seraient les facteurs mentaux dominants dans l'esprit d'une telle personne ?

LE DALAÏ LAMA : Une solide identité ou confiance en soi au vrai sens du terme n'est pas quelque chose qui apparaît en vertu d'une seule cause ; elle est liée à des causes

---

17. *Shravaka* signifie auditeur. Il s'agit de pratiquants bouddhistes qui suivent une voie de libération individuelle, sans la résolution du Bodhisattva de devenir éveillé pour le bienfait de tous les êtres.

18. *Pratyekabouddha* signifie Bouddha solitaire. Il s'agit de pratiquants bouddhistes qui ont poursuivi un cheminement de réalisation solitaire. De leur point de vue, les pratyekabouddhas comprennent que la personnalité et les événements mentaux sont fluides et impersonnels, non-enracinés dans un soi fixe.

multiples. Par exemple, selon la psychologie bouddhiste, la confiance en soi peut naître sans prétention ni orgueil, et sur cette base de la confiance en soi, on peut aspirer à quelque chose, mais sans désir. De même, on peut ressentir de la compassion dégagée de l'attachement perturbateur qui lui est habituellement associé. On distinguera entre les différentes sortes de confiance en soi grâce à la faculté de discernement.

ALAN WALLACE : Le terme que nous traduisons ici par confiance en soi ou estime de soi véhicule aussi le sens de conscience, à la fois personnelle et publique. La distinction entre conscience personnelle et conscience "publique" consiste en ce que la première est opérante même lorsque vous êtes seul : votre conscience ou votre estime de soi ne vous permet pas de vous engager dans certaines actions malsaines parce que vous pensez qu'elles vous rabaissent ou qu'elles sont inappropriées, sans vous soucier de savoir si quelqu'un les découvrira jamais. La conscience publique implique que vous preniez en compte la conscience que les autres ont de vous. Toutes deux sont considérées comme des états d'esprit sains. On peut jouir de la présence des deux, sans pour autant ressentir le manque d'estime de soi, le désespoir ou le besoin de se retirer.

DANIEL BROWN : Cette définition met l'accent sur l'abstention des actions malsaines. Inclut-elle également les pensées malsaines ?

ALAN WALLACE : Oh oui : corps, parole et esprit.

THOUBTEN JINPA : Il y a là un sens de circonspection, mais sans découragement.

LE DALAÏ LAMA : Le langage peut créer quelques difficultés. Peut-être, en fin de compte, parviendrons-nous un jour à une langue universelle. Cela nous épargnerait beaucoup de temps ! [*rires*]

Pour les gens qui souffrent d'un tel problème et ne sont pas bouddhistes, quelle est la meilleure méthode ?

DANIEL GOLEMAN : La thérapie cognitive.

LE DALAÏ LAMA : Pouvez-vous prendre des éléments du bouddhisme et les appliquer aux gens qui n'ont pas de croyances ?

DANIEL GOLEMAN : Une partie très importante de la thérapie cognitive est l'attention, le simple fait d'apprendre à remarquer que vous avez ces pensées.

ALEX BERZIN : Mais je pense que l'autre aspect est également très important : une relation avec quelqu'un qui, comme un maître, — pas nécessairement un psychiatre que l'on paie et dont on peut se dire qu'il nous loue parce que nous le payons — veut sincèrement nous aider et nous prend au sérieux, nous permet de nous sentir dignes d'être aidé. L'aspect relationnel est très important pour les Occidentaux, puisque nous avons été élevés dans la solitude et que chacun se sent si seul.

DANIEL GOLEMAN : Par exemple, quand des étudiants occidentaux trouvent un maître très aimant et très ouvert, cela a un effet extrêmement curatif vis-à-vis de ce problème de mauvaise estime de soi, car ils se sentent aimés pour eux-mêmes, tels qu'ils sont, et cela les aide à surmonter ce sentiment.

LE DALAÏ LAMA : Donc, il semble que le simple manque d'amour puisse être une cause majeure de cette mauvaise estime de soi.

DANIEL BROWN : Oui, et il s'agit d'être aimé de la bonne manière. Avec l'amour conditionnel, où ils sont seulement aimés lorsqu'ils font les choses justes, les enfants apprennent à se sentir estimés ou respectés uniquement s'ils se comportent d'une certaine manière.

JON KABAT-ZINN : Et cette manière est celle que les parents ont choisi comme étant la bonne.

ALEX BERZIN : Il existe un autre facteur important dans l'éducation des enfants occidentaux. Les enfants sont récompensés quand ils sont méchants. Si vous pleurez suffisamment ou si vous agissez d'une manière insupportable, vos parents finissent par céder et vous donner ce que vous voulez.

LE DALAÏ LAMA : Cela pourrait bien être beaucoup plus répandu que vous le pensez. Les Tibétains semblent faire la même chose. [*rires*]

FRANCISCO VARELA : Ne trouvez-vous pas, Votre Sainteté, qu'il est également vrai dans les familles tibétaines que l'amour n'est peut-être pas toujours inconditionnel ? Que les parents ont aussi leurs propres obscurcissements et qu'en conséquence ils ne sont pas complètement capables d'aimer leurs enfants de façon inconditionnelle ?

LE DALAÏ LAMA : En général, dans l'attitude tibétaine, l'amour des parents envers leurs enfants n'est pas tant fondé sur le sentiment «mon enfant est bon», que sur «c'est mon enfant». Je pense qu'il s'agit de la raison principale. Cet amour s'appuie sur le fait que l'enfant est le vôtre, et l'amour croît simplement si l'enfant développe et cultive des qualités. Si l'enfant a des défauts et continue de les montrer, il se peut que l'amour diminue. Peut-être certains facteurs sociologiques interviennent-ils ici. Par exemple, le système économique capitaliste occidental est très compétitif, et beaucoup de ses valeurs s'expriment en termes de conséquences économiques ; aussi ce schéma peut toucher les relations parents-enfants. Dans le système économique, vous donnez un peu d'argent et recevez quelque chose en retour, et cela pourrait aussi s'appliquer au comportement de l'enfant. Il s'agit presque d'une transaction commerciale : pour recevoir la compassion de leurs parents, les enfants doivent payer quelque chose, sous forme de respect ou de bonne tenue.

LEE YEARLEY : J'aimerais offrir une autre perspective à ce sujet, qui n'entraînera peut-être pas l'adhésion de mes collègues. Je pense vraiment qu'il existe un profond problème d'estime de soi pour toute une partie de la population américaine. Mais il existe une autre portion très importante de cette population qui possède une très solide estime de soi, sans être pour autant grandiloquente ou malade de quelque manière. Beaucoup d'entre eux détiennent le pouvoir. Ils gouvernent le pays, et ils le font avec une énergie qui ne peut provenir que d'un très solide sentiment d'identité, même s'il est largement illusoire. Une partie considérable de ce pays est constituée de gens qui seraient bien mieux s'ils avaient davantage de problèmes avec l'estime de soi !

DANIEL BROWN : Si vous considérez la dépression, les statistiques sont claires. Sur la population entière, environ quinze pour cent des gens sont déclarés atteints de dépression à un certain moment de leur vie, et la dépression est habituellement associée au manque d'estime de soi. Il s'agit seulement des gens qui sont sous surveillance médicale, et j'estime donc qu'au moins un quart du pays devrait tomber dans cette catégorie, au minimum.

LEE YEARLEY : Je ne mets pas cela en doute, mais je pense que pour l'autre moitié ou tout au moins le tiers de la population, cela ne colle pas du tout. Et parmi eux se trouvent ceux qui prennent les décisions majeures concernant l'état du pays et son devenir.

LE DALAÏ LAMA : Avez-vous trouvé des différences à ce propos dans un système socialiste en ce sens qu'il est l'opposé d'un système capitaliste ?

DANIEL BROWN : Nous ne savons pas. Mais il y a eu quelques études familiales concernant le manque d'estime de soi. Selon un schéma qui émerge dans beaucoup de ces études, les familles qui ont de très hautes espérances, particulièrement celles qui progressent socialement, sont les plus susceptibles d'élever des enfants ayant des problèmes de mauvaise estime de soi. Après la crise économique des années trente, les Américains étaient évidemment désireux que leurs enfants ne souffrent pas des mêmes maux qu'eux, et qu'ils parviennent à une stabilité économique. Or, chaque enfant a son propre tempérament, sa propre manière de grandir et de se développer. De même que pour le corps, il existe une certaine identité qui est propre à chaque individu. Dans les familles où l'on espère très fortement qu'un enfant grandisse d'une certaine manière, un écart se creuse. Les parents conservent une perception erronée de l'enfant et lui imposent leurs attentes, qui sont différentes de ce que l'enfant développerait naturellement. En conséquence, l'enfant, en grandissant, se sent raté ou mal perçu, comme s'il n'était pas reconnu pour ce qu'il est. Il en résulte qu'il doute de lui et ne parvient pas à estimer sa propre valeur et ses capacités. Ce n'est qu'un exemple, mais qui a bien été étudié en Amérique.

ALEX BERZIN : D'après mon expérience dans les pays socialistes, je ne trouve pas que ce soit le système économique qui fasse la différence. Chaque pays semble avoir sa propre culture. Les Polonais se fichent de ce que disent les autres, et en Russie, avec l'arrière-plan chrétien orthodoxe, il n'y a pas ce problème occidental de culpabilité. Chaque culture, chaque pays est très différent des autres.

LE DALAÏ LAMA : Donc, pour répondre à votre question initiale sur la nécessité de diriger vers soi-même la pratique de l'amour-tendresse et de savoir si cela a sa place dans la pratique bouddhiste, la réponse est oui, il le faut ! [*rires*]

CINQUIÈME PARTIE

La Nature de la Conscience

10

L'Esprit, le Cerveau et le Corps Dialoguent

LA RELATION ENTRE LES ÉMOTIONS, la cognition et l'activité cérébrale est une problématique centrale qui conduit à s'interroger sur la nature de l'attention, ou conscience. C'est un point clé sur lequel divergent la science et le bouddhisme : ou bien la conscience est une propriété émergente du cerveau, ou bien elle a une existence séparée dans sa forme la plus subtile.

Le désaccord fondamental entre le bouddhisme et la neuroscience occidentale tourne autour de la nature de la conscience. En Occident, les neuroscientifiques pensent que le problème de l'explication de la conscience peut être résolu en identifiant les correspondances neurales de la conscience au sein du cerveau. Une théorie bien en vue soutient que cela peut être accompli en localisant les circuits neuronaux associés à des aspects de la conscience et en déterminant la manière dont ils sont reliés à d'autres circuits. Dans ce modèle, on suppose que la conscience naît de la vaste interaction d'innombrables réseaux de neurones.

Pourtant, les neuroscientifiques reconnaissent qu'à l'heure actuelle, personne ne sait comment un rassemblement complexe de neurones peut être conscient de lui-même. Et certains détracteurs font observer que la recherche en neuroscience adhère au réductionnisme — le point de vue selon lequel les événements mentaux et les comportements peuvent être réduits à la physiologie. Il y a en science contemporaine un débat sain et vigoureux à propos du "problème de fond" de la conscience, laquelle semble échapper aux explications relevant du processus physiologique. Il n'y a aujourd'hui aucun accord quant à une solution éventuelle.

À l'opposé, un modèle bouddhiste tibétain propose huit sortes de consciences : la conscience de la «base universelle» (*künshyi*), la pensée (*sem*) et les six sens. La dualité fondamentale de la subjectivité, la perception d'un soi distinct des objets de la conscience, émerge au niveau de la base universelle. *Sem* est la cognition, le noyau des pensées discursives. En tant que "sixième sens", la cognition agit en coordinateur et synthétise les cinq autres consciences des sens.

Dans le bouddhisme, on utilise la méditation pour stabiliser puis examiner soigneusement l'esprit et finalement parvenir à reconnaître des aspects subtils de l'esprit qui sont au-delà des perceptions sensorielles et de la pensée. Selon le point de vue bouddhiste, la croyance occidentale prédominante selon laquelle la conscience est une fonction émergente de l'activité cérébrale, est une position réductionniste et matérialiste. Le bouddhisme affirme que bien que de nombreuses formes de conscience soient associées au cerveau et à la perception sensorielle, il existe quelques éléments subtils de conscience qui ne sont pas limités à l'activité cérébrale. La «conscience éveillée intrinsèque» (*rigpa*) est au-delà de la conscience ordinaire ; la «Nature de Bouddha» de tous les êtres ne dépend ni du corps ni du cerveau. Ces deux positions forment l'arrière-plan de la tension intellectuelle présente dans cette conversation qui s'ouvre sur une investigation minutieuse menée par le Dalaï Lama.

LE DALAÏ LAMA : Est-il possible que certaines activités mentales ou les conceptualisations elles-mêmes puissent agir comme des causes stimulant des régions du cerveau ? En d'autres termes, peut-il y avoir ici un échange dans les deux sens ? Si nous prenons pour hypothèse que la conscience existe vraiment, il y a une possibilité d'expliquer les facteurs physiologiques. Je pense qu'il existe différents niveaux de conscience ou d'esprit. L'un est un produit du corps physique, et cet esprit particulier ne se développe qu'en réponse aux changements survenant dans le corps. Un autre niveau plus subtil de l'esprit précède le corps et provoque des changements à l'intérieur du cerveau. Si nous supposons que la conscience existe non pas en tant que phénomène séparé, mais seulement en tant que propriété émergente du cerveau, quel est donc l'agent causal de l'activité cérébrale ?

FRANCISCO VARELA : Il n'existe pas de réponse unanime, mais selon le sentiment général qui règne en neuroscience, la conscience est une propriété émergente de l'activité électrique propre au cerveau. L'idée d'un esprit plus subtil n'y serait jugée ni nécessaire ni prouvable.

LE DALAÏ LAMA : Quel serait alors l'agent causal d'une telle émergence ? Êtes-vous simplement en train de dire que l'activation dans le cerveau agit sur d'autres activations dans le cerveau ?

FRANCISCO VARELA : Oui. Ceci est très sensé d'un point de vue scientifique, parce que les choses s'affectent mutuellement dès le commencement. Grâce à l'alimentation, le cerveau maintient cette activation mutuelle.

LE DALAÏ LAMA : Donc, les émotions émergent à cause de l'activité qui prend place dans le cerveau. Mais il y a ici un point sensible. Y a-t-il une relation causale ou une simple correspondance ? L'activité cérébrale cause-t-elle l'émotion, ou toutes deux sont-elles en fait simultanées, sans que l'une soit causée par l'autre ?

CLIFF SARON : Je ne dirais pas qu'elles sont simultanées, particulièrement si je me réfère à la neuro-anatomie.

LE DALAÏ LAMA : Peut-on dire sans équivoque que l'activité cérébrale précède dans tous les cas les états émotionnels ?

CLIFF SARON : L'activité cérébrale existe à de nombreux niveaux, et l'activité à différents niveaux provoque des états émotionnels. Que les variations dans le cortex précèdent ou suivent l'expérience est une question à examiner de près. Nous pouvons observer spécifiquement l'activité juste avant l'expression du visage, et vérifier si elle tend à lui correspondre. Mais dans les expériences sur la dépression ou le tempérament, les différences du cerveau n'étaient pas reliées aux réactions émotives courantes mais plutôt à des tendances de réactions émotives. Dans ce cas, nous ne pouvons dire que l'activité cérébrale soit la cause des états émotifs courants.

LE DALAÏ LAMA : N'est-il pas vrai que lorsque vous descendez au niveau le plus élémentaire, celui des particules élémentaires par exemple, les particules élémentaires que l'on trouve dans le cerveau humain ne sont pas distinguables des particules élémentaires que l'on trouve dans une pierre ?

FRANCISCO VARELA : Elles sont les mêmes, jusqu'au niveau des atomes et des molécules.

LE DALAÏ LAMA : Et quand vous vous élevez du niveau des particules élémentaires à celui des atomes, puis des molécules, etc., à quel niveau commencez-vous à parler de l'émergence d'une conscience ?

FRANCISCO VARELA : Votre Sainteté, il n'existe aucun consensus en neuroscience à propos même de ce qu'est la conscience.

LE DALAÏ LAMA : En partant du niveau des particules élémentaires, à quel point trouvez-vous la preuve de la présence d'une conscience ?

FRANCISCO VARELA : C'est un sujet sur lequel les gens ont fait des recherches. Évidemment, tout le monde accepte que les êtres humains ont une conscience.

LE DALAÏ LAMA : Quand de nombreuses particules s'assemblent, elles deviennent susceptibles de vie, n'est-ce pas ? Il existe deux grandes catégories, les plantes et les animaux, et toutes deux ont la vie. Mais une catégorie d'organismes a développé la conscience et l'autre non. Quelle en est la cause principale et à quel stade cela se produit-il ?

FRANCISCO VARELA : La réponse classique, et je pense qu'il s'agit d'une bonne réponse, nous dit que la cognition ou conscience (quelle qu'elle soit) est la propriété émergente d'un schéma spécifique, d'un assemblage ou d'une configuration systémique, qui exige un système nerveux. Elle nécessite des sens, un appareil moteur et des connections neuronales. Les plantes n'ont jamais acquis de système nerveux, au contraire des animaux. Puis le système nerveux évolua et créa différentes capacités pour la cognition. À un certain point, quelque chose se produisit — c'est la grande interrogation — qui rendit les humains conscients. La plupart des gens sont d'accord pour admettre qu'il existe une conscience et aussi de la compassion chez certains animaux comme les grands singes ou les dauphins.

LE DALAÏ LAMA : Je crois que vous utilisez le terme *conscience* dans un sens beaucoup trop noble, car nous sommes probablement tous d'accord pour admettre que beaucoup d'autres animaux sont conscients dans un certain sens du terme, peut-être même jusqu'à l'hydre.

FRANCISCO VARELA : Oui, mais on ne peut pas dire qu'ils soient conscients d'eux-mêmes.

LE DALAÏ LAMA : Je ne me réfère pas à la conscience de soi, mais plutôt à la conscience dans tous les sens du terme. Les animaux sont des êtres sensibles en ce sens qu'ils ressentent et éprouvent des expériences.

FRANCISCO VARELA : Excusez-moi. Toutes les fois que l'on utilise le mot *conscient* dans un contexte neuroscientifique, il a la connotation de conscience de soi. Vous pourriez utiliser le terme de cognition ou de perception, et tout le monde admettrait alors que les animaux dotés d'un système nerveux ont une forme de cognition. Beaucoup diraient même que les animaux unicellulaires tels que l'amibe ont une forme très primitive de cognition.

LE DALAÏ LAMA : Mais pas les plantes ?

FRANCISCO VARELA : Non. La principale différence, Votre Sainteté, concerne la corrélation sensorimotrice ; ainsi il doit y avoir une possibilité de déplacement. Dans le comportement, se trouve un élément clé qui nous permet de reconnaître la cognition. Puisque les amibes peuvent se déplacer alentour et rechercher leur nourriture, elles sont très différentes d'une plante qui la reçoit passivement. La capacité de se déplacer dans l'environnement crée la possibilité d'un système nerveux. Au-delà de cela, il est difficile de dire où cela commence ou s'arrête. Par exemple, on pourrait dire que la somme des cellules B et T a une forme très mineure de cognition, de connaissance, et aussi une stimulation.

LE DALAÏ LAMA : Donc, quand vous disiez que certains scientifiques admettent que les grands singes ont aussi une conscience, vous vouliez dire une conscience de soi semblable à celle des humains.

FRANCISCO VARELA : Oui, une forme de réflexivité qui pourrait être similaire à notre propre expérience. Ce qui ne sera probablement pas le cas pour un chat, ou un animal inférieur, et à plus forte raison pour une amibe.

LES ÉMOTIONS DÉCLENCHÉES PAR LES PENSÉES

CLIFF SARON : Votre Sainteté, nous avons abordé les causes internes et externes des émotions, mais quel mouvement de l'esprit déclenche spécifiquement une émotion ?

LE DALAÏ LAMA : C'est difficile à dire. On peut se demander avant toute chose si les émotions existent dans l'esprit d'un *arhat*, un être libéré, ou chez un Bouddha qui est libre de tous les obscurcissements. Si l'on inclut des choses telles que l'amour-tendresse ou la compassion dans les émotions, alors la réponse sera oui, car celles-ci sont présentes dans l'esprit d'un être hautement éveillé. Ainsi, vous ne pouvez pas dire, par exemple, que l'égotisme soit une cause nécessaire à l'apparition des émotions, parce que les êtres éveillés n'ont pas d'égotisme mais doivent avoir des émotions. Un sentiment du soi n'est pas nécessairement illusoire comme l'est l'égotisme, et donc les êtres éveillés peuvent avoir un sens du soi non-illusoire. Mais reste à savoir si c'est cela qui déclenche l'émotion ou si l'émotion est simplement dans la nature de la conscience elle-même, ou encore si elle est déclenchée par l'appréhension d'un objet spécifique.

Il existe différents niveaux de conscience. D'un côté, il y a un niveau de conscience qui est très directement fonction du corps. Par exemple, il est des cas où une dysfonction physique telle qu'un déséquilibre dans le corps devient la cause principale d'une distorsion mentale telle que le désir insatiable.

Maintenant, si l'on considère la perception des sens, la psychologie bouddhiste parle de trois types de causes contributives, qui ensemble donnent naissance au continuum de la conscience sensorielle. Par exemple, dans la perception visuelle, la première cause, dite condition dominante, est la faculté physique de la vision. La seconde, ou condition de référence, est le stimulus externe. La troisième cause, appelée condition immédiate, est l'événement de clarté immédiatement précédent ou la qualité cognitive dans la perception sensorielle. Cet événement de clarté a également ses causes contributives, et sa cause immédiate est le moment précédent de perception. Donc, l'une des trois conditions est cognitive, à savoir ce moment préalable de perception.

D'après l'expérience, il est certainement vrai que vous pouvez être assis très tranquillement sans recevoir aucun stimulus particulier, et qu'une pensée surgit et vous fait sursauter ou bondir, ou provoque une certaine réaction physique. Il semble qu'il y ait, avant tout, un événement cognitif subjectif, qui agit ensuite comme cause du mouvement physique, et non le contraire. Et puis, bien sûr, il peut arriver que l'activité qui se produit au sein du corps attise cette émotion, ou bien la modifie ou la transforme. C'est une expérience courante que la conscience semble être, par nature, vacillante ou fluctuante. Il semble qu'elle oscille même plus vite que dix cycles à la seconde. [*rires*] Maintenant, dans la méditation, cultiver l'attention sert à maîtriser sa propre conscience et tempérer les perturbations de sorte que la conscience ou l'attention puisse devenir stable. Si tel est le cas, il pourrait sembler que la nature même de la conscience ait été transformée par l'introduction nouvelle de ce moyen mental purement subjectif, à savoir la culture de l'attention. Il paraît plausible qu'en soi-même, cela introduise aussi des changements dans le cerveau et le corps entier.

FRANCISCO VARELA : Dans ce cas, l'état émotif provoque-t-il l'indécision de la conscience ?

LE DALAÏ LAMA : En terme de séquence causale, on a tout d'abord le contact fondamental, puis la cognition elle-même, et ceci produit l'émotion.

FRANCISCO VARELA : Donc, l'émotion vient après la constatation. Qu'en est-il de la situation où, par exemple, vous entendez soudainement un son, un craquement, et que l'attention se modifie ? Il semble que l'on ait d'abord une sorte d'alerte, de panique ou de peur — un état émotif — et seulement ensuite , on réalise que le toit est sur le point de s'effondrer. L'émotion ne précède-t-elle pas la constatation dans ce cas ?

LE DALAÏ LAMA : Si vous faites une analyse séquentielle très précise, il semble que vous pourriez déceler une sorte de cognition de quelque chose se produisant alors. Vous entendez un son anormal, même si vous ne l'avez pas identifié comme le toit qui s'effondre, et cela suscite l'émotion. Puis vient la conscience plus détaillée de ce qui se produit. C'est une question de complexité : vous devez appréhender le son, mais c'est seulement plus tard que vous savez ce qu'il peut signifier.

FRANCISCO VARELA : Comment analyseriez-vous la situation à l'autre extrême, quand il ne se produit aucun événement particulier ? Vous êtes simplement assis là, ou vous marchez, quand un changement d'humeur se produit. Tout d'un coup, vous vous sentez seul, ou peut-être déprimé, ou joyeux, ou n'importe quoi d'autre. Quel serait la cause contributive d'un tel glissement émotif ?

LE DALAÏ LAMA : Elle peut être complètement interne, ou peut-être très subtilement déclenchée de l'extérieur. D'un côté, nous sommes accoutumés à certaines habitudes de conceptualisations qui établissent des prédilections. Ainsi, même en l'absence de tout stimulus externe évident, la force de nos habitudes passées peut donner naissance à une modification d'humeur apparemment spontanée. Autre possibilité, l'environnement peut receler quelque qualité très subtile qui éveille cette émotion. Il pourrait être subtilement plaisant ou bien dégager une sorte de qualité vaguement déprimante, bien que vous puissiez ne pas en être conscient.

Lors de ma première visite à Moscou, mes facultés mentales étaient très émoussées. D'autres lamas tibétains qui visitèrent ce lieu ont décrit cette expérience similaire d'une émotion sans précédent éprouvée durant leurs prières quotidiennes. Bien sûr, cela pouvait venir du fait que le petit déjeuner se déroulait très tard dans la matinée. [*rires*] Mais dans ce lieu, il y avait eu malheureusement beaucoup de tueries et d'émotions humaines négatives. Dans ce genre de situation, bien qu'il ne se produise rien de manifeste ou d'évident dont vous soyez conscient, l'effet peut encore être là. Vous pouvez traduire cela grossièrement par de la mélancolie, mais cela signifie littéralement quelque chose qui obscurcit ou voile, comme des nuées [Tib : *sgrib-pa*]. Pareillement, les pratiquants tibétains qui demeurent dans les montagnes peuvent habituellement prédire quand quelqu'un est sur le point de venir, que ce soit le jour suivant ou tard dans la soirée. Cela se produit assurément, il y a donc une sorte d'influence provenant de l'environnement, négative ou positive, même s'il n'y a aucun stimulus conscient.

DANIEL BROWN : Certaines théories occidentales sur les émotions mentionnent également différents niveaux de traitement de l'information. Elles peuvent se contredire quant à savoir si la cognition prend place à un niveau préattentif, avant qu'elle devienne consciente, ou après la récognition consciente, lorsque la pensée est plus élaborée. Mais il existe une supposition générale, comme dans la tradition tibétaine, qu'une sorte de cognition est toujours impliquée.

DANIEL GOLEMAN : Une étude faite par Richard Davidson éclaire quelque peu la question du refoulement et de la fonction cérébrale. Vous savez que le côté droit du corps est contrôlé par la partie gauche du cerveau et vice versa. C'est également vrai pour ce que vous voyez, et si vous divisez ce qui parvient à chaque œil en côté droit et côté gauche, ce qui arrive au côté droit va au côté gauche du cerveau et ce qui arrive au côté gauche va au côté droit du cerveau. Dans cette étude, les chercheurs ont utilisé un dispositif pour signifier un mot à l'un ou à l'autre côté du cerveau. Les mots montrés au côté droit vont au côté gauche du cerveau, où se trouve le centre qui contrôle la parole. Comme Cliff nous l'a indiqué, sur le côté droit du cerveau se trouve le centre pour les émotions négatives. Ce qui signifie que si le mot que vous voyez du côté droit vous contrarie, l'information concernant ce mot va d'abord vers le côté gauche du cerveau, puis arrive à droite, où la réaction émotionnelle se produit. On a pu mesurer le décalage de temps exact entre l'activité du côté gauche et celle du côté droit et il s'est produit quelque chose d'intéressant. Avec un mot neutre tel que *verre,* il n'y avait aucune différence entre les gens qui répriment leurs émotions et les autres. Avec un mot très perturbant tel que *tuer,* il y avait chez les premiers un allongement notable du temps mis par l'information pour traverser d'un côté à l'autre. Ce qui pourrait signifier que quelque part dans le cerveau, il existe quelque chose comme un censeur qui dit : «Vous ne pouvez pas imprimer cela ; vous ne pouvez pas savoir cela». Il pourrait donc être vrai que ceux qui refoulent leurs émotions ne font effectivement pas l'expérience de ce qu'ils nient.

LE DALAÏ LAMA : Qu'arrive-t-il quand vous montrez ce même mot au côté gauche de l'œil ?

CLIFF SARON : Il sera envoyé du champ visuel gauche au côté droit du cerveau. Les gens dont il s'agissait étaient des droitiers dont le dispositif de la parole est présumé être sous le contrôle du côté gauche du cerveau. Donc, pour qu'ils puissent parler, l'information devait se transférer du côté droit au côté gauche.

LE DALAÏ LAMA : Qu'en est-il des mots agréables ? Du point de vue de la vitesse de transfert de droite à gauche, est-ce la même chose que pour les mots neutres ?

DANIEL GOLEMAN : Je ne crois pas qu'il y eût une différence entre les mots agréables et les mots neutres. L'étude a permis de découvrir que les mots neutres, quand ils étaient présentés directement au côté gauche du cerveau, déclenchaient une certaine vitesse de réaction qui n'était pas différente de celle qui était produite par des mots agréables, mais que les mots déplaisants présentés au côté droit du cerveau étaient plus lents à se transférer que les mots plaisants.

CLIFF SARON : L'idée est que ce "censeur" freine le transfert de l'information émotionnelle négative du côté droit au côté gauche du cerveau, quand il nous est permis d'exprimer verbalement la réaction.

DANIEL GOLEMAN : Je ne sais pas si l'on peut dire où se situe le censeur, si jamais il s'en trouve un quelque part.

CLIFF SARON : Il s'agissait d'un test d'association libre : vous voyez un mot et vous devez dire le premier mot qui vous vient à l'esprit. La mesure que nous prenions n'était pas une mesure électrique du cerveau, mais une mesure du temps mis pour parler. C'est le temps de réaction.

LE DALAÏ LAMA : Par exemple, si un mot neutre vous est montré sur votre gauche, il va vers le côté droit.

CLIFF SARON : Exact. Et la parole prendra toujours un peu plus de temps pour un mot qui arrive au niveau du champ visuel gauche.

FRANCISCO VARELA : S'il existe toujours un temps de réaction, pourquoi parle-t-on de censure ? À strictement parler il pourrait s'agir plutôt d'une lenteur que d'une censure.

CLIFF SARON : Il y a une porte. Cela prend du temps pour la passer ou la basculer.

DANIEL GOLEMAN : On pourrait dire qu'il y a juste un traitement plus long pour les mots déplaisants que pour les mots agréables. Nous ne savons guère plus que cela.

ROBERT LIVINGSTON : Sa Sainteté sera peut-être intéressée de savoir que chacun d'entre nous a un certain degré de censure qui opère sur la vision de mots et d'images, et je vais en donner deux exemples. Une combinaison de mots tels que *héros* et *gloire* est vue très rapidement, avec un temps de réaction très court. Une combinaison telle que *dame* et *salope* prend quatre fois plus de temps à la lecture en millisecondes. Cela vaut pour nous tous dans une population normale. Si vous demandez à quelqu'un d'identifier ce qu'il voit sur une image, il y aura une grande différence s'il s'agit d'une image agréable ou d'une image qui donne naissance à des sentiments négatifs. Si vous montrez quatre images à un groupe de gens et que vous leur demandiez de dire le plus rapidement possible ce qu'ils peuvent identifier d'elles, ils sont très prompts à voir les images positives. Mais il leur faut une seconde entière pour être en mesure de voir une image négative. C'est une opération qui se produit avant la conscience.

DANIEL GOLEMAN : Puisque cela vous intéresse, je vais vous parler d'une autre étude. Quand vous vous concentrez ou que vous regardez quelque chose, les yeux effectuent de très petits mouvements. Les ophtalmologistes ont un appareil qui leur permet de retracer exactement les mouvements de l'œil, sans interférer avec ce que vous voyez. Quand des gens que l'on sait très anxieux regardent une image qui comporte à la fois des parties déplaisantes et des parties neutres, les yeux ne se dirigeront que vers les zones neutres. Quand on leur demande ce qu'il y avait sur l'image, ils décrivent toutes les choses plaisantes, mais n'ont aucun souvenir des éléments déplaisants. Nous ne savons pas exactement comment cela se produit, mais cela pourrait signifier encore une fois qu'avant la pleine conscience, une partie du cerveau peut connaître ce qui se passe et détourner la perception de quelque chose de désagréable.

LE DALAÏ LAMA :

D'un point de vue bouddhiste, on se demanderait si la personne n'a pas vu l'image ou ne peut pas s'en rappeler. Il se peut que la personne l'ait vue visuellement, mais que, n'ayant pas prêté suffisamment attention à cette zone particulière, elle n'ait pas fait le lien. Ainsi, au niveau sensoriel, aucun jugement n'est impliqué.

DANIEL GOLEMAN :

C'est précisément ce dont il s'agit. Parfois, il est vrai que la personne ne l'a pas vue du tout. C'est ce que l'on peut déterminer avec cet appareil. D'autres fois, elle peut la voir, mais ne pas s'en souvenir.

LE DALAÏ LAMA :

Comment pouvez-vous expliquer la différence ?

JON KABAT-ZINN :

Au niveau des faits, l'expérience vous montre que la personne voit l'image. Si les mouvements de balayage de l'œil ne censuraient rien, ils parcourraient le champ entier. Dans ce cas, vous découvrez que les yeux de ces gens sélectionnent ce qui est plaisant, ce qui vous indique qu'ils ont dû voir l'image.

DANIEL GOLEMAN :

C'est le prochain sujet dont nous allons traiter.

CLIFF SARON : Il y a un point que je dois clarifier, Votre Sainteté. L'appareil employé scrute le centre de la vision, la très petite surface de la vision la plus claire. Mais vous percevez également l'information avec votre vision périphérique, qui vous informe très consciemment de ne pas vous déplacer dans cette direction.

LA PERCEPTION SENSORIELLE ET LA CONSCIENCE

FRANCISCO VARELA : Il est également juste de dire qu'il existe une énorme quantité de jugements effectués au niveau de ce que nous appelons la vision de niveau élémentaire, même au niveau de l'œil ou juste de la rétine. Par exemple, vous pouvez déjà déterminer au niveau de la rétine où se trouve un bord et où il n'y en a pas, avant d'avoir un objet complètement configuré. Vous ne saurez pas s'il s'agit d'un verre ou d'un microphone, mais s'il y a un bord dans votre champ visuel, c'est déjà une importante décision prise en quelques millisecondes. C'est très important du point de vue de la neuroscience. L'élaboration du champ visuel complet se produit à différentes étapes. Ce qui est de niveau élémentaire peut déjà être très élaboré, avec quantité de jugements, de constructions et d'interprétations impliqués, même en amont de la conscience.

LE DALAÏ LAMA : Avant même que l'information n'atteigne le cerveau ?

FRANCISCO VARELA : L'image qui sort du nerf optique n'est pas le faisceau brut de lumière qui a frappé la rétine. Elle est déjà très texturée et élaborée avant d'atteindre le cerveau central.

LE DALAÏ LAMA : Mais n'est-ce pas l'opinion de la neuroscience actuelle, que ce n'est pas vraiment l'œil mais le cerveau qui voit ?

FRANCISCO VARELA : Ce n'est ni le cerveau ni l'œil mais le fait que les deux travaillent ensemble. Aussi longtemps qu'il y a une activité qui part de l'œil vers le cerveau, il existe une activité redescendant du cerveau vers les sens. Il y a tout autant ce qu'on appelle le contrôle central de l'afférence sensorielle, que l'afférence sensorielle dirigée vers le cerveau. C'est la convergence de ces deux choses qui fait la vision, et ce n'est donc ni dans l'œil ni dans le cerveau. C'est partout ; c'est une propriété émergente.

LE DALAÏ LAMA : La question est de savoir si oui ou non il y a une possibilité de jugement dans la perception visuelle, indépendante de la perception mentale. Il semble y avoir une certaine incertitude quant à ce qu'affirme à ce sujet le système Prasangika, que nous considérons comme le système philosophique le plus sophistiqué du bouddhisme. Ce qui est certain, du point de vue Prasangika, c'est que les apparences qui se manifestent aux différents sens sont déjà teintées par l'influence ou les propensions latentes de notre ignorance antérieure, de notre attachement à l'existence comme étant vraie. Les apparences affectent très certainement les différents sens, et ces sens ne sont pas une conscience mentale. Mais reste à savoir si, en ce qui concerne leur mode actuel d'appréhension des objets, les différents sens sont modifiés de quelque façon par le jugement.

FRANCISCO VARELA : Selon le point de vue neuroscientifique, on dirait sans équivoque qu'ils le sont. Quand vous touchez votre peau, par exemple, l'activité du récepteur qui ressent est sous le contrôle direct du cerveau supérieur. Le cerveau régit ce qui constitue la base de données. Pour un neuroscientifique, ce qui compte comme une information venant des sens est toujours une affaire à double sens : il y a à la fois l'impact de mon doigt et le contrôle du récepteur qui interprète l'impact. Même à ce niveau élémentaire, par-delà le point d'impact sensoriel, il existe une énorme quantité de traitement de cette activité [19]. Par exemple, dans la rétine, ce qui sort du nerf optique n'est pas seulement l'activité du récepteur. Si l'on pouvait comparer les images de l'activité du récepteur et de l'activité du nerf, les deux apparaîtraient très différentes. Les bords et les démarcations de textures et de surfaces apparaîtraient déjà à ce niveau.

ALAN WALLACE : Êtes-vous en train de dire que même la conscience visuelle la plus primitive est conditionnée par l'expérience précédente ?

FRANCISCO VARELA : Certains traitements de niveau élémentaire ne dépendent même pas de l'expérience antérieure, ils sont tout simplement transmis.

CLIFF SARON : C'est fonction de la manière dont les cellules sont reliées.

FRANCISCO VARELA : Par exemple, quand vous observez le nerf optique dans la rétine d'une grenouille, vous y voyez l'activité qui se rapporte uniquement aux choses considérées comme des insectes volants. Vous n'observez pas ces "récepteurs à mouches" dans la rétine des humains ou des singes.

LE DALAÏ LAMA : Si, par exemple, vous êtes soudainement brûlé, et que votre bras se contracte naturellement très rapidement pour se mettre hors de portée de la source de

---

19. Dans l'exemple du système visuel, les récepteurs sont les bâtonnets et les cônes de la rétine. Les bâtonnets ne peuvent détecter la couleur, mais sont sensibles à l'intensité lumineuse. Les cônes détectent la couleur, ainsi que la vision moyennement détaillée et précise. Il existe quatre types de nerfs dans la rétine qui sont fonctionnellement distincts. Ils envoient l'information au nerf optique, qui l'envoie au cortex visuel via le noyau de l'hypothalamus. Détecteur sensible et récepteur sont synonymes dans ce contexte.

chaleur, cette réaction immédiate est-elle reliée au cerveau ou non ?

FRANCISCO VARELA : Les deux sont possibles. Si la liaison avec le cerveau est coupée et que votre jambe est brûlée, elle se contractera encore, parce qu'il s'agit d'un réflexe de niveau élémentaire. Il est également vrai que normalement le réflexe de niveau élémentaire est soumis à la modulation des centres supérieurs, et que si vous êtes brûlé, le réflexe de niveau élémentaire passe outre au contrôle supérieur. Après coup, le contrôle supérieur peut dire : «Tu exagères, ce n'était pas aussi grave que cela.» Il y a des niveaux d'interdépendance, et certains niveaux sont plus importants à différents points d'un continuum. Au moment même où l'on est brûlé, le réflexe de niveau élémentaire prend le dessus ; les centres supérieurs prennent le dessus dans une activité normale telle que la marche. À l'autre extrêmité de l'échelle, il y a l'artiste de cirque marchant sur un fil, qui accomplit un acte créatif en utilisant les plus hauts niveaux pour résister aux très fortes tendances des réflexes de niveau inférieur.

Tout ce qui entre dans la catégorie "perception" n'est pas réellement localisé. Il s'agit en fait d'une affaire collective à laquelle tout le monde participe. C'est très important en neuroscience. D'une manière générale, le cerveau travaille comme une unité de distribution. Nous parlons de localisations uniquement parce que lorsqu'on endommage une localisation, on met fin à une fonction, et non parce que cela fonctionne précisément là et seulement là. C'est une erreur classique, le langage que nous utilisons pour décrire cela le réduit à quelque chose qui n'est pas la réalité.

11

Les Subtilités de la Conscience

SELON LA TERMINOLOGIE du philosophe des sciences Thomas Kuhn, le bouddhisme et la neuroscience représentent des *paradigmes* divergents : les corps de lois, les méthodes et les théories propres à une discipline engendrent une vision globale intellectuelle cohérente nommée paradigme. De même que les neuroscientifiques évoluent au sein d'un paradigme qui a ses méthodes et théories caractéristiques, les érudits bouddhistes et les pratiquants sont formés dans un corpus théorique très différent et utilisent des méthodes telles que la méditation pour explorer un territoire également couvert par la neuroscience : le paysage de la conscience.

Le Dalaï Lama discute de phénomènes tels que les expériences post-mortem et les états méditatifs qui pourraient défier le paradigme de la neuroscience occidentale en révélant des subtilités de la conscience inconnues de la neuroscience. La science ordinaire implique la résolution d'énigmes au sein d'un paradigme dominant. Périodiquement, de nouvelles découvertes ne s'accordent pas au paradigme ; résultat, l'ancien paradigme doit être écarté et un nouveau paradigme le remplace. Le Dalaï Lama — tout en reconnaissant la possibilité que les données scientifiques occidentales puissent modifier le paradigme bouddhiste — laisse entendre qu'il existe des phénomènes au-delà des frontières de la science qui pourraient provoquer en tant que tels une modification de paradigme dans la science occidentale. (Certains de ces problèmes sont évoqués dans la discussion, mais ils ont été systématiquement explorés dans la conférence «Esprit et Vie» suivante, «Dormir, rêver et mourir».)

LE DALAÏ LAMA : Si les recherches scientifiques débouchent sur des preuves empiriques qui contredisent directement certaines des déclarations que l'on trouve dans les Sutras bouddhistes, il serait déraisonnable de s'accrocher à ces vues bouddhistes. Cependant, la simple absence de confirmation scientifique expérimentale n'est pas une raison pour rejeter les assertions bouddhistes. Il nous faut plutôt quelque chose qui, directement et empiriquement, va à l'encontre de la position bouddhiste avant d'être contraint d'abandonner cette position. L'approche mahayaniste traditionnelle, en ce qui concerne ses propres doctrines, consisterait à les examiner de façon critique — qu'il s'agisse de leurs assertions à propos de la cosmologie ou de quoi que ce soit d'autre — et à les confronter aux preuves scientifiques, afin de voir si les assertions bouddhistes doivent être prises littéralement ou si elles doivent être réinterprétées. Dès l'instant où l'on dit que les enseignements bouddhistes tombent dans deux catégories — ceux qui doivent être pris à la lettre et ceux qui doivent être interprétés afin de découvrir leur véritable sens — on doit donner la priorité à la raison et non se fier simplement à l'autorité des Écritures.

FRANCISCO VARELA : Bien sûr, il est très difficile d'évaluer s'il existe ou non une preuve empirique qui contredise les points de la tradition. Il est difficile de prévoir ce qui sera accepté pour preuve et quand cela le sera. Par exemple, pour certains scientifiques, c'est un fait qu'il n'existe pas d'esprit au-delà du cerveau. Certains scientifiques ne considéreront pas comme un fait ce qui a valeur de preuve pour les bouddhistes. Des deux côtés, on prétendra détenir la preuve, mais naturellement, scientifiques et bouddhistes considéreront des mondes différents. L'oreille interne et le sens de l'équilibre, qui sont considérés comme un sens à part entière en Occident mais pas dans le bouddhisme classique, n'en sont peut-être qu'un exemple simpliste, mais c'est dans des exemples plus difficiles que l'interprétation devrait intervenir.

LE DALAÏ LAMA : Nous touchons là un problème fondamental, la relation entre l'esprit et l'esprit-cérébral. Selon ma vision, il existe de nombreux degrés de subtilité de la conscience, et la science ne s'est penchée que sur les niveaux ordinaires. Ainsi, la science n'a tout simplement pas découvert les états les plus subtils, qui sont cruciaux dans les enseignements bouddhistes, et le simple fait de ne pas trouver n'est pas suffisant pour nier. Comme je l'ai mentionné plus tôt, je pense qu'à cause du corps, une certaine conscience dépend entièrement de l'organisme humain ; Évidemment, nous appelons ce niveau grossier de l'esprit "esprit humain". En ce sens, on pourrait pratiquement parler de l'esprit humain comme d'une propriété émergente du corps. Mais alors, comment l'esprit humain est-il devenu un esprit ? On devrait dire, en général, qu'une continuité de conscience existe nécessairement.

FRANCISCO VARELA : C'est précisément l'inférence que la plupart des neuroscientifiques occidentaux ne veulent pas faire. Ils interpréteraient cela en disant que cette inférence est fondée sur une idéologie ou une croyance religieuse, et l'évacueraient comme une non-preuve. Ils vous demanderaient en quoi votre preuve va dans le sens de l'existence de la conscience.

LE DALAÏ LAMA : La position bouddhiste ici n'est pas tout à fait dépourvue de preuves. Par exemple, il y a tout d'abord ceux qui se remémorent leurs vies passées ; ensuite, il y a ceux qui ont augmenté la capacité de leur conscience, ou clairvoyance ; et enfin, il existe des gens qui ont des qualités tout à fait extraordinaires, même dès l'enfance. Tous ces cas peuvent être pris pour preuves. Concernant l'univers entier, quand une galaxie disparaît alors qu'une autre se développe, nous pouvons nous demander quelles sont les causes de tels phénomènes. Les scientifiques, bien sûr, ont leur théorie du Big Bang. Néanmoins, je pense qu'il existe encore beaucoup de phénomènes mystérieux qui demeurent inexpliqués. Alors, soit vous acceptez que la première chose dans l'univers s'est manifestée sans cause, ce qui n'est pas une réponse satisfaisante, soit vous acceptez Dieu, ce qui demeure controversé selon le point de vue bouddhiste. Bien sûr, l'explication bouddhiste n'est pas non plus complètement satisfaisante — quantité de questions demeurent. En science, les phénomènes sont expliqués selon un paradigme qui n'accepte pas l'existence d'un esprit indépendant du cerveau. Mais la question est de savoir si oui ou non tous ces types d'expériences extraordinaires peuvent être expliqués dans le cadre de ce paradigme.

FRANCISCO VARELA : Bien sûr, sauf que, comme vous le savez, chaque parcelle de preuve peut être reconceptualisée. Par exemple, les gens qui se souviennent de vies antérieures en Occident sont normalement conduits dans une clinique psychiatrique et traités comme des schizophrènes délirants. Personne n'y accorde d'attention parce qu'il s'agit simplement de folie. Certains schizophrènes tiennent des discours qui, peut-être, considérés du point de vue de la tradition bouddhiste ou d'une autre tradition mystique, semblent être les discours d'une personne très éveillée. Comme vous le voyez, la preuve de l'un est la maladie de l'autre.

LE DALAÏ LAMA : Je pense qu'il existe deux niveaux de vérité. L'un d'entre eux exige un consensus public. Mais il existe une autre sorte de vérité qui n'est pas établie par le consensus. Il existe probablement des vérités à cet instant même dont personne dans le monde n'a connaissance. Elles sont cependant des vérités, n'est-ce pas ? Il n'est pas nécessaire que quelqu'un les accepte pour vraies. Dans ce même contexte, il se peut qu'il existe quelques vérités que seul un petit nombre de gens ont réalisées, parce que ces gens en connaissent quelque chose directement par eux-mêmes. Il n'est pas nécessaire qu'elles soient connues de tous pour être vraies. En ce qui concerne votre remarque sur certaines expériences inhabituelles considérées comme preuves dans une discipline alors qu'on les considère comme des erreurs dans une autre, c'est là que la recherche est très importante.

LES PARADIGMES ET LES «FAITS» QU'ILS RÉVÈLENT

FRANCISCO VARELA : Le genre de vérité auquel la science adhère est un modèle très limité de vérité. C'est une vérité par le consensus porté à son extrême. La science est belle en ce sens qu'elle bâtit sa vérité par un consensus très effectif, par les expériences, dans des publications, dans des conférences et ainsi de suite. Sa faiblesse, c'est qu'il n'existe aucune place pour l'autre sorte de vérité.

LE DALAÏ LAMA : Peut-être faut-il aussi comprendre que l'enquête scientifique et d'autres types d'enquête, comme l'enquête religieuse, opèrent dans des champs de référence complètement différents. Par exemple, l'investigation scientifique est principalement faite dans le cadre de la prise de mesures de phénomènes physiques. Et même au sein de la science, vous trouvez deux catégories, la science "dure" et la science "douce". Par exemple, si vous présentiez quelques-uns des exposés cliniques que vous avez faits ici dans le contexte de la science "dure", quelle serait la réaction ?

JON KABAT-ZINN : Pas très favorable !

DANIEL BROWN : Certes, mais même avec la science "dure", Votre Sainteté, il existe des limitations. Alors que j'étais en train de faire une recherche sur les méditants, un méditant accompli d'une autre tradition bouddhiste m'a posé une question fort intéressante : «Avez-vous une machine qui puisse mesurer la conscience ?» Je pense que tant que nous n'aurons pas une technologie capable de mesurer la conscience, nous ne pourrons probablement pas comprendre l'esprit par la science. Cela ne signifie pas que l'esprit ne soit pas une réalité ou qu'il n'existe pas, mais que nous n'avons pas la technologie nécessaire, et la science "dure" se doit de reconnaître cette limitation.

LE DALAÏ LAMA : Donc, tant que nous ne sommes pas réellement capables de nous assurer de la nature de la conscience, c'est difficile, et là se trouve le nœud du problème.

DANIEL GOLEMAN : Je me demande si cette conscience subtile que vous mentionnez est hors de portée de la science. Vous avez ici un groupe de scientifiques curieux qui seraient intéressés d'en entendre un peu plus sur la conscience subtile telle que vous l'entendez, afin de voir s'il est possible de l'étudier. Peut-être pourrions-nous utiliser les méthodes de la science "dure" pour amener ces éléments dans cette discussion à propos de l'existence ou non de l'esprit.

LE DALAÏ LAMA : Je n'ai personnellement rien à dire, car je ne peux pas me placer du point de vue d'une expérience méditative profonde. Mais en m'appuyant sur les traités bouddhistes, je peux dire que le problème de la conscience subtile est lié à deux champs de recherche potentiels. L'un est la recherche effectuée sur les gens en train de rêver, et l'autre la recherche sur les mourants. Deux autres types d'expériences pertinentes seraient dignes de recherche : le sommeil profond exempt de rêves, et l'expérience de l'évanouissement.

LES SUBTILITÉS DE LA CONSCIENCE : LE POINT DE VUE TIBÉTAIN

ADAM ENGLE : Le point intéressant, c'est que lorsque vous procédez à l'examen du corps par le biais de l'esprit en méditation, vous entrez en contact avec le système d'énergie avant d'atteindre les niveaux cellulaire et chimique. Cependant, si vous l'examinez à l'aide de microscopes et d'autres instruments, vous entrez d'abord en contact avec les niveaux cellulaire et chimique. Ce qui peut expliquer pourquoi les systèmes orientaux ont décrit seulement les canaux [20], et la science occidentale les niveaux cellulaire et chimique.

DANIEL BROWN : Qu'est-ce que les méditants qui sont très habiles à la fois à percevoir et à transformer les courants d'énergie ont à dire à propos du système cellulaire ? Est-ce que leur perception des changements corporels s'étend en définitive aux changements cellulaires [dans le système immunitaire] que Francisco nous a décrits ?

LE DALAÏ LAMA : Cela ne fait aucun doute que des yogis ou des contemplatifs expérimentés peuvent percevoir les diverses énergies au sein du corps, y compris les cinq principales énergies et les cinq secondaires, et même les couleurs associées à ces énergies. Donc, en principe, il est possible pour eux d'utiliser également leur *samadhi* [21] pour percevoir le niveau cellulaire.

DANIEL BROWN : Peuvent-ils percevoir des changements chimiques ?

LE DALAÏ LAMA : Les *bindu*, ou "gouttes" [22] dans le corps, sont une autre question. Ils tendent à prendre la connotation de substance plutôt que d'énergie, et ils sont aussi identifiés dans la pratique yogique.

FRANCISCO VARELA : Si le yogi peut identifier une activité au niveau cellulaire, alors il devrait aussi par extension être capable de suivre l'activité cellulaire dans le cer-

---

20. Les canaux (*tsa* ou *nadi*) sont des conduits internes subtils semblables aux méridiens en acupuncture. Le *prana* ou *loung* est l'énergie qui se déplace à l'intérieur de ces canaux.

21. Le *samadhi* est un état de méditation non-distrait, libre de pensée.

22. *Bindu* ou *thiglé* (gouttes ou essence) désigne une essence interne subtile qui peut être perçue comme des sphères de lumière de différentes tailles et couleurs par des pratiquants avancés.

veau. Dans ce cas, nous aurions un fantastique «cérébroscope».

LE DALAÏ LAMA : On peut se demander pourquoi les écritures contemplatives bouddhistes n'incluent pas une description élaborée des fonctions cérébrales et cellulaires. Une raison probable en est l'accent principal mis sur la compréhension de l'esprit et de ce qui est utile ou essentiel à cela. S'y trouvent inclus les chakras [23], les canaux et les gouttes, mais on s'arrête là.

DANIEL GOLEMAN : Je suis intrigué par votre déclaration selon laquelle le yogi connaîtrait cela par le *samadhi*. Quel est le mécanisme ou l'organe de connaissance ? Comment le yogi pourrait-il connaître le cerveau en détail à moins que le cerveau lui-même ne soit la base de cette connaissance ?

LE DALAÏ LAMA : La présentation bouddhiste parle du cerveau comme de la base de la conscience, mais le cerveau lui-même ne connaît pas réellement quoi que ce soit. La conscience connaît les choses, et l'une de ces choses pourrait être le niveau cellulaire du corps.

ROBERT THURMAN : Se peut-il que cette conscience qui perçoit la structure physique de notre propre cerveau soit le niveau le plus subtil de conscience ?

---

23. Les *chakras* (centres) sont des lieux de concentration d'énergie cruciaux, correspondant au sommet de la tête, à la gorge, au cœur, au nombril ou aux organes sexuels. Ces centres sont reliés par un canal central (*tsa ouma Avadhûti*).

LA CONSCIENCE SENSORIELLE OPTIMISÉE, RÉSULTAT DE LA PRATIQUE MÉDITATIVE

LE DALAÏ LAMA : Même à un niveau plus grossier, à un point spécifique de la réalisation tantrique dite «isolement de la parole», où le pratiquant n'a pas encore éprouvé l'état le plus subtil de claire lumière de l'esprit, même à ce point, il est possible de percevoir directement les énergies et leurs couleurs associées.

DANIEL GOLEMAN : Mais cette perception n'est-elle pas indépendante des modes habituels de perception comme le système visuel ?

LE DALAÏ LAMA : C'est mental.

DANIEL GOLEMAN : Purement mental, sans impliquer le cerveau lui-même ?

LE DALAÏ LAMA : C'est une question intéressante. D'un côté, comme je l'ai dit précédemment, le cerveau peut agir en tant que condition dominante pour ces différents types d'émergences de la conscience mentale, de la même manière que le mécanisme de la vision est la condition dominante pour la perception visuelle. Mais il me vient aussi à l'esprit que le *Kalachakra Tantra* parle d'une nouvelle faculté sensorielle ou cognitive qui émerge au cours du développement contemplatif. Qu'elle soit matérielle ou immatérielle, cela nous ne le savons pas.

Donc, il existe deux interprétations différentes, selon que le contexte est celui des Sutras ou celui du Vajrayana [24]. Dans

---

24. Il existe deux divisions générales dans le bouddhisme tibétain, les Sutras et les Tantras, qui ont tous deux pour but la bouddhéité. Le véhicule des Sutras est une voie plus graduelle, utilisant des pratiques progressives pour purifier l'esprit ; les Tantras utilisent au contraire une perception directe de l'état d'Éveil pour transformer les états d'esprit ordinaires.

le contexte des Sutras, les différents types de consciences supérieures s'élèvent par le pouvoir du *samadhi*. Elles sont purement de nature cognitive, émergeant de l'esprit, et cette interprétation parle seulement de consciences supérieures visuelle ou auditive. Les sensations olfactives, gustatives et tactiles sont différentes en ce sens que les organes sensoriels doivent avoir un contact direct avec leur objet. Dans le contexte du Vajrayana ou Tantra, il est dit que différentes sortes de consciences supérieures peuvent êtres produites par le pouvoir du *prana* [25] ou de l'énergie. Ce sont des causes physiques, pas seulement cognitives. Dans un système tantrique de méditation qui exploite ou manipule les énergies subtiles et les canaux d'énergie, il est possible de cultiver une conscience supérieure pour chacun des cinq sens, pas seulement pour le visuel et l'auditif.

DANIEL GOLEMAN : Si un yogi fait cela et que l'on prenne des mesures de son cerveau, verra-t-on des changements cérébraux spécifiques liés à cette pratique ?

LE DALAÏ LAMA : Oui. Arrangez-vous pour préparer l'équipement et nous vous fournissons les yogis.

DANIEL GOLEMAN : Marché conclu !

DANIEL BROWN : Pour nous résumer, le bouddhisme tibétain adopte un point de vue pragmatique, dans le sens même que Lee Yearley donnait au pragmatisme de William James : l'important dans toute étude, c'est qu'elle soit utile ou bienfaisante. Il est concevable qu'un yogi puisse percevoir l'activité cérébrale et chimique, mais cette activité n'est pas la chose la plus importante à étudier compte tenu de son but, qui est l'Éveil pour le bien de tous les êtres. Est-il juste de

---

25. Le *prana* ou *loung* (énergie, souffle) désigne une énergie interne subtile liée à la respiration. Selon les Tantras, l'activité de l'esprit est reliée à cette énergie interne subtile.

dire que c'est la raison pour laquelle l'accent n'a pas été mis sur une telle étude ?

LE DALAÏ LAMA : Même si cela peut ne pas avoir été important dans le passé, ça l'est maintenant. [*rires*]

ROBERT THURMAN : Si nous supposons que l'expérience des yogis du passé, y compris le Bouddha, qui était le meilleur de tous les yogis, nourrit la tradition médicale bouddhiste, ce serait donc par choix plutôt que par ignorance qu'elle n'aurait pas utilisé le niveau cellulaire comme l'a fait la médecine occidentale. La question essentielle, alors, est celle-ci : pourquoi ont-ils choisi de ne pas intervenir au niveau moléculaire ou cellulaire excepté au niveau phytothérapeutique, et travaillé essentiellement au niveau énergétique. Il pourrait bien y avoir une leçon en cela.

LE DALAÏ LAMA : Nous pourrions bien devoir voyager à travers le temps et poser cette question au Bouddha lui-même ! Mais il se pourrait que le niveau cellulaire soit superficiel, et qu'au lieu de cela, ils préféraient atteindre quelque chose de plus profond.

FRANCISCO VARELA : Il n'est pas évident de savoir pourquoi le yogi rencontrerait d'abord le niveau énergétique plutôt que le niveau cellulaire, qui est le plus immédiat d'un point de vue occidental.

LE DALAÏ LAMA : Une des raisons pourrait être que le *lung*, ou l'énergie telle que la littérature bouddhiste tantrique la définit, est le support ou le véhicule par lequel la conscience ou les événements mentaux se manifestent. Mais il est également vrai que vous pouvez suivre cette énergie même aux niveaux les plus subtils de conscience, et qu'à ce niveau, vous avez vraiment dépassé le niveau physique grossier de l'activité cellulaire.

FRANCISCO VARELA : Ce qui voudrait dire que traiter le *lung* comme une énergie du type électromagnétique ou du même genre pourrait bien être ce que Whitehead appelait l'illusion d'une matérialité hors de propos.

LE DALAÏ LAMA : En comprenant et en manipulant ces énergies, vous pouvez obtenir un effet direct sur les états mentaux, et c'est pour cela que les yogis ont accentué leur importance. Mieux, le fait d'influencer votre esprit ou de modifier votre état mental peut aussi affecter l'état physiologique de votre corps. Ce qui ne marche pas dans l'autre sens : un changement de l'état physiologique n'affecte pas nécessairement votre esprit, spécialement aux niveaux les plus subtils. Mais la situation réelle c'est que nous ne savons pas si les yogis perçoivent le niveau cellulaire, et si tel était le cas, pourquoi ils n'en parlent pas.

LES ÉNERGIES SUBTILES DANS LA VIE ET DANS LA MORT

JON KABAT-ZINN : Votre Sainteté, vous avez posé auparavant une intéressante question qui, je pense, a surpris tous les Occidentaux : qu'arrive-t-il au système nerveux et au système immunitaire lorsqu'une personne meurt ? Nous sommes à présent en train de parler d'un troisième système, qui prend vraiment modèle sur une physique des solides. Ce modèle n'est pas nécessairement relié aux propriétés vivantes d'une structure, mais appartient à un ordre d'une autre ampleur. Étant donné qu'il existe un lien direct entre les expériences des méditants et les praticiens de la médecine tibétaine, j'aimerais vous demander maintenant si vous avez une idée de ce qui arrive au système d'énergie subtile à la mort.

LE DALAÏ LAMA : On trouvera des exposés légèrement divergents dans les différents Tantras, selon peut-être le métabolisme ou les prédilections des différentes personnes. Dans le processus de la mort, on parle de la dissolution de quatre éléments : d'abord, l'élément terre, qui correspond à la solidité ; puis l'eau, le feu ou la chaleur ; et finalement l'air. Nos expériences perceptives sont les premières à disparaître — l'expérience visuelle ne s'évanouit pas complètement, mais devient vague ou floue. En guise de signe extérieur, la peau du corps devient un peu resserrée. J'imagine que le système immunitaire et le cerveau cessent de fonctionner lors de la dissolution de l'élément air, parce qu'à ce moment précis, la respiration cesse, et probablement très peu de temps après, le cerveau ne reçoit plus suffisamment d'oxygène et meurt. Mais après la cessation de la respiration, il y a encore quatre stades supplémentaires dans le processus de la mort. La mort ne se produit donc pas au moment où la respiration cesse.

JON KABAT-ZINN : À quel moment le système d'énergie subtile serait-il hors d'usage ? Du point de vue de la physique occidentale, il n'y a aucune raison pour qu'il cesse avec la mort. Le système de conduction devrait être tout aussi effectif après.

LE DALAÏ LAMA : Il y a quatre stades supplémentaires dans le processus de dissolution. On les décrit en termes d'expériences visionnaires, durant lesquelles persistent encore quelques énergies relativement subtiles. Puis elles se dissolvent graduellement jusqu'à ce que, finalement, à la fin de la huitième étape, l'énergie la plus subtile quitte définitivement le corps. Cette énergie extrêmement subtile ne s'évanouit pas simplement pour devenir non-existante, mais, plutôt, elle se sépare du corps. Son lien avec le corps est alors coupé. Cette coupure de la dépendance au corps de l'énergie subtile est utilisée dans les pratiques bouddhistes tibétaines du transfert de conscience[26].

JON KABAT-ZINN : Donc, si le système d'énergie existe en réalité, il pourrait vraiment être possible de l'étudier chez les gens après leur mort.

LE DALAÏ LAMA : Après la "mort" occidentale. Le phénomène peut se produire même dans le cas des gens ordinaires. Le corps d'une dame qui venait de mourir demeura six jour, je crois, sans se dégrader. Nous pensons que lorsque le huitième état mental se produit, les gens sont techniquement en train de mourir, mais pas encore morts. Il serait intéressant de faire des recherches sur les différences entre le cerveau de cette personne prétendument cliniquement morte et un cerveau qui se décompose.

DANIEL GOLEMAN : Il se pourrait que ce ne soit pas le cerveau qui soit important ; ce pourrait être cet autre système d'énergie qui n'a rien à faire avec le cerveau.

LE DALAÏ LAMA : Ce serait vraiment bien de disposer d'un équipement sophistiqué qui permette de mener à bien cette recherche. Le seul problème réel, c'est d'attendre que l'un de ces yogis meure.

ROBERT THURMAN : Voilà une nouvelle définition de l'*ambulance chasing* !

JON KABAT-ZINN : Pouvons-nous compléter cette série de questionnements en la ramenant aux émotions et à la discussion menée par Lee Yearley à propos de la vertu opposée au vice ? L'expérience de ce processus de mort prolongée

---

26. NdT : On trouvera tous ces détails sur le processus de dissolution du moment de la mort et sur le transfert de conscience ou *P'owa* dans *Le Livre Tibétain de la Vie et de la Mort* de Sogyal Rinpoché, aux éditions la Table Ronde, Paris 1993.

— où la médecine occidentale dirait que la personne est morte alors que la médecine tibétaine dirait qu'elle est encore en train de mourir — serait-elle fonction de la vertu de la personne, qui, d'une certaine manière, contrebalancerait ses émotions négatives ?

LE DALAÏ LAMA : Cette capacité à demeurer dans l'état de claire lumière se produit dans deux sortes de cas. L'un est très simple : c'est le résultat du pouvoir de nos accomplissement yogiques. Mais il en existe une autre catégorie qui correspond à quantité de circonstances spécifiques et variées, pour autant que nous puissions en juger sur les apparences. Ces gens ne sont pas des yogis, et pour autant que nous puissions nous en assurer (j'en ai connu quelques-uns dans ce cas), ils n'ont pas fait l'expérience de la forme la plus profonde de la claire lumière durant cette vie-ci. Néanmoins, ils ont été capables de demeurer dans cet état pendant sept ou huit jours. Dans de pareils cas, cette aptitude est probablement reliée d'une quelconque manière à leur vertu, à la force de leurs actes karmiques vertueux antérieurs.

JON KABAT-ZINN : Ce pourrait être un prolongement de notre notion de santé, bien au-delà du concept occidental. La façon dont les méditants tibétains considèrent les êtres humains est même plus élaborée que celle de la science occidentale, parce qu'il s'y trouve toutes sortes de niveaux d'expression de l'être qui sont difficilement reconnus ou valorisés en Occident. Peut-être nos notions de santé, d'intégrité ou d'intégration de l'être sont-elles étriquées d'une certaine manière par rapport à ce qu'elles seraient si nous avions une perspective plus complète incluant cette compréhension tantrique de la claire lumière. Pensez-vous que cela ait quelque sens ?

LE DALAÏ LAMA : C'est pour sûr intéressant, et cela requiert des recherches futures. Du point de vue bouddhiste, plus il y a d'explications et de compréhension, mieux cela vaut.

L'ACTIVITÉ CÉRÉBRALE ET LES ÉTATS MÉDITATIFS

LE DALAÏ LAMA : A-t-on fait de quelconques recherches sur [l'activité cérébrale] des gens qui pratiquent *samatha*, le calme méditatif ?

DANIEL GOLEMAN : Il n'y a pas eu encore de très bonnes études sur l'activité cérébrale au cours d'un état de concentration focalisée en un point. Il existe, cependant, quelques bonnes études des effets de la pratique de *vipasana*. En général, les pratiques de la quiétude s'avèrent être très calmantes sur le plan physiologique. Les rythmes cardiaque et respiratoire ralentissent. Le métabolisme du corps diminue.

DANIEL BROWN : Du point de vue de l'activité cérébrale, nous ne savons pas ce qui arrive aux émotions au cours de la pratique du calme mental. J'ai fait quelques études où les gens racontent ce qui leur arrive en se fiant à leur sentiment subjectif. Nous avons préparé des questionnaires et observé que les réponses des gens à une même question changeaient au cours du temps, à mesure qu'ils approfondissaient leur expérience de la méditation. L'une des choses qui change nettement, c'est l'aptitude à l'attention et à la conscience. Les gens trouvent qu'en dépit des modifications internes de leur état, ils peuvent toujours maintenir une stabilité de la conscience. L'autre chose qui devient très claire, c'est que les gens acquièrent de la souplesse ; quand ils traversent quelques distractions, ils peuvent rappeler leur esprit plus aisément. Nous avons trouvé que les émotions continuaient de se produire. Les gens notaient que l'émotion avait une plus grande intensité, mais la laissaient demeurer dans leur conscience sans y réagir pour autant. Nous avons observé la réactivité à deux niveaux : au niveau grossier des pensées, comme les jugements négatifs concernant ce qui se produisait, et au niveau plus subtil de l'aversion et de l'attachement. Aux deux niveaux, ils étaient moins réactifs, et cependant le sentiment restait très vif dans leur conscience, souvent même plus intense qu'à l'ordinaire. Les sujets étudiés étaient des méditants expérimentés du point de vue occidental, mais n'avaient pas le niveau d'expérience que l'on pourrait trouver au sein de la tradition bouddhiste tibétaine, où les gens méditent beaucoup plus intensément sur davantage d'années. Nous ne savons pas ce qu'il en est des émotions chez les gens qui sont très avancés en méditation.

DANIEL GOLEMAN : Dans une autre étude portant sur la concentration, on a découvert que lorsque les gens se concentraient très intensément, le cerveau devenait plus calme, moins actif.

LE DALAÏ LAMA : Et qu'en est-il des gens qui sont habituellement très obtus ? Est-il possible de faire des recherches comparées sur l'activité cérébrale de gens qui sont mentalement déficients et sur celle de gens très brillants qui ont entraîné leur esprit à un état très concentré ?

CLIFF SARON : Il y a eu quelques études de l'activité cérébrale chez des experts extrêmement compétents dans une tâche particulière, et chez des novices qui ne sont pas très habiles dans l'accomplissement de cette même tâche. Par la mesure de la quantité de glucose exigée par le cerveau, les expériences montrent que le cerveau utilise plus d'énergie dans le cas des novices, tandis que chez les experts, il semble opérer plus efficacement du point de vue métabolisme. Mais l'idée globale d'activité est très problématique à cause de l'incroyable complexité du cerveau et des différentes manières dont le tissu nerveux peut fonctionner.

DANIEL GOLEMAN : Mais il demeure un principe général selon lequel le cerveau exercé, qu'il s'agisse de celui d'un méditant ou de celui d'un joueur d'échecs, utilise moins d'énergie pour accomplir un meilleur travail.

SIXIÈME PARTIE

Une Éthique Universelle

12

Médecine et Compassion

Le Dalaï Lama

De quelle manière les principes de la compassion et de la responsabilité universelle s'ajustent-ils à la structure de la culture contemporaine ? Le Dalaï Lama, dans une exploration globale de la compassion, de la nature humaine et de l'éthique, est partisan d'un sens de responsabilité universelle qui s'appuie sur l'appartenance à l'humanité et à l'aspiration au bonheur de tous les gens. Si nous reconnaissons que les autres ont la même aspiration au bonheur et souhaitent éviter la souffrance, nous pouvons dès lors acquérir une plus grande tolérance et acceptation d'autrui. En outre, le Dalaï Lama en conclut que la coopération humaine est essentielle. Quel que soit le rôle de l'individu — qu'il soit politicien, scientifique, industriel, travailleur ou pratiquant spirituel — la chose la plus importante est de reconnaître l'interdépendance de ces rôles et de ces responsabilités, et le besoin d'une coopération mutuelle. Bien que les malentendus jouent un rôle puissant dans le cours des événements humains, l'expérience dominante est celle d'une coopération — sans laquelle une société ne saurait fonctionner.

Pour le Dalaï Lama, la compassion est inhérente à la nature humaine, ce que prouve le soin des parents pour leurs enfants, le geste de l'étranger qui s'arrête pour aider un automobiliste en panne, ou le bavardage amical entre voisins à la boutique du coin ou à la poste. Le Dalaï Lama en conclut que la compassion est un état naturel dans la vie humaine. Pourtant, elle doit être cultivée et non pas considérée comme acquise. L'éducation des enfants doit comprendre une formation éthique, afin qu'ils grandissent pour contribuer à la société et à l'humanité comme à un tout.

Le Dalaï Lama ouvre le dialogue en soulignant son souci des milliards de gens qui sont en quête de principes moraux de vie, mais n'adhèrent à aucune croyance religieuse solide.

LE DALAÏ LAMA : Nous parlions l'autre fois des cinq milliards d'habitants de cette planète [et du fait que seulement un nombre relativement restreint de ces personnes ont une foi religieuse qui leur offre une base éthique de vie]. Mon principal souci est d'encourager les qualités humaines authentiques chez les gens, selon la méthode la plus efficace possible et sans aucune arrière-pensée religieuse. La religion est une affaire privée, n'est-ce pas ? C'est pourquoi, si nos principes moraux et notre éthique sont étroitement liés à la religion, cela crée quantité de problèmes. Nous sommes tous d'accord qu'en tant qu'êtres humains, nous avons besoin d'accepter certains principes moraux et une éthique. La question est : comment encourager cela ? S'ils sont liés à la religion, alors il n'y a pas d'autre choix pour promouvoir ces principes que de promouvoir la religion. Et la question devient : quelle religion ? Et alors beaucoup de complications vont surgir. Il est préférable que la religion soit notre affaire privée, comme la couleur de nos vêtements. C'est notre propre choix, notre affaire !

LEE YEARLEY : Je trouve qu'il y a dans l'émergence de la conscience et dans la possibilité de la compassion quelque chose de tellement étonnant, qu'appeller cela simplement "naturel" me paraît insuffisant pour décrire ce dont il s'agit. Il y a aussi une part qui revient à la sensibilité religieuse. Je ne suis pas sûr que vous entendiez par *religieux* ce que font les autres religions, mais il ne me paraît sûrement pas naturel que les êtres soient capables d'aider autrui ou de réfléchir et de se transcender eux-mêmes. C'est en partie ce que j'entends par *religieux* : je détesterais ce mot s'il devenait la seule propriété de ces gens qui appartiennent à des religions particulières, car je pense qu'alors nous aurions perdu quelque chose de très important dans notre compréhension de ce que chacun possède.

CULTIVER LA COMPASSION

DANIEL GOLEMAN : Votre Sainteté, comme Jon le signalait, la compassion et l'empathie ont été évacuées de l'éducation médicale, bien qu'elles y soient instamment nécessaires. Certains d'entre nous essaient de redéfinir la formation médicale en y incluant la compassion et l'empathie pour autrui. Nous aimerions savoir si vous avez quelque idée au sujet des méthodes ou des approches qui pourraient être utiles à ce propos.

LE DALAÏ LAMA : Dans le bouddhisme, la médecine est considérée comme l'un des cinq champs de connaissance destinés au soin d'autrui, avec la technologie, la logique, la science du son — qui inclut la linguistique — et la connaissance intérieure ou pratique spirituelle. Selon un dicton populaire, l'efficacité du traitement ne dépend pas tant de l'habileté experte du praticien que de son altruisme et de sa compassion. J'ai entendu des gens dire de quelqu'un qu'il était un grand médecin possédant une grande connaissance, très compétent, mais qu'ils avaient des doutes concernant sa personnalité. Bien-sûr, les patients trouvent toujours à se plaindre, n'est-ce pas ?

JON KABAT-ZINN : C'est la même chose en Occident.

LE DALAÏ LAMA : La compassion et l'altruisme sont des qualités qui doivent nécessairement être puisées dans nos propres ressources intérieures. Elles dépendent également de beaucoup de facteurs extérieurs. Il est sans aucun doute utile de prendre de nouvelles initiatives comme vous le faites dans ce domaine particulier. Alors, si d'autres personnes prennent des initiatives semblables et sont reconnues, leur impact peut grandir. Voilà qui remet en question le type d'attitude ou de conception de la vie que nous devons adopter. Facteur encore plus important, il serait bon d'accoutumer les enfants aux valeurs de compassion, d'amour-tendresse, d'altruisme, et autres, dès leur plus jeune âge. Si possible, ces valeurs devraient être introduites dans les programmes scolaires.

JON KABAT-ZINN : Ce que vous dites à propos de gens qui prendraient la responsabilité de faire cela dans toutes sortes d'autres institutions, me plaît. Nombreux, en Amérique, sont ceux qui ont médité un certain temps et qui veulent utiliser la méditation pour inspirer un mode de vie correct. Or, il n'existe pas de modèle de mise en œuvre de cela en Amérique. Chaque fois qu'on l'introduit, à l'école par exemple, c'est totalement nouveau. Cela pourrait être appliqué de façon très maladroite, particulièrement en ce qui concerne l'attitude. Encourageriez-vous les gens à être créatifs, quant à l'adoption d'une telle évolution comportementale sur le lieu de leur travail ?

LE DALAÏ LAMA : Il n'est pas forcément nécessaire d'avoir des exemples antérieurs, mais tout en étudiant et en expérimentant les situations, vous pouvez créer vos propres paradigmes.

DANIEL GOLEMAN : Votre Sainteté, vous disiez qu'une façon de faire cela, consiste à créer un environnement de compassion. Qu'est-ce que cela peut signifier dans une école de médecine ? Y a-t-il des attitudes ou des techniques spécifiques qu'il pourrait être habile de présenter aux étudiants en médecine ?

LA COMPASSION, PARTIE INTÉGRANTE ET NATURELLE DE LA VIE

LE DALAÏ LAMA : Je crois que l'affection humaine est la base ou le fondement de la nature humaine. Sans cela, vous ne pouvez obtenir aucune satisfaction ni aucun bonheur en tant qu'individu ; et sans ce fondement, la communauté humaine entière ne peut davantage obtenir de satisfaction. Dans mes réflections au jour le jour, je prend toujours en compte l'environnement global, la communauté entière. Les techniciens, les scientifiques, les médecins, les avocats, les politiciens et même les militaires et les gens religieux — tous constituent des branches de la communauté humaine. Donc, tous sont fondamentalement des êtres humains, et chaque profession individuelle est très importante pour l'humanité, n'est-ce pas ? Elle est censée servir l'humanité, si bien que toutes ces différentes activités humaines commencent par la motivation de faire quelque chose pour notre propre communauté. Au minimum, on souhaite faire du bien à sa propre famille. Même cette communauté très limitée a pour racine l'altruisme. Toutes les différentes activités humaines naissent de cette motivation et sont importantes pour l'humanité. Par conséquent, la condition humaine fondamentale, ou la qualité humaine, est l'affection humaine. Tel est le point clé.

Il est possible de développer ou de promouvoir cette qualité humaine, parce que la nature humaine, je pense, est fondamentalement compatissante. Bien sûr, comme je l'ai signalé plus tôt, la colère, la haine et toutes ces émotions négatives font aussi partie de l'esprit humain. Cependant, la force dominante de l'esprit humain reste la compassion.

La conception prend place, je pense, quand un homme et une femme s'unissent dans un amour véritable. Ce qui signifie qu'ils se respectent mutuellement, se soucient l'un de l'autre, et partagent un sens de responsabilité. Il ne s'agit pas la situation que nous avons évoquée l'autre jour, où la relation sexuelle intervient à cause d'autres facteurs. Ces autres cas sont véritablement de l'amour malsain. Il y a là, je crois, un désir effréné de plaisir sexuel, et il en résulte ces situations négatives. Mais la sexualité humaine correcte, selon une sorte de loi naturelle, inclut, je pense, un certain sens de responsabilité. C'est de cette manière que commence la vie humaine. Puis, durant ces quelques mois passés dans le sein maternel, l'état d'esprit de la future mère a une forte influence sur le développement de l'enfant. Ensuite, et particulièrement au cours des quelques semaines qui suivent la naissance, selon les scientifiques, le contact physique de la mère est le facteur le plus important pour le développement sain du bébé.

Je dis toujours aux gens qu'une mère est un vrai maître de compassion et d'affection humaine. Donc, je ne considère pas que la compassion appartienne uniquement à la religion. C'est la nature humaine fondamentale que nous partageons tous. Le lait de la mère est, je pense, un symbole de la compassion. Sans le lait maternel, nous ne pouvons survivre, si bien que notre premier acte en tant que bébé dans les bras de notre mère est de sucer son lait ou celui de quelqu'un qui joue le rôle de la mère, avec un sentiment de grande proximité. À ce moment, nous pouvons ne pas savoir comment exprimer ce qu'est l'amour, ce qu'est la compassion, mais il existe un fort sentiment de proximité. Du côté de la mère aussi, s'il n'y a pas un fort sentiment fusionnel avec le bébé, le lait peut ne pas sortir. Le lait maternel est donc, je pense, un symbole de compassion et d'affection humaine. Nous avons déjà évoqué l'influence des états d'esprit sur la maladie, et aussi la relation du patient avec le médecin. Dans ma propre expérience, quand je rends visite à un médecin, son sourire a beaucoup d'importance. Un médecin peut être un très, très bon médecin, un vrai professionnel, mais si le sourire n'est pas là, je me sens parfois lègèrement mal à l'aise. [*rires*] Si le médecin a un authentique sourire et montre une attention sérieuse, alors je me sens en sécurité et il y a en cela un réel bienfait. C'est la nature humaine, n'est-ce pas ? Enfin, le dernier jour de notre vie, peu importe en réalité que nous ayons un ami ou pas. Très bientôt, il va nous falloir quitter nos bons amis. Néanmoins, si on est accompagné par quelqu'un de confiance, même à ce moment-là, on se sent calme et en sécurité.

Par conséquent, je pense que la vie humaine dépend beaucoup de l'affection humaine. Comme je l'ai dit au début, ma préoccupation principale est d'expliquer la nature humaine fondamentale sans recourir à aucun système religieux. Vous, les scientifiques, vous me procurez davantage de munitions à présent ! La situation économique moderne, et aussi l'environnement et la population — toutes ces choses, je pense, sont pour nous des rappels très énergiques du fait que nous devrions être de bons êtres humains ; nous devrions travailler ensemble en coopérant davantage. Au cours de ces quelques derniers jours, nous avons beaucoup parlé des cellules. Il semble que chaque individu soit une cellule, n'est-ce-pas ? Cette planète est comme un corps humain, et d'une certaine manière, chacun d'entre nous en est un composant mineur. Sans coordination, un corps individuel ne peut se maintenir, être sain ni survivre. De même, la planète peut être considérée comme un corps humain, et chaque être humain est semblable à une cellule. Parfois, quelques cellules peuvent devenir très perturbantes ! Mais d'autres peuvent aider à sauver le corps. C'est la réalité et non pas seulement un problème métaphysique.

Le progrès et les découvertes scientifiques dépendent beaucoup de nombreux facteurs, économiques, politiques, sociaux, etc. Les prises de position dans les domaines scientifiques ne sont pas adoptées en toute indépendance, je pense que c'est vraiment ce qui se passe. Quand les experts occidentaux deviennent d'authentiques spécialistes, leur champ d'intérêt devient trop petit. Si vous êtes complètement absorbé dans un sujet limité, cela peut devenir problématique. Et parfois aussi, cela peut devenir destructeur parce que vous ne pouvez plus voir la pertinence ou les conséquences négatives que cela peut avoir pour l'intérêt général. Pensez donc à la bombe à neutrons, qui tue les gens dans l'environnement immédiat mais ne détruit pas les maisons, et à d'autres choses du même genre. Plus tard, lorsque la guerre est finie, d'autres gens peuvent occuper ces maisons. À l'opposé, avec d'autres armes, il y a non seulement la suppression immédiate des gens, mais aussi quantité d'autres destructions, si bien que les gens sont encore après plus accablés de labeur. De ce point de vue, la bombe à neutrons est "meilleure", mais il serait bien meilleur encore de produire une arme quelconque qui ne tuerait pas ces soldats innocents, mais atteindrait directement les généraux ou les responsables politiques ! [*rires*] Ce serait mieux, je pense. Sans causer aucun tourment à ces gens innocents, laisser l'arme se diriger vers l'unique personne qui a décidé la guerre !

Donc, vous voyez, si on les considère sous un certain angle, ces réalisations au pouvoir effroyablement destructeur peuvent sembler être une grande réussite. Mais comme elles nous amènent le désastre, plus de douleur et plus de souffrance, nous les classons parmi les choses négatives. Encore une fois, ce jugement est très lié au sentiment humain fondamental.

Telle est mon approche, ma conviction. Tous les individus, qu'ils soient scientifiques, pratiquants religieux, communistes ou athées convaincus — peu importe — tous sont des êtres humains. Tous sont membres de cette communauté humaine. Chacun d'entre eux a la responsabilité de se soucier de la communauté entière. Ce n'est pas simplement un principe religieux, c'est lié à notre propre intérêt personnel. Nous le faisons non pas pour Dieu ou pour Bouddha, ou pour une quelconque autre planète, mais pour la planète qui est la nôtre, sur laquelle nous vivons. C'est dans notre propre intérêt. Il est très important d'avoir ce genre de perspective et de compréhension. Je n'ai aucune idée de la façon dont on pourrait appliquer cela au domaine médical en particulier. Fondamentalement, c'est cela le système, la structure globale.

Il m'arrive de citer aux gens l'exemple suivant : ces différents doigts avec cette paume sont très utiles. Même un doigt peut travailler, mais sans cette paume, quelle que soit la puissance de chaque doigt individuel isolé, il ne peut pas fonctionner. Qu'il s'agisse du domaine médical, du domaine religieux ou du domaine scientifique — chacun d'entre eux est inutile et même destructeur s'il omet de se relier à ce thème de notre humanité fondamentale. Je dis donc qu'ils doivent être liés à notre sentiment humain fondamental d'affection ; alors, toutes les différentes activités humaines deviennent constructives, n'est-ce pas ?

Les Participants

Francisco Varela, Ph. D., est directeur de recherches au Centre National de la Recherche Scientifique (CNRS) à Paris. Il est l'auteur de nombreux articles de recherche et de onze ouvrages, dont *L'Inscription corporelle de l'esprit*.

Clifford Saron, Ph. D., est psychologue à l'Albert Einstein Medical School, à New York City.

Richard Davidson, Ph. D., est directeur du laboratoire de Neuroscience de l'affectif à l'Université du Wisconsin.

Daniel Brown, Ph. D., est maître-assistant en laboratoire de psychologie à l'École de Médecine de Harvard. Auteur de huit ouvrages, il fait des recherches sur les traditions de méditation depuis vingt-cinq ans.

Lee Yearley, Ph. D., est professeur d'anthropologie religieuse à l'Université de Stanford. Il est l'auteur de *Mencius and Aquinas, Theories and Conceptions of Courage* (Mencius et Thomas d'Aquin, Théories et conceptions du courage).

Daniel Goleman, Ph. D., est journaliste scientifique, collaborateur au *New York Times*, et l'auteur de *L'Intelligence émotionnelle.*

Sharon Salzberg est professeur en titre à l'Insight Meditation Society à Barre, dans le Massachusetts. Elle est l'auteur de *Lovingkindness : The Revolutionary Art of Hapiness* (L'Amour-tendresse, l'art révolutionnaire du bonheur).

Jon Kabat-Zinn, Ph. D., est directeur du Programme de réduction du stress et de relaxation à l'Université du Centre Médical du Massachusetts. Il est l'auteur de *Wherever you go, There You Are.* (Où que vous alliez, vous y êtes).

Annexe : À propos de l'Institut «Esprit et Vie»

R. ADAM ENGLE ET FRANCISCO VARELA

LES DIALOGUES "Esprit et Vie" entre Sa Sainteté le Dalaï Lama et des scientifiques occidentaux naquirent d'une collaboration entre R. Adam Engle, un homme d'affaires américain, et le Docteur Francisco Varela, un neuroscientifique né au Chili, vivant et travaillant à Paris. En 1984, Engle et Varela, qui ne se connaissaient pas à l'époque, prirent chacun de leur côté l'initiative de créer une série de rencontres interculturelles où Sa Sainteté et des scientifiques de l'Occident engageraient des discussions prolongées sur une période de plusieurs années.

Engle, pratiquant bouddhiste depuis 1974, prit conscience du vif intérêt que Sa Sainteté manifestait de longue date pour la science, et de son double désir d'approfondir sa compréhension de la science occidentale et de partager sa propre compréhension de la science contemplative orientale avec des Occidentaux. Varela, également pratiquant bouddhiste depuis 1974, rencontra Sa Sainteté lors d'une rencontre internationale en 1983, en tant qu'intervenant au Symposium Alpbach sur la Conscience. Leur communication fut immédiate. Leur rencontre déboucha sur une série de discussions informelles au cours des années suivantes.

À l'automne 1984, Engle et Michael Sautman rencontrèrent à Los Angeles le plus jeune des frères de Sa Sainteté, Tendzin Chögyal (Ngari Rinpoché), et lui présentèrent un projet en vue d'organiser une rencontre interculturelle d'une semaine, à condition que Sa Sainteté accepte d'y participer. Rinpoché offrit gracieusement de porter le projet à la connaissance de Sa Sainteté, et dans les jours suivants, il annonça que Sa Sainteté serait heureuse d'engager de telles discussions avec des scientifiques, ce qui permit à Engle et à Sautman d'organiser une réunion.

Pendant ce temps, le Docteur Varela mûrissait l'idée d'une réunion, et au printemps 1985, un ami commun, le Docteur John Halifax, alors directeur de la Fondation Ojai, suggéra que Engle, Sautman et Varela unissent leurs compétences et travaillent ensemble à l'organisation d'un événement. Les quatre hommes se réunirent à la Fondation Ojai en octobre 1985, et convinrent de continuer conjointement leurs efforts. Ils décidèrent de se concentrer sur les disciplines scientifiques traitant de l'esprit et de la vie, les plus fructueuses des interfaces possibles entre la science et la tradition bouddhiste. «Esprit et Vie» devint le nom de la première rencontre et, par la suite, celui de l'Institut lui-même.

Au bout de deux ans de travail de collaboration entre Engle, Varela et le bureau privé de Sa Sainteté, la première rencontre se déroula en octobre 1987, à Dharamsala, en Inde. Durant cette période, nous avons étroitement collaboré afin de trouver une structure utile pour la rencontre. Engle assura la tâche de coordination générale, et assuma la responsabilité principale de la recherche de fonds, des contacts avec Sa Sainteté et son bureau, et de tous les autres aspects généraux du projet, tandis que Francisco Varela, en tant que coordinateur scientifique, prenait la responsabilité essentielle du contenu scientifique, des invitations de scientifiques et de la mise en forme des comptes rendus de réunion.

Cette division des responsabilités entre responsable général et responsable scientifique fonctionna si bien qu'elle fut reprise lors de toutes les rencontres qui suivirent. Jusqu'à maintenant, Engle a été le responsable général des cinq conférences «Esprit et Vie», et même si Varela n'ait pas été le responsable scientifique de toutes, il a toujours été un conseiller et le plus proche partenaire de Engle dans le projet.

Un mot concernant le caractère unique de cette série de conférences. Les ponts que l'on peut édifier entre le bouddhisme et la science de la vie moderne, en particulier la neuroscience, sont réputés difficiles à mettre en place. Varela eut un avant-goût de cela lorsqu'il aida l'Institut Naropa, une institution des arts libéraux créée par le maître de méditation tibétain Chögyam Trungpa Rinpoché, à établir un programme scientifique. En 1979, le programme reçut un agrément de la Sloan Foundation pour l'organisation de ce qui fut probablement la toute première conférence de ce genre, «Approches comparatives de la cognition : Occident et bouddhisme». Elle rassembla quelque vingt-cinq représentants académiques des institutions américaines les plus en vue, issus de disciplines aussi variées que la philosophie dominante, la science cognitive (la neuroscience, la psychologie expérimentale, la linguistique, l'intelligence artificielle) et, bien sûr, les études bouddhistes. La rencontre elle-même fut une dure leçon à propos du soin et de la finesse nécessaires à l'organisation d'un dialogue interculturel.

C'est ainsi qu'en 1987, profitant de l'expérience de Naropa et souhaitant éviter quelques-uns des pièges rencontrés dans le passé, on adopta quelques principes opératifs qui fonctionnèrent à merveille et firent le succès extraordinaire de la série des conférences «Esprit et Vie». Parmi eux, l'un des plus importants fut peut-être la décision que les scientifiques ne seraient pas seulement choisis pour leur réputation, mais pour leurs compétences dans leur domaine aussi bien que pour leur ouverture d'esprit. Une certaine familiarité avec le bouddhisme est utile mais non essentielle ; ce qui compte, c'est un respect réel de la science contemplative orientale.

Par la suite, le programme fut ajusté à mesure que les conversations révélaient quels étaient les besoins de Sa Sainteté en informations sur l'arrière-plan scientifique. Afin d'être sûrs que les rencontres seraient pleinement participatives, nous avons structuré chacune d'entre elles en commençant par un exposé d'un scientifique occidental lors de la séance du matin. De cette manière, Sa Sainteté pouvait être brièvement mise au courant du terrain fondamental d'un champ de connaissance. L'exposé du matin s'appuyait sur le principe d'un point de vue scientifique ouvert, sans partialité et dans le courant principal. La séance de l'après-midi était dévolue à la discussion qui découlait naturellement de l'exposé matinal. Lors de cette séance de discussion, le présentateur du matin pouvait exposer ses préférences personnelles et ses jugements, s'ils différaient des points de vue généralement acceptés.

Dans ces rencontres, le problème de la traduction était un défi important, étant donné qu'il était littéralement impossible de trouver un Tibétain maîtrisant à la fois l'anglais et les sujets scientifiques. Ce défi fut relevé par la constitution d'une équipe de deux merveilleux interprètes, un Tibétain et un Occidental doté d'un arrière-plan scientifique, qui furent placés côte à côte durant les réunions. Ceci permit une clarification rapide, sur-le-champ, de termes absolument essentiels. Thoubten Jinpa est un moine tibétain qui obtint le titre de Guéshé au monastère de Ganden Shartsé et vit maintenant à l'Université de Cambridge. Alan Wallace fut l'un des premiers moines occidentaux dans la tradition tibétaine pourvu d'un diplôme de physique de l'Université du Massachusetts à Amherst, et d'un doctorat en études religieuses de l'Université de Stanford. Il fut interprète lors de la première conférence et continua de l'être lors des rencontres suivantes. Durant «Esprit et Vie V», alors qu'il était retenu ailleurs, l'interprète occidental fut le Docteur José Cabezón.

Un dernier principe a contribué au succès de la série «Esprit et Vie» : les rencontres ont été menées exclusivement en privé : pas de presse, pas de caméras de télévision, et très peu d'invités autorisés en qualité d'observateurs. Cela contraste fortement avec les rencontres organisées en Occident, où la figure publique du Dalaï Lama rend une discussion détendue et spontanée pratiquement impossible. L'Institut «Esprit et Vie» enregistre les rencontres sur cassettes vidéo et audio afin de les archiver et de permettre leur transcription, mais les rencontres proprement dites demeurent protégées de manière à faciliter leur examen.

Le programme adopté pour le premier dialogue «Esprit et Vie» introduisait des thèmes des sciences cognitives à la fois vastes et variés, ayant trait aux domaines des méthodes scientifiques, de la neurobiologie, de la psychologie cognitive, de l'intelligence artificielle, du développement cérébral et de l'évolution. Y participèrent Jeremy Hayward, pour la physique et la philosophie des sciences ; Robert Livingston, pour la neuroscience et la médecine ; Eleonor Rosch,pour la science cognitive ; Newcomb Greenleaf, pour la science informatique et Francisco Varela, pour la neuroscience et la biologie.

L'événement connut un énorme succès en ce sens que Sa

Sainteté comme les participants le ressentirent comme une véritable rencontre des esprits, débouchant sur quelques avancées substantielles. Le Dalaï Lama nous encouragea à continuer avec des dialogues ultérieurs sur une base bisannuelle, requête que nous ne pouvions être que trop heureux d'honorer. «Esprit et Vie» I fut transcrit, mis en forme et publié sous le titre *Passerelles : Entretiens avec le Dalaï-Lama sur les sciences de l'esprit*, sous la direction de Jeremy W. Hayward et Francisco J. Varela (Albin Michel, Paris 1995). Ce livre a été publié, outre en anglais et en français, en espagnol, en allemand, en japonais et en chinois.

«Esprit et Vie» II a eu lieu en octobre 1989 à Newport, en Californie, avec Robert Livingston comme responsable scientifique et porta essentiellement sur les sciences du cerveau. Cet événement se déroula sur deux jours, où l'on se concentra plus spécialement sur la neuroscience. Les invités étaient Patricia S. Churchland, philosophe des sciences ; J. Allan Hobson, spécialiste du sommeil et des rêves ; Larry Squire, spécialiste de la mémoire ; Antonio Damasio, spécialiste de la neuroscience et Lewis Judd, spécialiste de la santé mentale. Cet événement est spécialement mémorable, car c'est lors du premier matin de la rencontre que Sa sainteté se vit décerner le Prix Nobel de la Paix.

Avec «Esprit et Vie» III en 1990, la conférence retourna à Dharamsala. Ayant déjà organisé et préparé tous deux les deux premières conférences, Adam Engle et Tendzin Guéshé Tethong convinrent que les rencontres ayant lieu en Inde donnaient de meilleurs résultats que celles tenues en Occident. Daniel Goleman (psychologue) fut le responsable scientifique d'«Esprit et Vie» III, qui se pencha sur le thème de la relation entre les émotions et la santé. Parmi les participants se trouvaient Daniel Brown, psychologue expérimental ; Jon Kabat-Zinn, médecin ; Clifford Saron, neuroscientifique ; Lee Yearley, philosophe et Francisco Varela, immunologiste et neuroscientifique. Les conférences d'«Esprit et Vie» III font l'objet de ce présent volume.

Au cours d'«Esprit et Vie» III, il émergea un nouveau terrain d'exploration qui, tout en débordant du contexte des conférences, apparaissait comme leur extension naturelle : Clifford Saron, Richard Davidson, Francisco Varela et Gregory Simpson inaugurèrent un projet d'investigation des effets de la méditation sur des méditants de longue date. L'idée était de profiter de la bonne volonté et de la confiance qui avait été établie avec la communauté tibétaine à Dharamsala et du désir de Sa Sainteté de mener ce genre de recherche. Nous avons alors décidé de créer un Réseau «Esprit et Vie» pour nous mettre en rapport avec d'autres scientifiques concernés par la recherche sur des sujets reliant l'expérience contemplative orientale à la science occidentale. Avec la mise de fonds initiale de la Hershey Family Foundation, nous avons fondé une organisation sans but lucratif appelée l'Institut Esprit et Vie, présidée par Engle depuis sa fondation. L'Institut Fetzer couvrit les dépenses pendant deux ans pour le réseau et pour les étapes initiales du projet de recherche. Un rapport de progression fut soumis à la fondation Fetzer en 1994 ; de même que le travail se poursuit par la publication de nombreuses conclusions du projet, de même il progresse sur des sujets d'étude à la fois variés et reliés, tels que l'attention et la réponse émotionnelle.

«Esprit et Vie» IV eut lieu en octobre 1992, avec à nouveau Francisco Varela comme responsable de la coordination scientifique. Le sujet et le titre de ce dialogue était «*Dormir, rêver et mourir*». Les invités participants étaient Charles Taylor, philosophe ; Jérome Engel, médecin ; Joan Halifax, anthropologue spécialiste de la mort et de son processus ; Jayne Gackenbach, psychologue spécialiste des rêves lucides ; et Joyce McDougal, psychanalyste. Le récit de cette conférence est à présent publié sous le titre *Sleeping,*

Dreaming and Dying : Dialogues with the Dalai Lama, mis en forme par Francisco Varela (Bostom, Wisdom Publications, 1997).

«Esprit et Vie» V se tint à Dharamsala en octobre 1994. Le sujet en était «Altruisme, Éthique et Compassion», et le responsable de la coordination scientifique était Richard Davidson. Outre le Docteur Davidson, les participants étaient Nancy Eisenberg, spécialiste du développement de l'enfant ; Robert Frank, spécialiste de l'altruisme dans l'économie ; Anne Harrington, historien des sciences ; Elliot Sober, philosophe ; et Ervin Staub, psychologue, spécialiste des comportements de groupe. L'ouvrage couvrant cette rencontre est en préparation.

«Esprit et Vie» VI est prévu pour octobre 1997. Il se tiendra à nouveau à Dharamsala, et pour la première fois, le sujet glissera des sciences biologiques vers la physique et la cosmologie. Arthur Zajong en sera le coordinateur scientifique et Adam Engle en sera encore une fois le responsable général.

Au cours des années, l'Institut a reçu le soutien généreux de plusieurs personnes et organisations. Barry et Connie Hershey, de la Hershey Familie Foundation, ont rejoint notre groupe de soutien en 1990 et sont devenus les sponsors les plus loyaux et les plus solides de l'Institut. Leur soutien n'a pas seulement rendu possible les conférences, mais a également insufflé la vie à l'Institut lui-même. Tout au long de ces années, nous avons également reçu le soutien généreux de l'Institut Fetzer, de la Nathan Cumming Foundation, de M. Branco Weiss, d'Adam Engle, de Michael Sautman, de M. et Mme R. Thomas Northcote, de Mlle Christine Austin et de M. Dennis Perlman. Au nom de Sa Sainteté le Dalaï Lama et de tous les autres participants au cours des années, nous vous remercions tous humblement, que vous agissiez en votre nom ou comme représentants d'organisations. Votre générosité a eu un impact profond sur les vies de nombreuses gens.

Nous aimerions également remercier pour leur assistance les nombreuses personnes qui ont fait du travail de l'Institut un succès durant toutes ces années. Beaucoup ont participé au travail de l'Institut depuis le début, et nous leur en sommes très reconnaissants. Nous remercions très profondément Sa Sainteté le Dalaï Lama, Tendzin Guéshé Tethong et les autres membres du bureau privé de Sa Sainteté, Ngari Rinpoché et Rinchen Khandro, ainsi que toute l'équipe du Kashmir Cottage, tous les scientifiques, coordinateurs scientifiques et interprètes, Maazda Travel aux États-Unis et Middle Path Travel en Inde, Pier Luigi Luisi, Elaine Jackson, Clifford Saron, Zara Houshmand, Alan Kelly, Peter Jepson, Pat Aeilo, Thoubten Chödrön et Laurel Chiten, les éditons Shambhala et Wisdom Publications.

L'Institut Esprit et Vie fut créé en 1990 sous la forme d'un 501c3 public charity pour soutenir les dialogues «Esprit et Vie» et pour promouvoir la recherche scientifique interculturelle et la compréhension mutuelle. Vous pouvez nous joindre à l'adresse suivante : P.O. Box 94, Boulder Creek, CA 95006, USA. Téléphone : (408) 338-2123 ; fax : (408) 338-3666 ; Adresse E-mail : aengle@engle.com.

GLOSSAIRE

Abhidharma : la section métaphysique, psychologique et cosmologique des écritures bouddhistes.

Amydales : noyaux nerveux de l'archicortex dans le cerveau.

Anoxie : privation d'oxygène d'une cellule qui provoque sa mort.

Bodhisattva : litt. "Être d'Éveil", celui qui fait le vœu d'œuvrer au bien de tous les êtres pour les mener à la libération.

Bouddha : se dit de celui qui, ayant purifié et dissipé toutes les distorsions mentales et leurs obscurcissement, a développé toutes les qualités d'un être pleinement éveillé.

Cortex : l'écorce cérébrale, divisée en néo-cortex (cerveau supérieur), archicortex et paléocortex (cerveau reptilien).

Dharma : terme à multiples sens dont les principaux sont : 1) tous les phénomènes de l'univers, 2) la nature essentielle de tous les phénomènes, 3) l'enseignement du Bouddha relatif à la nature de tous les phénomènes et à la voie qui mène à cette compréhension.

Équanimité : 1) sens général de paix de l'esprit, de sérénité et d'égalité d'humeur, 2) dans l'enseignement sur la compassion, conviction que tous les êtres, y compris nous-mêmes, sont égaux dans l'illusion et la souffrance, et ont tous le potentiel de s'éveiller, méritant tous une égale compassion de notre part, sans partialité.

Être animé ou être sensible : dans le bouddhisme, désigne tout être vivant doué d'une conscience (les êtres humains, les animaux, mais aussi d'autres classes d'êtres invisibles). Cette catégorie n'inclut pas les plantes (vivantes mais non douées de conscience propre).

Hippocampe : zone nerveuse de l'archicortex ou cerveau primitif, située à l'arrière du cerveau.

Impermanence : l'une des caractéristiques de l'existence phénoménale, le caractère transitoire de tout phénomène composé, en constante interaction avec d'autres phénomènes et en processus constant de changement.

Karma : "action", quand elle se rapporte à des êtres sensibles en interaction consciente. Tout acte est une cause qui sera suivie immanquablement d'un effet de même nature, à plus ou moins longue échéance. C'est l'auteur de l'acte qui en subit les conséquences. Un karma est complet quand l'acte est prémédité, exécuté et ressenti comme satisfaisant par son auteur. Il existe des karmas positifs, neutres et négatifs, selon que l'acte est bénéfique, neutre ou produit de la souffrance. Le karma est le moteur de l'existence dans le samsâra.

Klesha : "distorsion mentale"; se dit de tout facteur ou événement mental qui affecte la tranquillité de l'esprit et provoque à terme des souffrances et des perturbations nous poussant à des comportements malsains.

Madhyamika : la "Voie du Milieu", école philosophique bouddhiste qui démontre la vacuité du soi et des phénomènes. (*voir* Vacuité).

Nature de Bouddha : le potentiel d'éveil présent dans tous les être animés, des plus frustes aux plus éclairés. Par delà les obscurcissements temporaires créés par les distorsions mentales, les habitudes conditionnantes et le karma, l'esprit vide et lumineux de chaque être ne diffère en rien de celui d'un Bouddha accompli. Pour réaliser ce potentiel, les pratiquants s'adonnent à la méditation, qui dissipe les voiles qui recouvrent la vraie nature de leur esprit.

Non-soi : "absence d'être-en-soi" de l'individu. Il s'agit de comprendre que notre identification à un "moi" solide, permanent et indépendant, est une conception fausse et illusoire plaquée sur l'ensemble corps / sensations / perceptions / volonté / esprit, qui compose temporairement un individu.

Prasangika : sous-école Madhyamika, considérée habituellement comme la plus rigoureuse dans la démonstration, par l'absurde, de la vacuité.

Pratyekabouddha : "Bouddha par soi", se dit d'un pratiquant qui se libère de l'illusion par une pratique de la méditation solitaire dans des ermitages.

Samatha : la méditation du calme mental, où l'attention permet d'atteindre la sérénité de l'esprit.

Samsâra : le "cercle vicieux" de l'existence conditionnée par l'ignorance de notre vraie nature éveillée. Désigne la condition souffrante et confuse des êtres animés qui errent dans des existences successives.

Shravaka : "Auditeur"; se dit d'un pratiquant qui parvient à la libération personnelle par l'écoute des enseignements du Bouddha, la réflexion et la méditation.

Sûtras : les "paroles du Bouddha", ensemble de textes se rapportant à des enseignements oraux du Bouddha Shâkyamuni.

Tantras : écrits du Vajrayâna ou "véhicule adamantin".

Theravada : le bouddhisme des "anciens" ou Hinayâna, le véhicule fondamental du bouddhisme répandu à Sri Lanka et dans le Sud-Est asiatique.

Vacuité : dans le bouddhisme et plus particulièrement dans l'école Madhyamika, ce terme désigne l'absence d'être-en-soi des êtres sensibles et l'insubstantialité des phénomènes qui n'existent qu'en interdépendance et en constant processus de transformation. Loin d'être un "néant", la vacuité ne contredit pas l'existence relative des phénomènes mais en démontre la fluidité et la qualité vivante.

Vinaya : les écrits du Bouddha sur l'éthique et la discipline, tant monastique que laïque.

Vipassana : "la vue profonde", se dit de la méditation d'attention qui, une fois l'esprit calmé par samatha, permet d'analyser la nature des pensées et des émotions qui traversent l'esprit.

Table des Matières

Achevé d'imprimer en novembre 1999
sur les presses de la Nouvelle Imprimerie Laballery
58500 Clamecy
Dépôt légal : novembre 1999
Numéro d'impression : 911060

Imprimé en France